はじめに

〝国境を越えた女性たち〟をテーマとした『静岡の女たち　第9集』を２０１６年に発行し、3年が経ちました。この間、女性活躍推進法の施行を受けて、製造業を、基盤産業とする静岡県においても、各企業や自治体が女性管理職比率を向上させようと取り組みを進めるようになりました。

しかしながら、性別に関わらず誰もが生きやすい時代となるには、多くの課題が残っています。昨今の女性活躍の動向をジェンダー視点から捉えるために、私たちは、１９７０年代に始まったウーマン・リブ運動に焦点を置いて学習を進めてきました。ウーマン・リブ運動は、国際婦人年や、日本においては男女雇用機会均等法の制定につながっていき、第二次世界大戦後の女性の生き方に大きな影響を与えました。このウーマン・リブとは何だったのかを検証するために、「平成29年度あざれあ地域協働事業」の応募・採択を受けて、3回の講演会を開催しました。

また、私たちの取組を次世代に継承するために、第2回の田中美津氏の講演「私を生きる自由に生きる」の内容を踏まえて、後日、学生との意見交換会も開催しました。参加した学生からは、「親の存在は大きい。親が子どものことを認めていれば自由に動け、自分らしく生きていける。逆に親の価値観を押し付けると、子どもは縮こまってしまう。田中美津さんがウーマン・リブ運動にたどり着いたのは、親の存在が大きかったと思う」という講演に対する感想が寄せられました。一方、「現代においても、テレビ番組の中で、料理がつくれない女性を馬鹿にするといったジェンダーステレオタイプ的な表現を垣間見ることがある。制作者に悪意はないのだと思うけれども、潜在的な考えや、刷り込まれてきた価値観は意識しないと気づかないのではないか」といった意見も出ました。

本書は、これらの学習成果を踏まえつつ、会員それぞれの関心に沿って、場合によっては、『静岡の女たち　第9集』のテーマも引き継ぎながら、時代的にも長期にわたって静岡において生きてきた人々の足跡を収めています。一見すると、本書はまとまりのない個人史の寄せ集めに思われるかもしれません。けれども、ウーマン・リブ運動や、この運動に基づいてうまれた女性学が大事にしてきたものは、「自分の問いからスタートすること」です。それぞれの筆者が、自身の問題関心を主題化し、聞き書きを通じて、「自分の問い」に向き合ってきたという点も含めて、本書は、ウーマン・リブ運動をテーマとした聞き書き集であることをねらってきました。

なお、本書を発行するにあたり、一部を静岡県地域活動パートナーシップ強化事業補助金の交付を受けたことを付記いたします。

静岡女性史研究会

目次

第4章　書いて写して表現して

凡　例

一、年号は語り手の語りを尊重したが、元号・西暦をカッコ内に付したものもある。
一、本書の記述は現代仮名づかい、常用漢字、アラビア数字を用いた。
一、方言、語り口については話者の記憶、表現を生かした。
一、書名・雑誌・新聞名は『　』、映画名、論文名は「　」とした。
一、「3ヶ月」に見られるような「ヶ」は使わず、「3カ月」のように表記した。
一、地名は、原則として当時における地名、町名を用いた。
一、本文中の人名については、原則として故人については敬称を省略した。
一、職業の呼称など、記述のなかには今日の人権意識に照らして必ずしも適切でない用語があるが、本書の主旨から歴史的用語として当時の表記を用いた。
一、脚注は語り手の話を補うために執筆者が補足した。

特集　私たちの現在《いま》を問う・女性の活躍とは

加納実紀代さんと石牟礼道子さんの対談「魂たちの海」に際して
『母性ファシズム』学陽書房（1955）より

私たちの現在を問う・女性の活躍とは

加納実紀代

〈プロフィール〉

女性史研究者。１９４０年ソウル生まれ。45年広島で被爆。京都大学卒業後68年まで中央公論社勤務。76年に「女たちの現在《いま》を問う会」を結成。96年までに『銃後史ノート』10巻（ＪＣＡ出版）、『銃後史ノート戦後編』8巻（インパクト出版）を刊行。敬和学園大学特任教授を経て現在著述講演などで活躍。

著書：『女たちの〈銃後〉』筑摩書房、１９８７、『越えられなかった海峡　女性飛行士・朴敬元の生涯』時事通信社１９９４、「戦後史とジェンダー」インパクト出版会２００５、「ヒロシマとフクシマのあいだ」同２０１３、「『銃後史』をあるく」同２０１８等多数。

はじめに

私は歴史を勉強してきた人間ですので、現在の自分たちの状況がもうひとつよくわからないという時には歴史を振り返ることにしています。１９７６年、母たちがどうして戦争に加担してしまったのか、という問題意識のもとに、仲間とともに戦時下の女性の軌跡をたどり、77年から機関誌「銃後史ノート」を刊行しましたが、その会を「女たちの現在《いま》を問う会」としたのは、過去を過去としてではなく、それによって自分たちの現在を対象化したいという思いがあったからです。

ウェブサイトＷＡＮ（Women's Action Network）のミニコミ図書館に『しずおかの女たち』が入っているので、昨日見てみたら、『しずおかの女たち』１号は77年刊行、会は76年にできている。ほぼ同じ時期に出発したわけですね。

私たちは10年ほどかかって、戦争中の女性の軌跡を新聞、雑誌などの史料や証言で辿り、２、３年刻みで１冊ずつ、敗戦直後まで全10巻にまとめました。銃後史というのは銃後の歴史ということですが、銃後というのは、戦争中、前線で戦う男たちの後方支援基地ということです。１９３１年の満州事変以来、この銃後の守りは女の役割となりました。

女たちの現在を問う会（1976 年４月結成）

新たな性別役割分業と私は言っているのですが、つまりふつう性別役割分業といえば、男は外で働き女は家で家事育児、ということですが、戦争中はそれが拡大して、国外の戦場は男、国内における戦争支援活動は女というように拡大したわけです。

そうした銃後活動の歴史を10年がかりで10冊にまとめ、85年に第5回山川菊栄賞を頂きました。これでやれやれと思ったものの、どうも「女たちの現在」が見えない。それで引き続き戦後史をたどることになりました。朝鮮戦争、日本独立、55年体制、もはや戦後ではないというような形でまた2、3年ずつまとめました。最後の八号は60年代の終わり、学園闘争が盛り上がった中における女子学生の状況、その中からリブ運動が起こる状況を『全共闘からリブへ』としてまとめました。これには田中美津さんも書いてくださっています。

リブ世代というのは団塊世代が中心で、私はちょっと上ですが、仲間たちにはリブ世代が何人かいた。それで『全共闘からリブへ』を出した段階で自分たちの出発点の確認ができたということで、1996年、「女たちの現在を問う会」は活動を終えました。20年やってくたびれ果てたというのもありました。

その後はそれぞれが職場や地域で「女たちの現在を問う会」で見えてきたことをふまえて活動をし、私自身は銃後史研究から見えてきたものを。さらに深めるということで細々とやっています。

『戦後思想の名著50』という本が平凡社から2006年に出ているのですけれど、岩崎稔、上野千鶴子、成田龍一の3人が編者として、戦後思想の名著を50点選んで解説したものです。その中には、柳田国男、花田清輝、丸山眞男、坂口安吾など有名人が並んでいて、女性では鶴見和子と牧瀬菊枝。牧瀬さんは静岡のご出身で、銃後史ノートにも書いていただきましたが、『引き裂かれて』が名著として取り上げられています。森崎和江『第三の性』、石牟礼道子『苦海浄土』、田中美津『いのちの女たちへ』、そして私の『女たちの〈銃後〉』も入っています。実はこれが言いたかった（笑）。宣伝ぽい自己紹介になってしまってすみません。

１　私たちの現在：歴史の岐路

ここからが今日の本題です。いま「私たちの現在」は歴史の岐路、分かれ道にあると思います。来年２０１８年は明治維新から１５０年ということで、政府主催の明治１５０年記念行事が行われることになっています。それについては、資料としてお配りした新潟の地方紙『新潟日報』のエッセイに書いてありますので、後でお読みください。これを書いた4月の段階では、天皇の「生前退位」により２０１８年で平成は終わるという見通しだった。したがって２０１８年は平成の終わりであり「明治１５０年」であり、オリンピックも目前ということで、大きな歴史の節目になる。

しかしつい最近、天皇の退位は２０１８年を超えて19年4月30日になった。5月1日に皇太子が即位して新しい元号になるわけです。私は元号廃止論者なのでこれに反対ですが、メディアは時代の節目を盛んにクローズアップするでしょう。それによって安倍政権が進めようとしている「戦後レジームからの脱却」、つまり平和憲法を中心とした戦後体制が一挙に破壊されるのではないか、そんな危機感を持っています。

２　なぜ「明治１５０年」なのか

みなさん、このロゴマークをご存知ですか？　政府のサイトを見ると、このためにすごくお金を使っているんですよね。オリンピックもそうですが、一般から募集して、何千万、いや何億円も使っているのではないでしょうか。今年の半ば頃から盛んに使われているようです。

じゃあなぜ明治150年なのか？　100年とか200年なら切りがいいけれど、150年なんて半端でしょ。明治150年なんて、私は言われるまで考えたことありませんでした。これは安倍首相の主導で決まったと言えるでしょう。彼は非常に熱心で、「毎日新聞」17年1月16日付によると、2015年郷里の山口でこんなことを言ったそうです。明治50年

33　オピニオン　下　2017年(平成29年)4月1日（土曜日）　（日刊）　新潟

オピニオン
Opinion

新潟ゆかりの識者６人が交代で、自ら感じた時代の風を読み解いていく「風の案内人」。今月は、新潟高校ＯＢで作家

女性史研究者　加納実紀代

かのう・みきよ　1940年、韓国生まれ。出版社勤務を経て、76年に戦後女性史の研究会を設立。2011年まで敬和学園大学特任教授。著書に「ヒロシマとフクシマのあいだ」など。

明治150年

戦争国家への回帰 警戒

来年２０１８年は文学通り画期的な年となりそうだ。「平成」の終わりが見込まれ「明治１５０年」が大々的に謳《うた》われることになるからだ。「平成」の終焉《しゅうえん》は天皇の「生前退位」に伴うものだが、「明治１５０年」はどういうことか？

昨年末政府は、２０１８年は明治維新から１５０年だとして「明治１５０年」記念事業を決定した。安倍首相の意向が強く働いたらしい。一昨年、彼は地元山口で、「明治50年の首相は寺内正毅、１００年は佐藤栄作で共に山口出身。私が頑張れば明治１５０年も山口出身の首相だ」と意欲を見せていた。来年9月までだった自民党総裁の任期が延長されたのは、彼が10月の式典を仕切るためだとか。

政府資料『「明治１５０年」関連施策の推進について』を見ると、最近の人口減少等による激動と近代化を模索する明治期の共通性を挙げ、「明治の精神に学び、さらに飛躍する国へ」と謳っている。「明治の精神」とは何だろう。どうやらそれは、「機会の平等」の下、「若者や女性、外国人など」が「和魂洋才の精神」で頑張ったということらしい。だとすれば、安倍内閣が進める人口減少対策としての「女性の活躍」や移民の導入とウマが合う。

しかし明治期を「女性の活躍」の文脈で評価するのはとんでもないことだ。家族制度で女性を準禁治産者扱いし、高等教育や政治参加を禁じて「良妻賢母」の枠に封じ込めたのは明治時代だった。だからこそ女性たちは、そうした体制が崩壊した１９４５年の敗戦を「負けてよかった」と歓迎したのだ。「もし勝っていたら、男はますます威張って大変だったでしょう」という声を私は何人もの戦争体験女性から聞いている。

「明治１５０年」は、明治維新から現在までを一つながりの歴史とする。その結果、敗戦による切断は見えにくくなってしまう。明治以後の歴史は、敗戦を境に〈以前〉と〈以後〉で大きな違いがある。男女平等もそうだが、何より大きいのは、〈以前〉の日本は戦争国家だったということだ。日清、日露、第1次、第2次世界大戦を含め、77年間になんと15回も海外出兵しているのだ。その揚げ句が2度も原爆を落とされ、３１０万の国民を死なせての敗戦だった。

その教訓から〈以後〉は、平和憲法の下、戦争しない国として歩んできた。それが風前の灯になっている現在、園児の教育勅語暗唱に感激する（いま必死に否定しているが）安倍首相主導の「明治１５０年」には、しっかり警戒の目を光らせたい。

最後に、中村草田男の名句「降る雪や明治は遠くなりにけり」に倣って、駄句を一句。「花あらし昭和は遠くなりにけり」。しかし戦争の記憶は、吹き散らせてはならない。

新聞記事

は寺内正毅、明治１００年は佐藤栄作で共に山口出身、18年まで私が頑張れば１５０年も山口出身の首相ということになると。それで１５０年式典に熱意を見せています。

そしてこれまで自民党の総裁は２期６年と決まっていたんですけれど、３期９年に延長しました。今や安倍一強ですのでなんでもやれる。２期６年の場合には安倍首相の任期は来年の９月に切れる。しかし明治１５０年の中心イベントは明治維新、明治改元は10月23日ですから、その日に式典をやるでしょう。それもあって３期９年に伸ばしたのではないかと言われています。

明治１５０年記念事業は、去年16年10月に政府が正式に発表し、今年の夏になって中間とりまとめということでいろんなイベントが具体的に上がっています。これには地方自治体主催のものもあります。来年の国体は福井県でやるそうですが、それを「明治１５０年福井国体」とするという要請がきているそうです。それに対して福井の歴史家たちは、国体というのはそもそも戦後になって始まったイベントであって、明治１５０年なんて頭につけるのはとんでもないと反対のアピールを出しています。

３「明治１５０年記念事業」基本的な考え方

「明治１５０年記念事業」は何のためにやるのか。政府のサイトによれば、「明治の精神に学び、更に飛躍する国へ」とあります。明治期においては、能力本位の人材登用の下、若者や女性が、外国人から学んだ知識を活かし、新たな道を切り拓き、日本の良さや伝統を生かした技術・文化を生み出した。これらを知る機会を設け、明治期の人々のよりどころとなった精神を捉えることにより、日本の強みを再認識し、現代に活かすことで、日本の更なる発展を目指す、というわけです。

では明治の精神とは何でしょう？　機会の平等、

チャレンジ精神、和魂洋才などがあげられています。特に機会の平等については、女性の活躍が焦点化されています。具体的には国がやることと都道府県、市町村がやることの三段階になっていて、国がやることとは、若者、女性、外国人の活躍を取り上げるということで、例えば女性教育会館で行われる男女共同参画推進全国会議において、明治期に活躍した女性に関する企画展をする。

都道府県、指定都市における施策としては、17年8月31日現在100以上のイベントがあがっています。千葉県ではイコン画家山下りんという、ロシアに留学してロシア正教の聖画の技術を学んだ女性を取り上げる。堺では歌人与謝野晶子の生誕140年ということでイベントをやる。そんなふうに各府県、市町村で明治に活躍した女性をクローズアップして女性活躍を言うわけです。「明治の精神」でいう機会均等・チャレンジ精神では、女性の活躍が焦点化されていると思います。

4　女性にとっての明治期は何だったのだろうか

これは平井和子さんに教えていただいたのですが、ジャーナリスト島本久恵は『明治の女性たち』（1967）において、女性にとっての明治について、「夜が明けてからの昏さだった」と言っています。この言葉が出てくるのは、文部大臣森有礼の夫人寛子についての文章ですが、明治時代はテロの時代であった。森有礼自身も出刃包丁で刺されて死にますし、寛子は岩倉具視の娘ですが、岩倉具視自体もいつテロに合うか戦々恐々としていた。明治というのは近代の幕開けであり、四民平等などと言いながら、暴力とテロがはびこる血みどろな時代でもあった。

また市川房枝は自伝において、自分の生まれたのは「明治26年、明治憲法発布4年後、婦人の政治活動を禁止した集会結社法公布3年後であった。」（市川房枝『市川房枝自伝戦前編』1974）と書いています。

女性参政権獲得に一生を捧げた市川房枝ならではの捉え方ですね。

たしかに明治時代に作られた制度を見ると、１８８０年姦通罪が設けられて女性に貞節を強制、有夫の女が夫以外の男性と性交渉におよんだら禁固２年となっています。有妻の男の婚外セックスは対象外です。ただ相手の女性に夫がいて、夫が訴えた場合だけ問題になる。その背景にあるのは妻は夫の所有物という考えです。だから夫が、おれの女に手を出すとはけしからんとなった場合は罪に問われる可能性がある。相手の女性が独身だったり売春女性だったりすれば、何の問題もないということです。これを性の二重基準と言います。男には寛容で女には厳しいというダブルスタンダードですね。

大日本帝国憲法と同時に皇室典範が制定され、ここで女性天皇の排除が憲法と皇室典範で決められました。今、皇室典範は憲法の下にあるのですが、その時は憲法と同格の強い力を持っていた。男系男子が継承すると憲法と皇室典範の両方で決められたことは、女性全体の差別として機能したと思います。

市川房枝の自伝にもありましたが、１８９０年の集会及政社法は、女子の政治活動を禁止するものです。これは１９００年の治安警察法第５条に引き継がれ、「女子と小人」の政治活動を全面的に禁止するものとなります。さらに１８９８年、明治民法が施行され、いわゆる家制度の成立で妻の法的経済的無能力が決め

女性差別の制度化	
1880（明治 13）	姦通罪（女性に貞節強制。性の二重基準）
1889（明治 22）	大日本帝国憲法・皇室典範制定（女性天皇排除）
1890（明治 23）	集会及政社法で女子の活動禁止
1898（明治 31）	明治民法施行（家制度 妻の無能力化）
1899（明治 32）	高等女学校令（良妻賢母づくり）
1900（明治 33）	娼妓取締規則公布（公娼制の再構築）
	治安警察法第５条「女子と小人」の政治活動禁止

られます。子供に対する親権は原則として父親のみ。だから子供の学校の保護者会は、実際は母親ばかり出席しても父兄会だったのですね。母親はお腹を痛めて産んでも親ではない。お父さんが親であり、お父さんがいない場合には長男が保護者になる。だから父兄会なんです。この言葉には、女性排除の家制度の問題が端的に現れています。

民法で家制度が出来、翌年に高等女学校令が出されて、女子の中等教育の目的が良妻賢母づくりにあることが打ち出されます。

5 前近代（江戸時代）までの日本

こんなふうに明治になって女性差別が制度化されるわけですが、明治以前はもっとひどかったのではないか、と思われるかもしれません。

日本の歴史を時代区分する場合、明治以後を近代と言います。それ以前は古代、中世、近世という分け方もありますが、最近ではざっくりと、明治以前の江戸時代までを一括して前近代と言います。ジェンダーを基軸に歴史を考える場合、その方がいいと私は思っています。

それでいうと前近代において、とりわけ17世紀以前は性別による差異、男らしさ、女らしさは強調されていない。もちろん階層による違いはあって、武士階級では女性は跡継ぎを産む道具である場合も多かったのですが、一般庶民の場合には性別による役割も固定されていない。江戸時代の子育て書を見ても、父の役割が強調されていますし、家事労働は女だけがやるのではない。庶民の家では、薪拾い、水汲み、風呂沸かし、家族ぐるみで家事をやらなければ回っていかないですよね。

16世紀末、布教のため日本に来たイエズス会宣教師ルイス・フロイスが書いた日本報告には、仰天するような女性の姿が書かれています。例えば、こんなことが書かれています。

・ヨーロッパでは未婚の女性の最高の尊さは貞操で

あり、貞潔さである。日本の女性は処女の純潔を重んじない。それを欠いても名誉も失わなければ、結婚もできる。
・ヨーロッパでは女性が葡萄酒を飲む事は礼を失するものと考えられている。日本ではそれはごく普通のことで祭りの時にはしばしば酔っ払うまで飲む。
・ヨーロッパではふつう女性が食事を作る。日本では男性がそれを作る。そして貴人たちは料理を作る事を立派な事だと思っている。
ルイス・フロイスはカソリックですよね、布教のためにポルトガルから日本に来て、織田信長に寵愛され、日本での暮らしについてローマ法王に報告した。現在中公文庫で読むことができます。

　私は外国人が書いた日本の姿は、とりわけ女性史にとって貴重な史料だと思います。というのは、日本の史料にはフロイスが書いたような女性の姿、お酒を飲んで酔っ払うというようなことは出てきません。なぜ出てこないのかというと、それが日本人にとっては当たり前のことだったからです。文字を書く、記録するというのは特別なことです。当時は紙も墨も貴重だし、字を書く能力、時間的余裕も必要です。その貴重な紙や時間を使って、当たり前のことをわざわざ書き残したりしません。

　しかしポルトガルの宣教師から見るとびっくり仰天することだからローマに書き送った。それを見ることによって日本の史料では見えない世界が見えてくる。14世紀の松崎天神の絵巻にはまな板の前で男がいて、女性が指図をしているような姿も描かれています。

料理をする男 松崎天神絵巻より（14世紀）
『続日本の絵巻』22（1992）

「男子厨房に入らず」とか言いますが、歴史は改竄されるのです。

それにはメディアも加担しています。日曜日夜8時からのNHK大河ドラマは歴史物ですが、何年か前「江」というドラマが放映されました。「江」とは織田信長の姪の名前です。信長の妹のお市の方は絶世の美女とされていますが、そのお市の方の娘を主人公にしたドラマが「江」、『女たちの戦国時代』です。

写真1はたまたまNHKのサイトで見つけました。

写真1　NHK 大河ドラマ『女たちの戦国時代』

これには間違いが二つある。どこが間違っていると思いますか？　右にあぐらをかいて座っている男性は夫で、左の女性が「江」です。彼女は正座して夫と向かい合っていますね。今これを見て、おかしいと思わない人が多いのではないでしょうか？

しかし、ここには歴史の改竄があります。一つは高貴な女性はこんな風に正座はしません。そもそも正座というのは罪人の座り方だった。お白州に引きすえる場合は正座させます。韓国では女性も正座しませんよね、立て膝です。在日の方から「なんで罪も犯していないのに畏まって正座させられるのか」と言われたことがあります。日本人から見ると韓国の女性は立て膝して行儀が悪いと思うわけですが、それは文化のギャップなんですね。

もう一つの間違いは、畳がびっしり敷いてある。畳というのは井草からおるわけで、これはなかなか貴重なものです。一面に畳を敷き詰めるようになったのは明治になってからです。もちろん江戸時代にも大奥などでは敷き詰めてありましたが、これはまだ戦国時代です。井草の生産も多くない。お雛様を見てもお内裏様は畳一畳に座っているでしょう。板の間は痛いですから、座るところにだけ一畳ぐらいの畳を敷いた。16世紀末の戦国時代に一面に敷き詰めた畳というのは歴史の改竄です。

前近代の日本：女性も正座をしない。
お犬の方（お市の姉妹）：あぐら　北政所（高台寺）像：立て膝

もちろんNHKの大河ドラマでは時代考証はしっかりやっています。だから高貴な女性がこんな座り方をしないというのはわかっているんですが、こうじゃないと視聴者が納得しないそうです。全くジェンダーギャップですね。男はゆったりあぐらをかいて、女をかしこまって座っている。

それが証拠に、いま放映している「女城主直虎」（写真2）、これは女性ですが、城主としてジェンダーを越境して男の世界に入っていますから、その時はあぐらをかきます。女の時にはかしこまる。男になるとゆったりとあぐらをかく。まさに現代のジェンダーによる差異を何100年前に投影しているのですよね。

写真２　NHK 大河ドラマ『女城主直虎』

では当時の高貴な女性の実態はどうだったのか。上の絵は日本女性史で取りあげられますが、左は細川ガラシャ夫人、お市の方の妹のお犬の方の絵姿です。明らかにあぐらをかいていますね。小袖であぐらをかくとあられもない姿になるので、上から打掛を着て見えないようにしています。

それから右は北の政所、つまり秀吉の正室寧々です。この人は立て膝をしています。「江」と同時代の同じような身分の女性が正座していないにもかかわらず、テレビドラマでは現在のジェンダー感覚を再生産しているわけです。

6 明治につくられた男女の性役割

男女の差異を強調し、性役割を制度化するジェンダー秩序は、明治につくられたと言えます。１８６８年10月23日明治改元（明治維新）後、天皇を中心にした集権的国家づくりを図りますが、国家目標として富国強兵を掲げます。そして73年に徴兵制をしき、20歳以上の男性は強制的に軍隊に動員する。国民皆兵ということになるわけです。

つまり20歳以上の男性全員に、あえて言えば人殺しを強制するわけです。これによってジェンダー化が強固に作られていく。武士階級なら人殺しの練習をしていますが、それまで農民だったり職人だったりした男性を集めて人殺しをさせるわけですよね。それは一人一人の男性にとっても大変なことです。

さっき紹介した文部大臣森有礼、彼は兵式体操を小学校に導入しますが、それは軍隊に適応させるためだったのではないか。整列して「おいち、に」と行進するとか「気をつけ、直れ」というようなことは、江戸時代までの男性はやったことはない。村では男性の力自慢は、米俵を何俵担げるかとかお祭りの相撲で投げ飛ばすというものです。一糸乱れず並んで「気をつけ、直れ、回れ右」なんてできない。しかし軍隊では、命令一下一斉行動ができないと戦争になりません。それで国民皆兵の小学校に兵式体操が取り入れられたわけです。

一方ではお国のために戦って死ぬ男を支え、兵士を再生産する良妻賢母が女性の役割になってゆきます。

7 海外出兵に明けくれた明治時代

明治時代というのは戦争に明け暮れた時代でした。

ふつう1945年までに日本が行なった戦争は、1894～5年の日清戦争、10年後の日露戦争、さらに10

1868	明治維新（近代の始まり）富国強兵を目指す
1874（明治7）	台湾出兵
1875（明治8）	朝鮮出兵（江華島事件）
1879（明治12）	琉球処分（沖縄の日本併合）
1882（明治15）	朝鮮壬午事変に出兵
1894.95（明治27-28）	日清戦争（中国に勝利）多額の賠償金/台湾の植民地化（尖閣諸島も）
1895（明治28）	台湾出兵（先住山岳民族の抵抗と鎮圧）
1900（明治33）	北清事変（中国・北京へ出兵）
1904-05（明治37-38）	日露戦争（ロシアに勝利）朝鮮の支配権/関東州（中国東北部）の植民地化
1910（明治43）	韓国併合

年後の第一次世界大戦、それから1941年の「大東亜戦争」の4回とされています。これは正式に宣戦布告したものですが、「近代日本総合年表」（岩波書店）を見ると、のべつ幕なしに海外派兵しています。明治7年には台湾に、翌年は朝鮮に出兵し、それから琉球処分と言いまして沖縄が日本に併合された。これにも軍隊を出しています。それまで沖縄には琉球王国があったわけですが、軍隊を派遣して国王尚泰を東京に拉致した。明治は45年までですけれども、年表にあるように4、5年ごとに軍隊を出している。それに対して日本が攻められたことは一度もありません。非常に近所迷惑な戦争国家だったということです。

8 学校教育による刷り込み

その戦争国家を女も支える、それを担う男を支えるという形で、女性役割がつくられ、ジェンダー秩序が形成されたと言っていいでしょう。それを学校教育で子供たちにすり込んでいった。

これは尋常小学修身書、小学校1年生がつかう道徳の教科書です。まだ入学したばかりですから文字はなくて絵で表していますが、習うべき徳目がカタカナで書かれていて、それに見合う絵が付いているわけですね。「オナカコワスナヨ」食べ物に気をつけろということを教えるものですが、妹が庭に落ちている実を拾って食べようとしたら、お兄ちゃんが「これこれ、そんなもの拾って食べたらお腹こわすよ」と指図している絵です。なぜ男女が反対にならないのか？　弟が拾って食べようとしてお姉ちゃんが「拾っちゃダメよ」というように指示する絵にどうしてしないのか。

それに反して「キヤウダイナカヨク」という徳目では、お姉ちゃんは座って、弟の下駄の鼻緒を直している。歴史資料を文字だけで考えてはいけないと思っているのですが、ここには弟でも男の方が偉いから、男が立って女は足元に座っている。こういう絵を子供たちに見せて、言わず語らずジェンダーを刷り込んでいくわけです。

「チュウギ」という項目があります。カタカナで書いていますが、「木口小平は敵のたまに当たりましたが死んでもラッパを口から離しませんでした」。これを小学校1年生に教えるのです。日清戦争に出征してラッパ手としてトテテテすすめとやっていたら撃たれてしまった。それでもラッパを口から離さず、命が

キャウダイナカヨク

オナカコワスナヨ

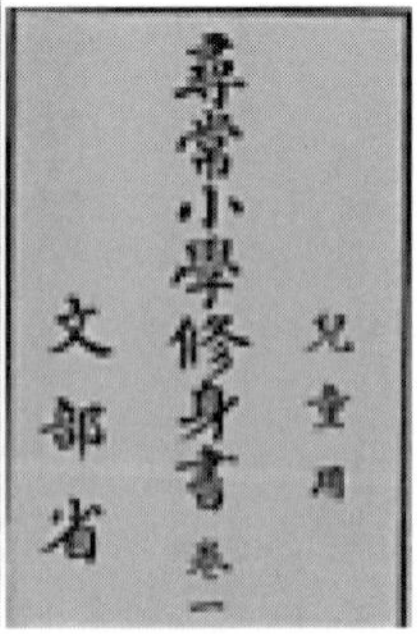

1918年度版

けで自分の役割を守った。こんなふうに刷り込んでいったわけです。

6年生になるとはっきりと「男子の務めと女子の務め」が書かれています。「男子と女子とは生まれながらにして体も違い性質も違います。それでみてもその務めはおのずから明らかであります。国や社会を安全に守るのは男子、家庭の和楽は女子」というように、ジェンダー論では真っ向から否定される本質主義を刷り込んでいます。

男の体を持ったからには、強くて性質や能力も男らしいものになるというのが本質主義ですが、これを否定したのが第二波フェミニズムにおけるジェンダー論です。男女の体は違ったとしても、それによって性格や能力とか全てが決められるのではなくて、社会的に文化的に構築されるものだということです。これは先ほどお話したように、前近代においては男女の性差はほど強くなかったことから見ても、この考えが正しい。日本では性差に基づくジェンダー秩序は明治以後の「富国強兵」の近代国家づくりの中で社会的に作られたものと言えるでしょう。

1899年に高等女学校令がだされますが、高等女学校とは、現在の中学と高校の前半に当たります。義務教育ではないので、中流以上の少女しか入れない学校でした。高等女学校令では女子教育の目的が良妻賢母づくりにあることが打ち出されます。カリキュラムを見てください。左が女子の高等女学校、右が男子の中学校のカリキュラムです。ここに明らかに差別がある。

そもそも名称からして差別です。男女とも同じように小学校を出て入る学校が男は中学校、女は高等女学校という。つまり男子の中程度の教育が女性にとっては高等だと。女にはこれ以上の教育は必要ないということです。全体の教育システムを見ると、男子の場合は中学校4年ないし5年の上に高等学校があります。高等学校3年、さらにその上に大学がある。だから男であれば、経済力もあり勉強もできるとなれば、小学

表　週あたり授業時間数の比較

	明治34年高等女学校令施行規則				明治34年中学校令施行規則				
	1年	2年	3年	4年	1年	2年	3年	4年	5年
修身	2	2	2	2	1	1	1	1	1
国語	6	6	5	5					
国語及漢文					7	7	7	6	6
外国語	(3)	(3)	(3)	(3)	7	7	7	7	6
歴史・地理	3	3	2	3	3	3	3	3	3
数学	2	2	2	2	3	3	5	5	4
理科	2	2	2	1					
博物					2	2	2		
物理化学								4	4
法制及経済									(3)
図画	1	1	1	1	1	1	1	1	
家事			2	2					
裁縫	4	4	4	4					
音楽	2	2	2	2					
唱歌					(1)	(1)	(1)		
体操	3	3	3	3	3	3	3	3	3
計	28	28	28	28	28	28	30	30	30

(　)は随意科目　『明治以降教育制度発達史』第4巻,181〜182,288〜289ページより作成

校を出て中学校出て高等学校を出て大学を出て、末は博士か大臣かという道が開かれています。しかし女性は、基本的に高等女学校で行き止まりです。ただ、たった二つだけ、高等女学校のうえに奈良女子高等師範学校（現奈良女子大学）、お茶の水女子高等師範学校（現お茶の水女子大学）が女学校の先生を養成するために作られました。

ということで、まず名称からして差別なのですが、カリキュラムの中身はもっとひどい。これは1週間に何時間授業が行われるかを示しています。修身という授業が左の女学校の場合週2時間ずつある。それに対して男子の中学校には1時間しかない。大きな違いは外国語です。女学校の場合は（3時間）。（）がつくということは必須ではないということ、外国語つまり英語ですが、英語やってもやらなくてもいい。やる場合は3時間。それに対して男子は7時間。びっしり必修です。

それから数学です。女子は2時間、男子の1年2年

は3時間だけれども、3年4年になると5時間必修です。国家がどういう女性を作り、どういう男性を作ろうとしていたかが非常によくわかる。つまり女子は、外国語を学んで世界に視野を広げなくてもいい、数学を学んで論理的な思考など鍛えなくてよろしい。修身をやり裁縫をやり、家の中で家族に尽くしなさい。それが歴然と見える教育が行われたわけです。

9 大正以降「大日本帝国」海外出兵拡大

日露戦争に勝って日本は「大日本帝国」と自称しますが、大正以降もその流れの上に、第1次世界大戦でも勝ち組になって「一等国」だというわけです。敗戦国ドイツが持っていたアジアにおける植民地、サイパンなどの南洋群島を確保して行くことになります。

1931年には「満州事変」ということで、中国東北部に軍事侵略。翌年に「満州国」という傀儡国家を建国し、広大な土地を日本の支配下に置きました。これに対して中国の人たちの抗日反日の動きが当然出てきます。その結果37年には盧溝橋事件が起こり、中国との全面戦争が始まる。その流れで41年、日本はハワイの真珠湾を攻撃し、米英など約60カ国を相手にしたアジア太平洋戦争（第2次世界大戦）が起り、結果として敗戦ということになります。

日本の近代は、明治から敗戦までの77年間に海外出兵は15回、そのうち戦争と名のつくものは日清、日

1914-18（大正 3-7）第1次世界大戦（ドイツに勝利）
アジアにおけるドイツの植民地（南洋群島など）確保
1918（大正 7）シベリア出兵（ロシア革命への干渉戦争）
1927–28（昭和 2-3）済南事件（中国・山東省へ出兵）
1931（昭和 6）満州事変（中国東北部占領・「満州国」建国）
1937（昭和 12）盧溝橋事件（以後中国との全面戦争）
1941（昭和 16）マレー半島・ハワイの真珠湾攻撃
アジア・太平洋戦争（米英など約 60 カ国と戦争）
1945（昭和 20）敗戦
明治以後 77 年間に海外出兵 15 回（うち戦争は4回）

露、第1次、第2次の4回ですけれども、それ以外にのべつ幕なし、5年に1回の割で海外派兵していたわけです。

10 「満州事変」以降、女性も「銃後の女」として戦争協力：拡大・発展する国防婦人会

30年代以降は女性も銃後の女として戦争に協力する。それには国防婦人会の成立が大きかった。国防婦人会はまず大阪で誕生しますが、それが全国に波及していき、10年足らずの間に1000万近くの大集団になります。

今日はぜひ皆さんに伺いたいのですが、ここに静岡市国防婦人会の写真を入れました。どこで撮った写真かお分かりになるでしょうか。神社らしいですね。この写真は『写真・絵画集成 日本の女たち』（日本図書センター）からとりました。これは全6巻で、私は第4巻「国境を越える女たち」を編集したのですけれど、これは第2巻「暮らしをつむぐ」に入っています。静岡の写真が3枚。この写真には第5分会、本通3丁目という旗が左端に写っています。この写真は小林志づさんが提供なさったものです。静岡女性史研究会では女性団体を調べられたそうですが、国防婦人会は取り上げているでしょうか。

静岡市国防婦人会。最後列左から５人目小林志づ（昭和10年代）
（『写真・絵画集成日本の女たち』第２巻）

奥田「一人だけいました」

この本は2006年に出ていますから、小林さんも健在でいらっしゃったかと思うのですが。

国防婦人会は女性の戦争協力団体として、静岡だけではなく全国的にものすごく拡大しています。32年3月に大阪で誕生し、その年の10月には東京に進出して大日本国防婦人会になります。この段階では目標10万人としていたのですが、翌年には15万人の会員になっています。

この時期が歴史の分かれ目だったと思うのですが、30、31、32年の日本は大不況です。１９２９年10月14日、アメリカのニューヨークで株が大暴落、世界恐慌が起こりますが、これが日本にも波及し

静岡市国防婦人会、炊き出し（1939）
（『写真・絵画集成日本の女たち』第２巻）

娘の身売りだとかお弁当を持って来られない子ども、「欠食児童」と言いましたが、そういう子どもが続出します。また製糸工場や紡績工場では賃金が払えないで首切りが頻発。それに対して女子労働者がストライキに立ち上がりますが、弾圧の中で潰されていく。33年に国防婦人会が15万人に増えていく段階で、工場や職場にも国防婦人会が入っていきます。それはこれまでの階級対立やストライキは止めて、兵隊さんのために力を合わせて頑張りましょうということで、労働運動潰しにつながってゆきます。

日本の軍国主義化と国防婦人会の増加はセットになっています。34年段階に１００万を超えました。解散は42年ですが、その段階では９００万人以上の会員を擁しています。10年のうちに１０００万近くにまで増えたわけです。（P28表参照）

なぜこんなに急激に増えて、女性たちが兵隊さんのために頑張ったんだろうか。もちろん日中全面戦争開戦以後、６００万と急激に増えたのは、軍の圧力や村

1932 年 3 月 18 日	大阪国防婦人会発会
1932 年 10 月 24 日	東京で大日本国防婦人会発会。会員 10 万目標
1933 年	東京・大阪に分会結成、職域分会 259 会員数約 15 万人
1934 年	会員数 1,234,527 人
1935 年	2,550,068 人
1936 年	3,673,765 人
1937 年	6,849,069 人
1938 年	7,929,684 人
1939 年	8,276,887 人
1940 年	9,052,932 人
1941 年	9,255,063 人
1942 年 2 月 2 日	愛国婦人会・大日本連合婦人会と統合、大日本婦人会発会（会員数 2000 万）
1942 年 2 月 12 日	大日本国防婦人会解散式

社会の同調主義が働いています。気が付いたら玄関に襷がおいてあった、自分は入ると言ってないのに気がついたら入ってた。そういう声もありました。

しかしそれだけでなく、それまで家に閉ざされていた女性たちにとって、国防婦人会の活動は一種の女性解放でもあったということです。ここに市川房枝と平塚らいてうの言葉をひきました。市川房枝の自伝によると、１９３７年８月、日中全面戦争が起こって一ヵ月後、故郷の愛知県にお父さんの法事かなんかで帰ったら、ちょうどその日に村の国防婦人会発会式に出くわした。市川房枝は有名人だから挨拶をと言われて、小学校の講堂の壇上で挨拶をすることになった。

そして発会式の様子を見て、自分の時間というものを持ったことがない農村の大衆婦人が、半日家から解放されて、講演を聞くというのは女性解放の一つであると書いています。彼女が戦争協力に回るのはこれからです。生き生きした女性たちの姿を見て、燎原の火のように国防婦人会が広がっていく状況の中で、ただ反対していては潰されるだけだ。協力する姿勢を見せつつ女性の地位向上をかち取っていこうと、9月に日本婦人団体連盟を結成して戦争協力に転換します。

その翌年、38年11月の『文藝春秋』の座談会でこの国防婦人会の急激な発展をどう考えればいいのか、ということも話し合っているのですけれど、そこで平塚らいてうも、国防婦人会の活動に参加することによって家庭と社会との緊密な関係が分かり、新しい目で見直すようになって、利己主義から抜け出すと、女性の社会的意識の形成という点から「国防婦人会」を評価しています。

「国防婦人会」は1942年に「愛国婦人会」、「大日本連合婦人会」と統合して「大日本婦人会」になりますが、その段階では「20歳以上ノ日本臣民タル女性」は、植民地の台湾や朝鮮を含めて全て参加となって、2000万の大集団になるわけです。大日本婦人会の機関誌が『日本婦人』ですけど、私が銃後史の研究に入ったきっかけの一つは『日本婦人』に書かれている高群逸枝の連載でした。1970年代のリブの時代には、高群は「愛と平和の人」であり、著書『女性の歴史』や『火の国の女の日記』はよく読まれました。私もファンでしたが、『日本婦人』の文章を読んで仰天しました。「愛と平和の人」どころか、戦争推進を全国の女性に呼びかけているのです。

スライドに43年の『日本婦人』のグラビア記事をいれました。「婦人総決起」ということで日本中の女性が農村の女性も都会の女性も兵隊さんのために頑張っている姿が載っていますが、そのキャプションをみますと、すごいことが書いてある。

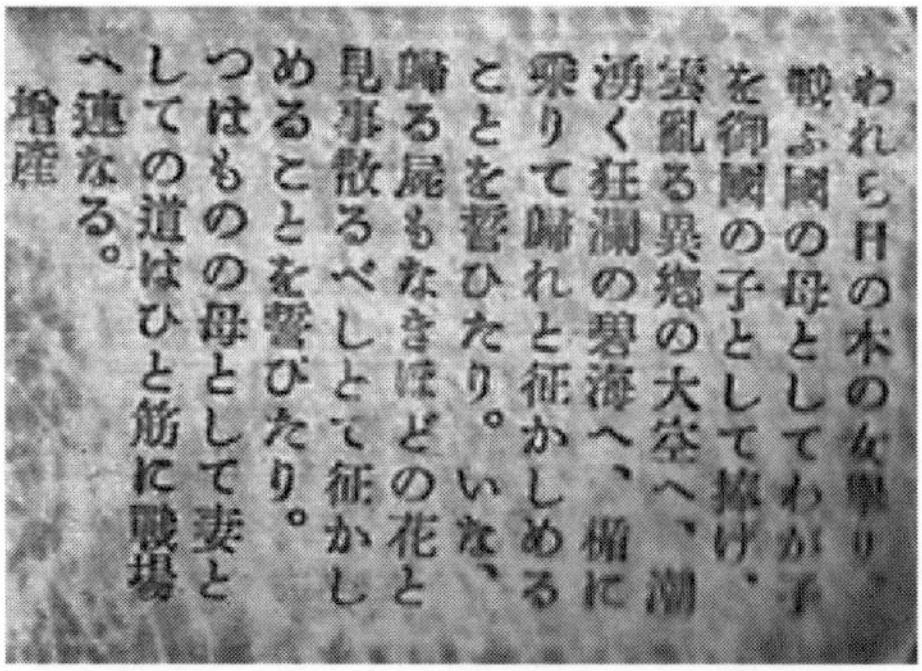
われら日の本の女[illegible]
戰ふ國の母としてわが子
を御國の子として捧げ・
雲亂る異郷の大空へ、潮
湧く狂瀾の碧海へ、楯に
乘りて歸れと征かしめる
ことを誓ひたり。いな、
歸る屍もなきほどの花と
見事散るべしとて征かし
めることを誓ひたり。
つはものの母として妻と
しての道はひと筋に職場
へ連なる。
增産

『日本婦人』1943. 9月号グラビア記事

「我らひのもとの女こぞり、戦う国の母として我が子を御国の子として捧げ雲乱る異郷の大空へ、（略）帰る屍もなきほどの花と見事ちるべしとてゆかしめることを誓いたり」。つまり、２０００万の女性に対して、息子の死体も帰らない、海の藻屑となる覚悟で送り出せというわけです。正気の沙汰ではないですね。そして実際に44年10月25日からいわゆる特攻作戦が始まり、まさに帰る屍なんてない。遺骨箱には石ころや砂しか入っていません。私たちの母や祖母世代は、そんな狂気の国を支えたわけです。

11　１９４５年敗戦！　新憲法の誕生！

１９４５年日本は降伏し、新しい憲法が発布されました。そこには戦争放棄が謳われ、男女平等が憲法の条文に入りました。皆さんご存知でしょうけど、男女平等を規定した14条と24条は、ベアテ・シロタ・ゴードンさんが頑張って入れてくれたものです。

それは素晴らしいことです。とくに24条で家庭における「個人の尊厳と両性の本質的平等」が規定されたのは世界に誇るべきものです。それと同時に私は、13条の意義も大きいと最近思うようになりました。13条には「すべて国民は、個人として尊重される。」とあります。身分が高かろうが低かろうがお金があろうがなかろうが、人として生まれたからには全ての人間は「個人」として尊重される。いわゆる自然権、人権の基本ですね。これがあるから14条の「すべての国民は、法の下に平等であって、人種、信条、性別、社会的身分又は門地により差別されない」が出てくる。

人はみな個人として尊重されるから、性が違っても人種が違っても平等なんだということです。

24条の「個人の尊厳と両性の本質的平等」は13条の個人の尊重、14条の「法の下に平等」を踏まえてのものです。13条、14条は社会的にすべての国民についてのものですが、それは家庭の中でも貫かれなければならない。外では非常に民主的な顔をした男が、家では妻を殴るということがあるわけですが、24条の「個人の尊厳と両性の本質的平等」はこうした家と外の使い分けは許されないということです。これは私の解釈ですが、こう考えると改めて24条の意義は大きいと思います。

当時の女性たちは憲法9条と14条、24条に基づく男女平等は感動を持って受け止めています。私たちがやってきた「銃後史ノート」通巻9号で「女にとって8・15は何だったのか」についてアンケート調査をしました。その中で日本が戦争に負けたことをどう思うかという質問をしたところ「あの時負けたおかげで今生きていられる」、「勝っていたら軍国主義はますますはびこり、男は威張り返って大変なことになった」、つまり「負けてよかった」というのが大半の声でした。私もつくづくそう思っています。

12 いま歴史の岐路：「戦後」の終わり？

いま歴史の岐路に立って、当時女性たちが感動を持って受け止めた戦後体制が危うい状況にある。安倍首相は第一次安倍政権の時から「戦後レジームからの脱却」を掲げ、憲法改定を目指しました。戦後体制の最大のものは憲法9条です。２０１２年に出した自民党の「憲法改正草案」では、9条に「国防軍の創設」が書かれています。国民の反発が強いので、集団的自衛権を認める安保法制を成立させ、自衛隊の活動自体を米軍と共同行動できるようにした上で、現在は9条に3項を加えて自衛隊を明記すると言っています。２０１２年の自民党「改正案」からするとソフト化していますが、「専守防衛」ではなく米軍と一緒に海外で戦争できる点では同じことです。

今は議会で２／３以上とっていますから、発案はいつでもできます。国民投票ですけれど。自衛隊は災害の時に頑張ってくれるのに憲法の中に位置づけられていない、自衛隊かわいそうみたいな空気があるので、加憲で自衛隊明記の3項が通る可能性があると私は心配しています。

もう一つ心配なのは24条です。自民党案では24条の条文自体はそのままそのままで、前書きのところに「家族は互いに助け合わなければならない」をくわえています。これは重大なことです。私はこれを見たとき、教育勅語の「父母ニ孝ニ兄弟ニ友ニ夫婦相和シ……」を思い出しました。教育勅語は例の森本学園で幼稚園児に暗唱させたというので有名になりましたが。

もっと問題なのは、これによって憲法の基本である立憲主義が破壊されるということです。憲法というのは私たちを縛るものではなくて、権力者を縛るものです。99条には「天皇……国会議員……公務員は、この憲法を尊重し、擁護する義務を負ふ」と書いてあります。これは立憲主義を位置づけたものですが、自民党「改正案」ではこれを削って「すべて国民はこの憲法を尊重しなければならない」と真逆になっています。憲法24条に「家族は互いに助け合わなければならない」を付け加えるのは権力者ではなく国民を縛るものにすることです。

13 安倍首相の「女性の活躍」 2013年9月、安倍首相、国連で演説

安倍首相は13年9月、国連で演説してアベノミクスならぬ「ウィメノミクス」、つまり女性の活躍による経済発展を打ち出しています。

「成長の要因となり、成果ともなるのが、改めていうまでもなく、女性の力の活用にほかなりません。世に、ウィメノミクスという主張があります。女性の社会進出を促せば促すだけ、成長率は高くなるという知見です。／女性にとって働きやすい環境をこしらえ、女性の労働機会、活動の場を充実させることは、今や日本にとって、……焦眉の課題です。」

まさに女性のためではなく、国のためだとはっきり言明しています。

14 女性活躍推進法の成立 2016年4月

そうした姿勢の上に、2016年、女性活躍推進法

ができました。国・地方公共団体、301人以上の大企業が対象ですが、女性活躍推進のための調査、行動計画作成を義務付ける。今回調べて驚いたんですけれど、皆さん、「えるぼし」ってご存知ですか。これが「えるぼし」です。赤い丸の中にあるのはLの筆記体です。Lはレディ、レイバー、ローンダブル。それに星がついているから「えるぼし」。三つなら合格というわけです。女性が仕事の場で尊重される、それを星で表そうと言う、ミシュランの星やホテルのランク付けのように、「えるぼし」三つを目指して企業イメージをアップさせるというわけです。

15　2017年10月22日衆議院選挙　自民圧勝 自公3分の2以上

2017年10月、安倍首相は国会を解散し、衆議院選挙で大勝しました。これに対してフランスのルモンド紙（2017／10／25）は私が言いたかったことを言ってくれているのでご紹介します。

「安倍氏は歴史修正主義者で彼の礼賛する憲法改正は日本の帝国主義の復興を目指し、第二次世界大戦終戦までの日本軍が犯した数々の罪を否定しようとする、広大な企ての一つだ」「1945年の敗戦は日本の歴史の深い断絶になっている。その断絶は、…軍国主義の拒絶を導いた。安倍晋三を産み落とした日本の右派は、…経済的にも軍事的にも強い、ある種のJapon eternal（悠久不滅たる神国日本というような意味）を取り戻すため、戦後という〝ページをめくって〟この断絶を抹消したいのだ。」

16 政府主催「明治150年」の危険性

これまでお話ししたように、明治以来の日本は戦争国家だった。77年間に15回も出兵するような国でした。ルモンドにあるように、それが敗戦によって切断され、平和憲法によって軍国主義を拒絶した。しかし安倍首相は、戦前の「神国日本」を取り戻すため、敗戦という断絶を抹消しようとしている。「明治150年」は、まさに敗戦による断絶を抹消し、日本近代を明治からずっとひとつながりのものにしてしまいます。

それによって戦後の価値である平和主義、基本的人権、男女平等が破壊される恐れがあります。女性活躍に名を借りて、そうした方向に女性を利用する可能性があります。

私は今こそ力によらない平和をどうやって作るかを真剣に考えるべきだと思います。ようやく核兵器禁止条約ができたのに日本は参加しない。日本は唯一の戦争被爆国なのだから、世界から危険な物を減らしていくために先鞭をつけるべきです。女性の活躍はそのためにこそあるべきだと思います。

《質問》

来年から道徳教育が必修科目になると言うことですが先生はどのようにお考えになっているのか伺いたいと思います。

《加納》

道徳教育が必修になることに対して、戦前の修身復活だという声がありますが、私は道徳は「個人の尊厳」尊重が基本にならなければいけないと思っています。戦前の修身教科書のように、兄弟はこうあるべきだとか上から注入するというようなことでは、内発的な形での人間尊重は育成されないと思います。道徳を必修にするなら、その中で個人の尊厳や人権教育をしっかりやるというように、積極的に使っていくという方向もあるのではないでしょうか。教科書も配布されるので、一人一人の教師の姿勢が問われますが。

家庭教育支援法の問題もありますね。これは平井和子さんが詳しいので、平井さんお願いします。

《平井》

自民党の議員立法として「家庭教育支援法」というのが前の通常国会で出されようとしてたんですけれど、安保法制のごたごたで結局出なかったんですが今後も成立を狙ってくると思います。法案では、近年の子どもをめぐる問題の原因を、核家族化と共働き家庭が増えていることによって「家族の絆」が弱くなり、家庭における教育力が落ちているからだ、として、国家が理想とする親、とくにあるべき母親像を国民に押し付けるような内容となっています。この動きの背景には安倍総理が会長として発足した親学推進議員連盟の存在があり、親学の人たちは戦前の家族国家観の下での大家族主義や子育てにおける「母性」を強調し、精神論・道徳論を国民へ説くというものです。ここには家庭という最もプライベートで自由が尊重される場へ、国家が介入する危険性が孕まれています。地方で条例が先行しており、熊本県に次いで静岡県が全国二番目に条例を作成しました。これは、憲法第24条の冒頭に「家族は互いに助け合わねばならい」という道徳を加えた自民党の憲法草案の動きと連動したものとして注意が必要です。この問題に関しては、緊急に、木村涼子『家庭教育は誰のもの?』(岩波ブックレットNo.965)、本田由紀・伊藤公雄『国家がなぜ家族に干渉するのか―法案・政策の背景にあるもの』(青弓社2017年)が出版されています。

＊これは2017年12月4日の公開講演会に、修正・加筆したものです。

第1章　リブの運動を担った

私を生きる。自由に生きる

田中　美津（たなか　みつ）（元ウーマンリブ・鍼灸師）

〈プロフィール〉

1943年東京生まれ。日本のウーマンリブ運動の代表的な人物の一人である。1970年に「便所からの解放」という文章を発表し、ウーマンリブ運動の先駆者となった。1971年には「ぐるーぷ闘うおんな」のリーダーとして、「エス・イー・エックス」など他のリブグループと共に新宿に「リブ新宿センター」を設立した。同センターは女性の駆け込み寺として、また中絶や避妊などの相談センターとしても機能した。1975年、メキシコに渡り、帰国後は鍼灸師として活動する。

著書:『いのちの女たちへ―とり乱しウーマンリブ論』（河出文庫）、『かけがいのない、大したことのない私』（インパクト出版会）等。

かけがえのない私なのに……

若い時はすごく生きづらかったですね。私ではない別の人間。生徒らしくとか、学生らしく、女らしく振る舞っていないと、一人浮いてしまう感じで……。

抑圧だと気づかせない抑圧……というのが一番巧みな抑圧で、周りから認められたり評価されたり好かれるというのは、誰にとってもうれしいことじゃないですか。うれしいんだけど、自分で自分を良しと思うことができなくては、認められても空虚、好かれても空虚って感じ。自分で自分をいいと思えるようになるまでは、ずいぶん時間がかかりました。

値引きされる自分

ブラジャーがあれば貧弱な胸も少しは盛り上がって、より女らしい感じになるけど、そんな風に無理していい女だと思われなくても私は私よ、ということを主張したのがウーマンリブです。

男と同じようにおならもするし、ゲップもする。そんな肉体ひっくるめて私イコール女なのに。おならもゲップもしないし、疲れている時でもニコニコと振舞う女としてやっていかなければいけない。そんな「私以外の私」にならないと、この世に私の居場所が持てない。

そんな風に小さい時から、「私以外の私」を生きていたら、自分をかけがえのない存在として感じるなんてことはすごく難しい。なんせ、私という存在は、私を見る人の中にあるのですから。

自分はこうしたい、というのではなくて、こういう女は好かれるとか、こういうお母さんは素敵とか、家族や世間からはもちろん、テレビや雑誌を通じて３６５日吹き込まれていくわけですから、「私は私」という感覚、すなわち、自分をかけがえのない存在として感じるなんてことはできることではない。

「私以外の私」がモテたところで、それがなんだ！

と私は叫んでリブを始めたわけですが、そんな力が持てたのは、たまたま生まれた家が「お前のままでいいんだよ」という具合に私を育ててくれたからではないかと、今、74歳にして思うのです。

メキシコへ

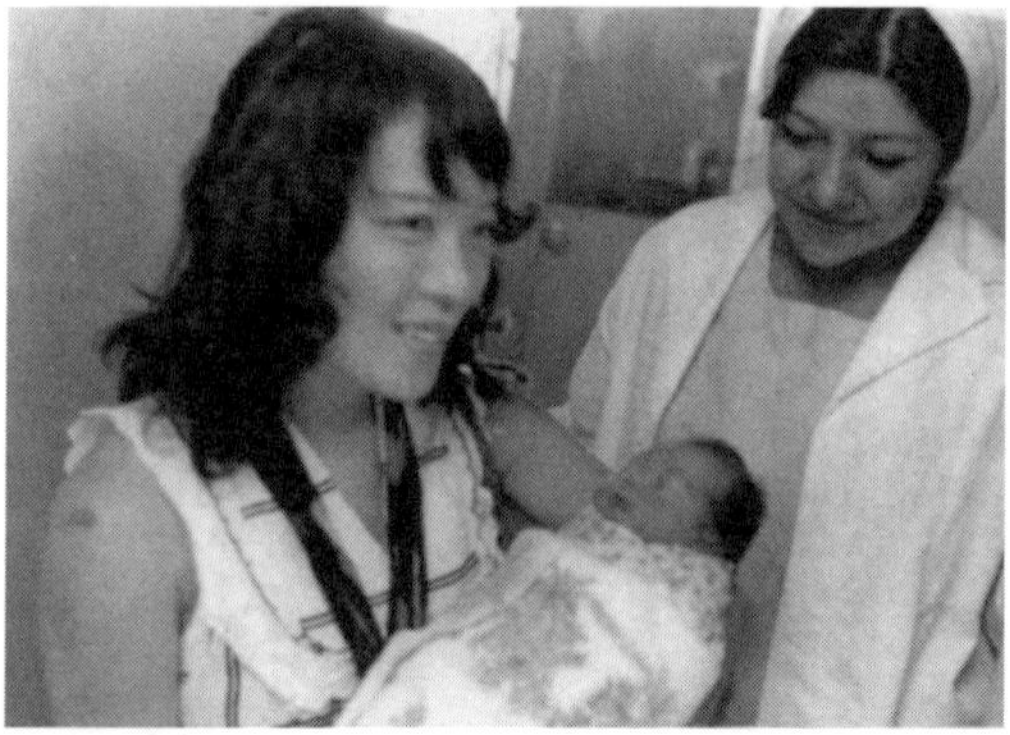
メキシコで生まれた息子（33歳）

リブ運動を4年ほどした後、メキシコにわたり、かの地で4年間暮らしました。

リブ運動を通じて「胡坐かこうが、しおらしくなかろうが、私は女」という具合に、女であることは選びなおせたけれども、日本人であるということはどうだろうか。タブンよその国に行ったら、「あぁ私って日本人なんだ」と感じることが多々あって、日本人であることも選びなおせるかもしれない。という気持ちもありましたが、実のところリブ運動によって無理を重ねて体がぼろぼろでした。日本にいては命が危ないという時に、国際婦人年の会議がメキシコで開かれるというので、休養をかねてメキシコに行ってみたのです。

メキシコからアメリカに回る予定でしたが、メキシコに行ったら、何か知らないけれど、わけわからないパワーを感じて、なんか面白そうだな、と。

アメリカに1年間居られるビザをほったらかしにしてメキシコに居ついてしまいました。すぐに男ができたけれど、恋人にはいいけど夫にするには大変なタイプだったので、未婚で子どもを生みました。子どもが3歳になった時に日本に帰ってきました。

すべてを受け入れてくれた家族

成田空港に着いたら、私を迎えに来てくれてた母は、ニコニコ顔の息子を見て、娘が未婚で産んだハーフの子どもを即座に受け入れてくれました。息子は荷物のカートを押すのがうれしくてニコニコしていただけなのに、「一目で私がわかったンだよ、この子は」と。いいように考えて。

講演中の田中美津さん
2017.11.15

親はもとより、兄弟たちからも「混血だ」とか、「父なし子だ」と言われたことは一度もありませんでした。それどころか実家に着いて2週間後には、そのクルクル頭の、日本語のしゃべれない3歳の息子を連れて、母は意気揚々と町内会のバス旅行につれて行っちゃって……。

その時はさすが、我が親ながらすごいなと思いましたよ。突然現れた混血の孫。口さがない町内会の人たちから、「なにその子？」って聞かれたはず。それに対して母がどう答えたのか、聞き損ってしまって……。亡くなる前に聞いておきたかった。

リブ運動を頑張ってたら、私服の警官が実家に来て、応対した兄に、「お嬢さんがあれではご家族も大変でしょう」と言ったんだそうです。

出かけていた母は、後でそれを聞いてすごく怒って、「あの子は損なことをしているけれど、間違っていることをしているわけではない」と回りの人に言ってたとか。

母は私の書いたものなんか全く読まない。尋常高等小学校出の町の仕出し屋の女将。父は町内会の万年副会長で、しゃべるのが上手じゃないから、会長にはなれないといった、そんな両親。でも選挙は必ず野党に入れるので、ある時聞いてみたら母はひとこと、「あんなんでもなきゃ困る」と。

世の中は我が家と真反対

そういう家で育って世の中へ出ると、もう大変。他の人はほとんど皆、「女なんだから、こうしなさい、ああしなさい」という躾を受けて大人になる。もう私とは真反対。

そういう中で一人、私のままでいいんだと思って生きていく……というのは、友達はいましたが、なんだかいつも一人ぼっちって感じで、暗い青春だったなぁ。

仮死状態で生まれた私

そもそも、未熟児ではなかったのに、ナゼか仮死状態で生まれた私。お湯と氷の入った水の中に、ちゃんぽん、ちゃんぽんとつけられて、冷たい方に入れられた時に「うっ」と微かにうめいたんだそうです。それで保育器に入れられて助かった。家で生まれてたら保育器なんかないし、死んでたでしょうね。

そんな生まれ方が関係してるのか、小学校の時から体が弱くて。中学生の時にはもう駅の階段がつらかったし、体育の時間が嫌だった。でも、特に熱や痛みが出るわけじゃないし、人とからだを比べることもできないから、からだってこんなものかと思って生きてました。

性格は体質と結びついている

東洋医学では、腎臓が弱いと、不安が強くなると言われています。肝臓の働きが弱いと怒りっぽくなるし、膵臓が悪い人はクヨクヨと心配性に。呼吸器系の弱い人は愁いの感情が強くなる。ほら、竹下夢二が描くほっそりと青白い女性なんて、いかにも愁いが強そうな感じでしょ。

親って子どもに対してはしつこいところがあってあれこれ心配するけど、子どもを伸ばしたい、変えたいと願ったら、からだぐるみ考えていかないとダメです。もし足に触って冷えているようだと、冷えから腎臓が悪くなってて、それで根気がないのかもしれないし。

冷えは腎臓の一番の敵です。また腎臓はいのちの根幹。内臓を木、火、土、金、水の5つのエレメントに分類すると、腎臓は水の性質を持っていて、心臓は火の性質を持っている。それだから下（腎臓）で水がちゃんと機能しないと上にある心臓は火が燃え盛って、それで突然バッタン！　と倒れてしまうことも。

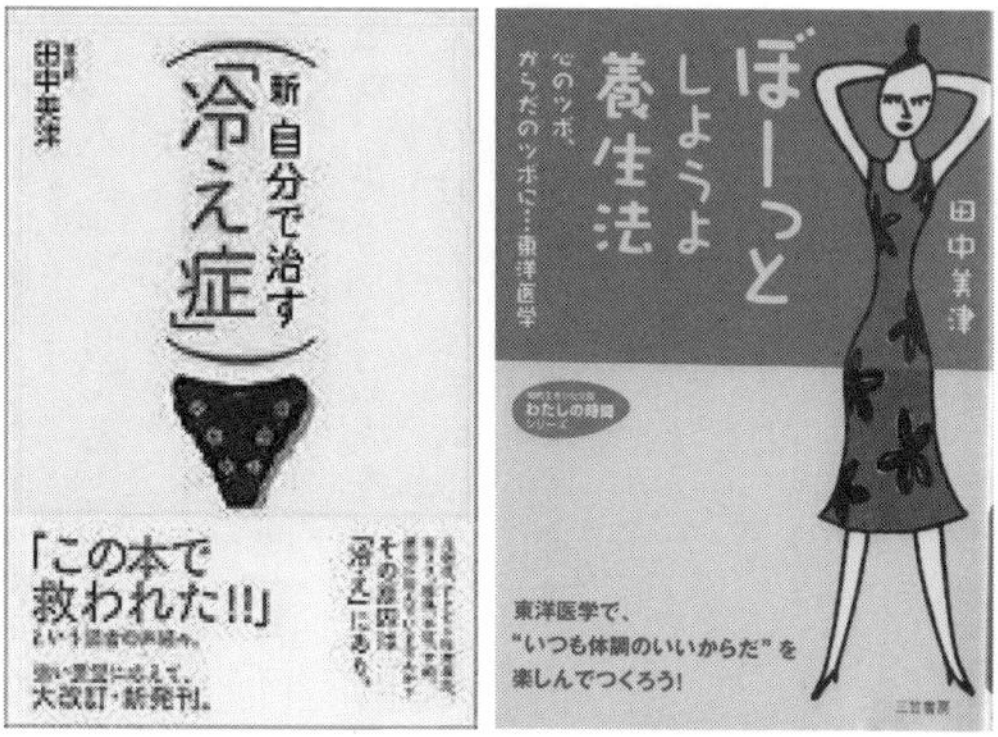

著書も出しました。

そうならないために、とにかく腎臓は冷やしてはいけない。今日ズボンはいている人で下にスパッツをはいている人いますか。えっ、下に2枚はいている？　すごいな。スパッツを履いたことない人はスパッツなんか履いたら暑いと思っているのでしょうが、スパッツもいろいろあるのよ。

『自分で治す冷え症』という私の本、10年前のものにはスパッツは絹がいい、と記してます。でも絹は値段が高いし、すぐに伸びてぶよんぶよんになっちゃう。

今は、モンベル（登山用品のお店）のスパッツを勧めてます。そこの夏のスパッツなら、吸湿性、発汗性がいいので夏でも気持ちよく履けて、冷房がつらい人

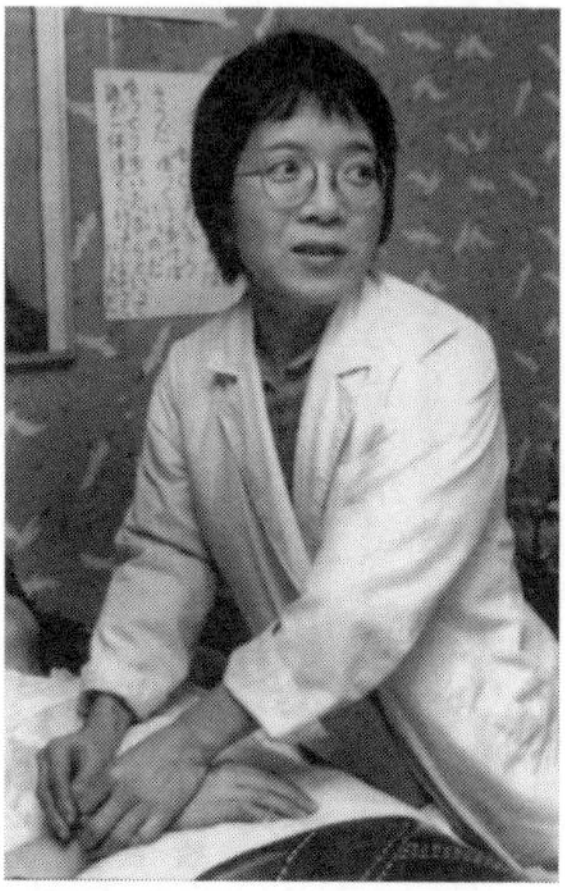

鍼灸師になって間もなくの私（40歳）

には最適。冬は韓国製の裏起毛のスパッツが安くて温かい。下にモンベルを履いて、その上にこういう裏起毛のものを履くといい。

病気にならないに越したことはないけれど、病気になってもそれと付き合いつつ、自分のやりたいことができればいいんじゃないの。私自身、生まれつき虚弱なのに、未婚で子どもを産んで、鍼灸師して働きながら一人で子を育てるという、もう生きたいように生きてきてます。

他人と自分を比べ、他人の目に自分がどう見えるかとか、そういうことを気にかけるということがないのでその分余分なエネルギーを使わずに、ひたすらからだの声を聴きながら、無理をしないで生きてきました。

時代を掴んだ！

前述したように27歳の時にリブ運動に決起したわけですが、あの時代、パソコンなんかないから、「便所からの解放」と題したビラを謄写版で刷って撒いたんだけど、すごかったですよ、女の人たちが、ワーッと取りに来て……。なんだかわからないけど「時代を掴んだっ！」って気がしました。

その頃、一足早くアメリカでもウィメンズ・レボリューションの運動が起きていたけど、私は英語ができないから、朝日新聞が報じるくらいのことしか知らなくて。

思い出すとニヤリと笑ってしまうけど、ある時女性解放を指導するという人がアメリカから来たのね、頼んでもいないのに。10人くらい集まってお話を聞いたんだけど、その人が「ブラジャーみたいな女を締め付けるものは捨てて、もっと自由に生きよう」と英語で言うんですが、その人のおっぱい、おヘソのあたりで揺れていて、どうしてもそこに目が行っちゃう。私ね、おっぱいが大きくて邪魔な人はブラジャーしてもいいんじゃないかなあ、と思いながら話を聞いてました。

スタートは「たまたまの私」

さて、私たちはみな、女に生まれようと思って生まれてきたわけではないよね。こういう親を持とうとか、この程度の顔で生まれようとか思ったわけでもない。もの心ついたら、こうだったんですよね。

そうである以上、元はといえば、誰もが「たまたまの私」でしかない。世界でたった一人の「かけがえのない私」は、また、「たまたまの私」でもあるという事実。

1972.6.11　撮影：松本路子
『資料　日本ウーマンリブ史II』

子どもを束縛しない家にたまたま生まれて、不安や憧れの少ない人間としてたまたま育って、それゆえ私はウーマンリブなどという男たちがギョッとするような運動の口火を切ることができた。

そのことを思うと、男から承認されること無しには生きていけない女たちと私の違いなど、半分はたまたまでしかないのではないか、という気がしないでもない。

男が女の連れ子を虐待して殺してしまうという事件が、今年も複数起きました。そういう事件が起きるといつも「幼い我が子が虐待されているのに、なんで女は子どもをかばおうとしなかったのか」と思うのだけれども、実は聞くまでもなく答えはわかっている。その女にとって「かけがえのない私」とは「男のいる女として生きる私」なのよ。男がいなければ、無意味な、無価値な女になってしまうという不安と憧れ。大事なのは男に気に入られるということ。

女の先生が多いのは幼稚園や保育園だけで、それ以降は学校も病院も先生といわれる人のほとんどは男で、会社の部長、課長や、政治家、警官、町内会の役員、テレビのキャスター等々、要職という要職はほとんど男が占めている。

男女平等ランキングを見ても日本はいまだに１４９ヵ国中１１０位という体たらくです。たまたまそこに生まれて持ちえた家族、親戚、そして学校等を通じて、女は男に嫌われないことが一番大事なことなんだと、執拗に思い込まされていく。

「かけがえのない私」の底にうずくまっている、「たまたまの私」。それはいわば肉体化してしまってる「不安な私」です。妻子を守って強く賢く生きねばならないという男への抑圧。いわば女が受ける真裏の抑圧を、たまたま男に生まれたがために受けていく男たち。そのような男らしさ、女らしさが壊れにくいのは、それが肉体化しちゃってる意識だからです。

肉体化された意識を、無意識という。リブ運動を始めた頃、男が入ってくる気配を感じたら、それまで胡坐だったのに、さっと体が動いて正座してしまったことがありましたが（笑）、ことほど左様に女らしさは肉体化されているのです。

優生保護法改悪阻止の運動

青い芝の会というからだに障害を持つ人たちの会があります。昔、その人たちと一緒に優生保護法改悪阻止の運動をやりました。もっと中絶をしにくくして胎児の命を守ろうと、宗教団体「成長の家」が願って、法律を変えようと動き始めたのが事の始まり。

アメリカやヨーロッパでは、主に宗教的な理由から、中絶が禁止されてきました。しかし日本では女の安い労働力を利用して経済成長を図ろうという企みのもとに、昭和23年から経済的な理由での中絶ができるようになっていたのです。当時は避妊の方法がコンドームくらいしかなくて、しかもコンドームは高い。それで子どもができてしまうと男には知らせずに、できてしまった子どもを中絶しつつ女はパートで働くのが普通でした。

産む産まないを男たちに決められたくない

女の性と生殖は、安いパートを確保したい企業の思惑通りに管理されてきました。それゆえ戦後の早い時期に経済的な理由から中絶ができるように法整備されてきたわけで、優生保護法改悪反対運動の一番大きな成果は、そのことに女たちが気づいたということです。

「成長の家」が望んでるように、もし経済的な理由で中絶ができなくなったら、闇中絶に頼るしかなくなる。一層大変な状況になるわけで、「経済的事由」を無くすことに反対しつつ、子宮を痛めつつ企業や国を支えてきた事実をしっかり認識して、ちゃんと避妊をしようと主張して、私たちは反対運動を展開しました。

企業も政府も「成長の家」も男の集団。つまり考えるのも決めるのも男たちなわけです。冗談じゃない！　女の子宮のことまで男に決められてたまるか！　という怒りで、女たちは厚生省に座り込んだりしながら全国的に運動を広げていきました。

1972. 6.11 優生保護法改悪阻止のデモ　撮影：松本路子

青い芝の会の人たちもお上が「産む、産まない」を管理強制していくことに反対して、私たちは一緒に運動したのですが、彼らは女たちへも鋭く問いました。「女は障害児だとわかると、すぐに堕すじゃないか、自分たちは殺される側なんだ、このことをどう思うか」と。

そもそも優生保護法という法律は、障害児をなるべく産ませないようにするためにできた法律で、いわば国は、女を通じて障がい者殺しをさせてきたわけです。でも、一団となって戦わなくちゃいけない時なんだから内部でやり合ってる場合じゃない。だから、彼らの問いかけに当時十分答えることができなかったのですが、どうして障害を持っているということで殺されなくちゃならないのか、みんな等しく「かけがえのない私」ではないのか……と迫ってくるその真剣さに対して、私は胸の中でこんな風に呟いてました。

あなたが「かけがえのない存在」であることはよくわかる。だけれども、障碍者に生まれたのは、たまたまなんだよ。もちろん私が子宮を持つ女に生まれたこともたまたま。だから「かけがえのない自分」と、たまたま障碍者である自分」の真ん中に立って主張してくれると、論じ合いつつ、つながれる道があるんじゃないの……。

私は今でもそう思っています。「かけがえのない私」だけでは、お互いなかなかつながることができません。「かけがえのない私」はまた、「たまたまの私」でもあるからいいのです。「たまたま」は天の計らいではないか。そうとしか言いようがない。どういう家に生まれ、どういう親を持ち、どういう顔立ち、体質、体形を持っているかなどなど、私を決定づける事柄はほとんどすべて「たまたま」だということ。つまり、私はあなたであったかもしれないし、あなたは私だったかもしれないということです。そんな風に許しあうこと抜きには、私たちはつながることができない。そのことに気づくと、なるほど「たまたま」は天の計らいなんだなぁと思うのです。

幸せって状態です

人は幸せになるために生きている。そう私は思います。でも幸せってなんだろう。昔は、「結婚こそ女の幸せ」なんて言われましたが、妻になるより研究者やアーティストになりたい人は、結婚はしないほうがいいかもしれない。「子どもがいたら幸せ」とも言われてきましたが、これも「幸せになる人もいるし、不幸せになる人もいる」としか言えない事柄です。

健康であることは誰にとっても幸せなことです。健康とはからだのいい状態を表していて、つまり、幸せとは状態なのです。ぽかぽかあたたかな日差しの中で思わず居眠りして「あぁ気持ちいい」。冬だから、田中さんは体が冷えるから食べちゃいけないと言ったけれど……いけない、いけないと思いながら食べるアイスクリームが「あぁおいしい」。歳とると、軽く足が前に出るだけでもうれしいなぁ。こんなふうに幸せは状態、状態だから、気づきさえすれば、あちらにもこちらにもあるし、それは主要に体ぐるみの喜びであり、気持ちの良さです。

それだから、幸せになるために一番大事なのは体調です。ぽかぽかを気持ちいいと感じる体調あっての幸せなのです。

沖縄にしてきたことが恥ずかしい

「うれしいな」「気持ちいいな」「おいしいな」とかの幸せは、人を元気にしてくれます。元気になってなにするの？　鍼《はり》の治療しながら、時々患者に聞きたくなる。からだ良くなってなにするの？　もし誰かにそう聞かれたら、私は「辺野古に行きます」って答えるわ。

３年ほど前から沖縄の辺野古や高江に1年に４、５回、ツアーを組んで行ってます。これ、からだが動く限り続けようとと思っています。戦前・戦中・戦後、常に沖縄を踏みつけ利用し続けてる恥ずかしい本土。沖縄にしてきたことを考えると，私は日本人であることをやめたくなってしまう。

沖縄は本土の私たちとは民族が違うんです。それなのに日本全土の０・６％にすぎない沖縄の地に、日本にある米軍基地の70％を押し付けているという理不尽。

私は戦争放棄の憲法９条が好きですが、戦後私たちが戦争に巻き込まれることなく来れたのは、９条のおかげじゃない。日米安保のもと、いわば沖縄の犠牲と引きかえに、にらみを利かせてる米軍あっての平和でした。

もし憲法９条を掲げるだけで平和を確保できるものなら、他の国の皆さんそうしてますよ。

しかし日米安保が日本の平和に寄与してるのなら、本土にも、もっと米軍基地を持ってこなければフェアとは言えない。私如きが言うのもおかしいですが、私自身は、日米安保に代わる関係をアメリカと作りたいと願ってます。そして、戦後憲法９条の裏でずーっと沖縄が苦しみ続けてる事実を、絶対に忘れてはならないと思うのです。

「申し訳ない」と心の中で思ってるだけでは伝わらない。それで辺野古に行く。他人の足を踏んづけているのに、踏んづけている方は痛みがわからない。わからないから、痛みに対する想像力がどんどん鈍磨していく。そんな鈍い生き物になりたくなくて、沖縄へ行くのです。

ミューズカル「おんなの解放」

さて、私がやった運動の中で一番好きだったのは、

ミューズカル「おんなの解放」

全編が喜劇仕立てのミューズカル「おんなの解放」です。ミュージカルではなく、ミューズカル。おトイレに行きたいのにデート中で言えなくてもじもじしていたら、「○子さん」と抱きしめられて思わずぷっとおならしちゃうという卑近な一幕もあれば、「革命しよう、あなたが、あなたを、あなたが、あなたを」と高らかに歌うシーンもある。「こむうむ」という共同保育のグループに保父として参加していた青年は、顔の半分は女、半分は男のメーキャップと服装で、仕事で海外に行く夫の旅行鞄にコンドームを入れながら「体だけの関係にしてね、妻は私だけよ」と夫に言う妻を巧みに演じてましたっけ。

なかでも歌ね、当時の私たちの思いがそのまま歌になってて、例えばこんな……。

①たまたま日本に生まれただけなんだよ
　たまたまプチブルに生まれただけなんだよ。
　たまたま女に生まれただけだよ。

1972.6.11　撮影：松本路子『資料　日本ウーマンリブ史Ⅱ』より

ラララ、ワン・ツー・スリ・ホウ
パワフル　ウィメンズ　ブルース
ラララ私のサイコロ、私が振るよ
どんな目が出ても泣いたりしないさ

②父ちゃんみたいな男じゃいやなんだよ
母ちゃんみたいに生きたくないだよ
レディメードの人生、私で終わりさ
ラララ、ワン・ツー・スリ・ホウ
パワフル　ウィメンズ　ブルース
ラララ私のサイコロ、私が振るよ
どんな目が出ても泣いたりしないさ

③一人で無理なら二人で歩くんだよ
二人でダメなら三人で駆けていく
どうせあの世に行くときゃ誰でも一人さ
ラララ、ワン・ツー・スリ・ホウ
パワフル　ウィメンズ　ブルース
ラララ私のサイコロ、私が振るよ
どんな目が出ても泣いたりしないさ
（パワフル ウィメンズ ブルース・作詞 田中美津）

民も男も鈍い国

たまたま日本に生まれただけ、女であることだってたまたまなんだよ。という視点が、いわばリブ運動の軽やかさでした。

一回リブになるとね、たいていの人は生涯リブ。リブは自分の痛みから発する運動でしょ。そもそもが建て前じゃないし、自分以外の何者にもなりたくない、私を生きたいという根源の欲望を、女たちは生きようとしたわけで、それだから一旦リブになるとずーっとリブとして生きることになる。呼吸するのが楽になっていくし、自分自身が変わっていくことを通じて、世界を変えていくことができるかもしれないという信念というか期待もあるし。

男たちに対しては自分が差別されているということ

に、もっと気がつけよ、と思ってました。（日本の）男は鈍いからね。いまだに鈍い。

　そうだ、トランプが来るということで、今韓国はすごいじゃないですか、トランプが何をもたらそうとしているか察して、あっちでもこっちでも百箇所くらいでデモが起きて……。凄くビビットな人たちだよね、民が生きてるって感じ。

　ところが日本はなに？　トランプは日本に憲法９条があると知っていて、米軍の使い古しの武器を買えと言ってきた。それに対して、日本の民は無関心、ゼンゼン怒らない。なんで日本人はこんなに鈍いんだろう。自分たちの税金が何十億、何百億と使われようとしているのに。今、トランプのせいで、世界は危ない方向に大きく曲がろうとしているのに、日本人のこの鈍さって問題よね。

　戦後ずーっと日本は軍事的にアメリカの植民地なのに、メディアはその事実をちゃんと報道しないし、民は給料さえそこそこなら、あとの問題は政府に丸投げ。いくら沖縄の民が反対しても辺野古の海を埋め立てて、あくまで基地を作ろうとする安倍政権。「民主主義は幻想だよ」と反対運動を通じて沖縄は告げている。

　日本で最も民がまともに生きている沖縄。時に歌い踊って生気を養いつつ、健気に頑張っている沖縄。私の話を聞いて、自分も辺野古に行きたいと思われた方は、連絡してね。ぜひご一緒しましょうね。

　私の話はこれで終わりです。（拍手）

《司会》それでは、質問でも感想でも問題ありませんので、何か話してみたいなという方がいらしたら、お願いいたします。

Q：あの当時、学生運動に共感していました。その後、あさま山荘事件とかで一気に、学生運動が冷え込んでいきました。先生の『かけがいのない、大したことのない私』を読んだら、連合赤軍の永田洋子さんと山岳キャンプで会って、世間のいう永田ではなく弱さを持った普通の人として回想されているように思いました。今、永田さんのことを昔と同じように思っておられるのか、或いは今は違ったように思っていらっしゃるのか教えていただけたらと思います。

A：永田は女の部分をたくさん持っていた人で、それだからイヤリングの女とか化粧している女を敏感に糾弾して、リンチのきっかけを作ってしまったんだと思います。女っぽい人なのに、現実には男との関係はないに等しいという寂しい境遇だったので、「女であること」に素直に寄り添って生きてる女には、意識しないジェラシーがあったのかもしれない。もし自分のジェラシーが意識できてたら、それをコントロールすることもできたのではないか、正直で賢い人だったから……。と思ってみたりする今日この頃です。

（本原稿は2017年11月15日に行われた講演に加筆修正したものです）

追記

「かけがえのない私」はまた、「たまたまの私」です。女であることも、ああいう家に生まれたことも、顔も容姿も頭の出来具合も、ぜ～んぶ元はたまたま。ということに気づくことで、軽やかに生きていくことができるのではないかしら。

そう、「たまたまの私」に気づくことで、天の計らいによってここに居る「小さな生きもの」として、力を抜いて生きていくことができる。（努力してこうなりましたの大層な者としてではなく……）。

私たちは等しく「小さな生きもの」、すなわちたまたまの私であり、かけがえのない、大したことのない私なのです。それゆえ、日々の降り注ぐ光や風や幼子の笑顔、夕べの野菊、おいしいコーヒー、温かい味噌汁、膝の上の猫……がもたらす幸せに気づくことができる。

また、同じくたまたまの存在である他者の至らなさを許すこともできるし、たまたまの自分を良きものに変えようと悪戦苦闘してる人々と、繋がることもできるのです。

あれしなければこれやらなければと、「かけがえのない私」を抱えてひた走る日々では、見落としがちな小さな幸せ。

人は戦うためでも子育てや仕事をするためでもなく、幸せになるために生きている。そして老若を問わず、明日はわからない、今日がすべて、今がすべて。

小さな生きものだから、小さな幸せに気づく。あそこにもここにも見出すことができる小さな幸せ。そう、幸せになるなんて、とっても簡単。

幸せはパワーの源泉です。幸せだから私は思う。

これからも、沖縄のジジババの隣で「基地反対！」を叫びたい。

戦争へと傾斜しつつある状況に敏感でありたい。

誠心誠意の疲れる治療を続けていきたい。

寂しい人の傍らで、静かに話を聞いてあげたい。

幾つになってもときめくことが好きな女でいたい。

いのちは、今生きてるということがすべてです。

この今、「生きてるっていいなぁ」と思う幸せな「私」が増えていくこと。それこそが真に世界が変わっていく道だと私は思うのです。

田中美津（2017・11・17）

静岡におけるウーマンリブ運動

山田　久美子（やまだ　くみこ）１９４６（昭和21）年生まれ　静岡市葵区在住

聞き書き　**跡部　千慧**

山田久美子さん

はじめに

第10集の大きなテーマは、「ウーマンリブ運動」以後の女性史を紐解くことであり、静岡県のウーマンリブ運動は不可欠な話題といえる。静岡県において、ウーマンリブ運動が、いかにして登場したのか。そして、どのような社会問題を投げかけて、現在に続いてきているのか。この運動を担った山田久美子さんに、２０１８年5月に、お話しを伺った。

べ平連運動のなかでの違和感

山田久美子は、静岡県静岡市に生まれて、高校まで静岡市で過ごす。東京教育大学理学部を卒業後、数年、順天堂大学で働き、1971年に静岡市に戻ってきた。静岡に帰ってきてからは、ベ平連運動に加わっていた。

その中で、いわゆる「ジェンダー」に関わる違和感を覚える。山田は当時の様子をこう語る。

静岡ベ平連の中はわりとそういうことなかったんだけど、なんかこう、男が威張ってるのがしゃくにさわって。それでグループの中の女の子だけで、「名前がないの」というビラを作って。今で言うと、ジェンダーが気にくわないという意味合いですね。そして、黒ずくめの格好で目のところに黒い仮面みたいな格好をして、青葉公園で毎週ビラをまいてたんですね。

それと同時に女性の歴史の勉強会を始めた。中央公民館を使って、夜の時間帯に毎週開催した。さらに、女性の歴史の勉強会にきた人も仲間に入れて、コミューンのようなものをつくった。このメンバーが住む大きな家を借りようとしたが、金銭的な余裕はなかったので4人でアパートを1部屋ずつ借りることとした。偶然女性だけが入居するアパートを見つけ、他の部屋の住人にも、「一本釣りする」ということを決め、それでその人たちに毎晩のようにお話をしていた。そうするうちに、大家さんから声がかかる。「この建物は古いのでもう建て直すので、お金をちょっと払うから引っ越してくれ」というのである。それで大岩に一軒家を借りて6人で移り住んだ。

「魔女館《まじょやかた》」での共同育児

6人で移り住んだ建物には、「アジサイ園」という名前を付けた。「アジサイ園」に入って活動をやっていた頃には、静岡大学、静岡女子大学、静岡薬科大学の女性解放研究会の学生たちと密に付き合うようになっていた。そうするうちに、静岡大学の学生のうちの一人が未婚の母になるから、「その子を助けてほしい」という学生が出てきた。静岡大学の学生たちが、「アジサイ園」よりも、大きな家を見つけてきたので、7人全員で移った。これが「魔女館」である。「魔女館」の一部屋は、完全に空けておき、逃げて来る人を泊まれるシェルターのようにした。「魔女館」の物件は、もともとは、スーパーマーケットの職員用の住まいだったものであり、広さに応じて家賃を決め、学生1人当たり1部屋5千円から8千円ほどだった。

「魔女館」には、共用スペースの居間があり、12畳と、とても広かった。この居間を使って催しをした。山田は、大学卒業後、医学部生理学教室で電気生理の実験装置をつくる仕事をしていた。そのため、静岡の女子学生や、高校卒業後に働く若手社会人を集めて、山田が講師となり、椅子や踏み台つくりの木工から始め、大工仕事や、溶接等、男性がいなくても自立して生きるために必要なことを学んだ。その催し物に参加していた若手社会人の1人が、静岡県助産師会の草野恵子氏である。

静岡大学の学生の子どもが生まれてからは、「魔女館」に一緒には住まないけれど、手伝いはしてもいいという静岡大学や静岡女子大学の学生が来て子どもの面倒を見た。子どもの母親は、大学を退学して、ペンキ屋で働いていたので、夜、母乳を搾って冷凍庫で凍らせておく。昼間交代で面倒をみる人は、冷凍母乳を人肌に温めて飲ませた。母乳がよく出るので、母乳のストックはたくさんあった。お風呂に入れたり、オムツを替えたりも、みんなでした。子どもが1歳になって保育園に行くようになってからは、保育園のお迎えもした。基本的に母乳をやる人はほとんど同じ人だったので、子どもは母親よりも、母乳をくれる人になついたという。

「女たちの映画祭」

東京に、新宿リブセンターができてからは、静岡の運動に参加するメンバーも、新宿リブセンターやウーマンリブの集会に行っていた。1971年8月のリブ合宿には行かなかったが、リブ合宿後11月の四谷の公会堂での集会には行った。そこで知り合いになった方から、「女たちの映画祭」を、静岡でも開催することを勧められ、1975年に開催することとなった。「女たちの映画祭」の、連絡係等、さまざまな人が、静岡にやってきた。当時の様子を山田はこう語る。

　京都から単車に乗ってきたとか、恐ろしい、よくこんなもので京都から来たなと思って。それで真っ黒になってるから、お風呂入れてやったり、晩ご飯食べさせたり、泊まらせたり。そうすると、「いいな、いいな」とか言って、「静岡、いいな、こんな泊まるとこあって」とか言って。

「女たちの映画祭」をやるには、それなりの資金が必要だった。最初に合同団体は20万円ほど出資する必要があった。そこで、静岡市内の産婦人科に出向き、堀菊子院長に「お金を貸してほしい」と頼んだ。堀先生は、女性のための活動だったらと言って、30万円を貸してくださった。静活で開催した「女たちの映画祭」には、多くの人が来場し、堀先生から借りたお金は、一括で返すことができた。

「女たちの映画祭」では、「声なき叫び」という、ドイツのレイプを扱った女性監督の映画を上映した。それ以前のレイプ映画は、レイプされた女性が映るが、その映画ではレイプをしてる男性の顔がずっと映るものだったという。映画の展開は、夜、仕事帰りに歩いてた人が車に引きずり込まれてレイプされる。その後、ボーイフレンドが、何とかしてその彼女をなぐさめようとするけれども、「うつ」になってしまい、やりようがなく、結局、ボーイフレンドとも別れるというものだった。

静活を会場にして、朝9時からの上映だったが、七間町が長蛇の列になった。そのため、静活の上役の人が覗きにきたときに、「うちでやればよかった」と言った、すなわち、静活で「声なき叫び」を上映した場合のことを想像して嘆いたと、山田は笑った。

静活は、どうせ、あんな女の人だけでやる映画なんか、そんなもん、人が入るわけないと思ってたら、もう映画館の角からずーっと七間町に行列ができたもんだから、みんなびっくり仰天しちゃって（笑）。3日ぐらいやったかな。朝だけ。

ほかの地域では、安い値段では映画館が借りられないために、「静岡はいいわね。ヤクザがいないから」と言われたという。山田によると、1日1万円程度で借り、入場料は当時の定価と同等の千円をしっかりいただいたという。多くの来場者のおかげで利益が出たので、この利益で、他の映画の上映を、次の年も、その次の年もやった。

「声なき叫び」は、「女たちの映画祭」においての上映開始から、2年目の終わり頃に、だいたい日本中全部まわったと報告が入った。「声なき叫び」は、翻訳からつくったものである。静岡県のメンバーは関与していないが、新宿リブセンターのメンバーが、アメリカのウーマンリブ運動家に協力を得て、「声なき叫び」の英語版を借りた。英語版を日本語に翻訳して、字幕をフィルムに打ち込んだ。そういう作業は全部、東京の活動家がやったのである。だから、その製作に費用がかかったために、上映会前に、新宿リブセンターに、30万円を収める必要があった。

山田は、当時を振り返りこう語る。

パッと大金を貸してくれる人がいたから、ほんとによかったです。それで私たちちゃんと全額お金がそろったので、堀先生のところにお返しに行ったんですよね。そしたら、堀先生が、「まさか返ってくると思わなかったわ」とかって言って。それでね、あなたたち、よくお金が手に入れられたわ、みたいなことを言って、みんなみすぼらしいジーンズに汚いTシャツとかを着てたものだから（笑）。

静岡のマスコミとウーマンリブ運動

「女たちの映画祭」の開催は、静岡新聞に協力してもらって、「声なき叫び」の映画の概要と、全国で「女たちの映画祭」を全国でやっていることを、紙面に載せてもらったと、山田は言う。

ウーマンリブ運動というと、一般に、マスコミに揶揄されたイメージがある。確かに、1972年には、マスコミから揶揄された取材をされ、これに対抗して「売売新聞《うりうり》」を作成したこともあった。そのときのことを、山田は次のように言って笑い飛ばす。

その新聞記者を呼びつけてですね、「アジサイ園」に。それでもって、「おたくは、こういう、取材される側の立場というものをこんなにからかったような、こういう報道をするってどういうつもりですか？」って。そこで私の親戚が新聞協会の専務理事なので、「新聞協会の専務理事してるのよ、山田といいます」。それで、「あんたのやったことを全部、言いつけてやるから」って言ったら、「えー！」と言って（笑）。おかしかったです。

これ以外に、ウーマンリブ運動をしていて、揶揄されたこととして、思い当たることはない。

私って他のところでもそう、学校でもそうだし、職場でもそうなんだけど、他人が自分をどう言ってるかというのを、関心を持ったことがないので、耳に入ってこなかったですね。大家さんとかみんな親切でした。「アジサイ園」の大家さんは、私たちに、ゴマ豆腐の作り方を教えてくれたりして、どこでも大家さんには優しくしてもらいましたね。

「魔女館」の大家さんは、元々、水商売の女性だけを泊めるアパートを経営してたことも影響していたかもしれないと山田はいう。そして、2軒目「アジサイ園」の大家さんは、もともとの知り合いだった。

私の祖父母のことをものすごくよく覚えていて。「おじいさまはお元気？」とか言って。だから何も悪いことは言われません。東京みたいなところで、まわり中知らない人ばっかりのところだと何か悪く言われるんじゃないのかなと思います。

静岡のウーマンリブ運動は、東京の運動を真似たものでもなければ、東京の支部でもなかった。、彼女たちは、親が「女の子だからこうしなさい、ああしなさい」というのが気に入らないという問題関心から運動をやってきた。

ウーマンリブ運動からＹＷＣＡ静岡へ

一方、グループにいるメンバーの年齢が、30歳近くなってきたころに、「このままじゃ、先がない」と思い、もっと年上の人もいるグループをつくることにした。そのときに設立されたのが、静岡ＹＷＣＡである。

山田がキリスト教徒であることから、静岡市内の各教会の婦人会に働きかけた。そのときにも、山田は、自身のお母さんや、お母さんの姉妹を頼り、女子高校の同窓生にも働きかけた。支部として認められる条件が、30人だったので、30人を集めて、１９５６年に、ＹＷＣＡ静岡を設立した。

ウーマンリブ運動の素地：両親の自由な考え方

山田は、１９４６年に静岡市葵区で生まれ、幼稚園、小学校、中学校、高等学校と、静岡市内で育つ。山田が通っていた高等学校は、女子生徒が少なく、男子生徒３５０名に対し、女子生徒は23名だった。歴史が好きで、歴史を勉強したかったが、文系の女子学生は、卒業後に教師しか、進路がないと思い、高校３年の秋に、理系に志望を変えた。進学校であり、文理のクラス分けがなかったために、高校3年生で理系への転換ができたという。

東京教育大学の同級生とは、今でも、定期的に会う。当時としてはめずらしく、理系にもかかわらず、学科の定員16名のうち、男子学生が9名、女子学生が7名という学年だった。教授には、「信じられないくらい女子が多い」と言われたという。それまで、学科の女子学生は、1人か2人ずつであり、山田の下の学年から、女子学生数は元に戻っていたという。

山田のお父さんは、明治の末期に東京で生まれ、東京で育った。静岡に来たのは、戦争の最中である。東京で医者になり、いくつかの病院に勤務した後に、静岡日赤病院に移籍してきた。35年奉職した後、在職中に病死した。

お母さんは静岡市の出身である。お母さんの実家は、武家にルーツをもち、約400年静岡にいる。

山田が育つ中で、性別を理由に不自由な想いをしたことはなかった。山田のお父さんは、「千万人といえどもわれいかん」、すなわち、千万人の人が反対しても、自分がこうだと思うことは絶対に貫けと言って山田を育てたという。山田のお父さんは、大正デモクラシーのときに学生生活を送っていたこともあってか、自由な考え方をする人だったと山田はいう。

何も知らないで大人になって、私なんかやっぱり大学を出てからです。すごく多くの女の人がジェンダーを押し付けられて育つということを知ったのは。何もそのことに気が付きませんでした。高校とか何かでも、成績さえ良ければ女の子だから何とかって言われることがないので。

山田のお母さんは、「男に生まれていたら」という話をよくしていた。戦争中女性は高等学校を受験できなかった。「男に生まれてたら帝国大に行けたのに」と言ったという。

父方のお祖母さんが、長女の山田に対して、「今にいい学校に行ってお出世して、それで、いいお婿さんを取るように」ということばかり言ったという経験もあった。だが、山田のお父さんは、結婚については、何も言わなかった。山田の妹が結婚するときに、「おまえはどうするつもりだ？」とお父さんに聞かれたので、山田が「いや、別に結婚してもいいんだけど、家庭の主婦になる気はないから」と答えたら、山田のお父さんは、「あー、そうか、じゃあ、俺が知ってるのは医者ばっかりだから、医者は、みんな妻は主婦になってほしいと思ってるので、自分はおまえの相手を探すことはできない、好きなように生きなさい」と言ったという。

ウーマンリブ運動の後の人生

山田が結婚するときに、お母さんは、一言「結婚なんてして、私はどうなるの？」と言ったという。結婚相手は中国地方への赴任が決まっていたが、山田には静岡での仕事があったので、「私は行きませんよ」「ずっとここの家でお母さまと一緒にいますよ」と応えると、お母さんは「それならいいわ」と言っただけだった。

山田は夫とはずっと別居である。夫が静岡で働いていたときにも、夫は職員宿舎に入って、山田はお母さんと住んでいた。いわゆるコミューターカップルである。海外では、一方はイギリスにいて、もう一方がニューヨークにいて、行ったり来たりするカップルは一定数いる。日本での多数とは違なる夫婦のかたちをとる。結婚について、山田は次のように語る。

だから、やっぱり一番すごく大変だったのは、向こうの親戚。ものすごくショックなんじゃないかなと思ったけど、さっきも言ったけど、私、他人の気持ちを忖度しないので（笑）。だからもう、どんどん1人で夫の実家に行ったりしています。

ウーマンリブ運動の後は、いろんな仕事を歴任してきた。環境調査の仕事をやってきた関係により、県の内水面魚場管理委員を16年務めた。内水面魚場管理委員は、月給の出る仕事だった。内水面魚場管理委員を退任後も、県の各種委員を歴任し、現在は、公害調停委員を務めている。

ほかにも、テレビ静岡の雑誌や、タウン誌、静岡新聞社の科学雑誌や「@S（アットエス）」のライターを歴任してきた。

私、元々歴史が好きですから、冊子とかそういうものはもう、ものすごく得意なので。

基本的に私は、いろんなことをやるのが好きなんですよ。だから私は、順天堂で働いたときに、学者に向いてないと気が付いて。学者って同じことをずっとやるでしょ。それができない。

いろんなことはやりつつも、ウーマンリブ運動で提起したことは活動の根幹にある。現在も、看護系の大学において、「セックス・セクシュアリティ・ジェンダー」という講義をもつ。ウーマンリブ運動が派生した活動をずっとやってきた。

おわりに

静岡県のウーマンリブ運動は、東京の運動の真似事ではない。けれども、同時代に、「女の子だからこうしなさい」という性別に起因する社会問題を投げかけた点においては、当時の日本社会の複層的な社会通念規範を感じ取ることができる。「自分の問いからスタートする」という点も、共通している。本稿を書き終えて、静岡のウーマンリブ運動に関わった人々が、その後の時代において、「自分の問い」をいかなるかたちを取って、展開していったのかを、記録に残していきたいという想いを強くした。近年、子育てシェアハウス等の動きが出てきたが、１９７０年代にすでに共同子育てを実践してきた彼女たちの運動は、２０１８年現在でみても新しい風を感じた。それだけ、日本においては、いかなる性別を持とうと「自分らしく」生きることに対する困難さが根強いのかもしれない。人工知能の台頭によって、今後社会は急速に変化する。人工知能と共生して幸せになるか、人工知能に仕事を奪われるのか……そこを隔てるのは、社会通念を気にして生きるか、自分らしく生きるかにあるだろう。彼女たちの生きざまは、これからの社会に重要なメッセージを投げかける。

第2章　労働問題のいまむかし

n.n.

賃金のジェンダー平等を求めて
――同一価値労働同一賃金の変遷と課題――

居城　舜子（元常葉学園大学教員・元女性労働問題研究会代表）

〈プロフィール〉

１９４８年北海道生まれ。北海道大学大学院卒業後、札幌学院大を経て常葉学園大学教授。専門は労働経済学、女性労働、賃金制度。静岡県最低賃金委員会会長、静岡県労働委員会委員、静岡市人事委員会委員長などを歴任。所属する社会政策学会ではジェンダー部会長を務める。主な著作等に「同一価値労働同一賃金原則の変遷と課題」（『大原社会問題研究所雑誌』６３２号、２０１１年）、「欧米における同一価値労働同一賃金原則の動向とＩＬＯのジェンダー中立的な職務評価方法」（『やってみよう！職務評価』労働教育センター、２０１０年）、「フェミニスト経済学・ペイ・エクイティ・生活賃金」（『消費生活経済学３訂』伊藤セツ・川島美保編、２００８年）等。

はじめに

現役時代、女性労働や男女平等賃金について全国的な、あるいは国際的な動向について研究してきました。しかし、大学を退職してから静岡県の仕事をするうちに、必要に迫られて静岡県の女性労働について統計資料から調べてきました。あまりしられていないので最初にその一端をご紹介します。

平成28年の厚生労働省『働く女性の実情』では、地域の女性労働・女性活躍の状況ということがテーマとして取り上げられており、これに関する47道府県の数値が図表化して出ています。また、他の統計からも少し補足して外観しますと、女性管理職比率は、47全国都道府県中46位とか47位なのです。これを聞くと「えっ」と驚かれる方もいらっしゃいます。もちろん女性活躍というのは管理職にとどまりません。そこで他の数字もご紹介したいと思います。静岡県の女性の労働力率は全国で13～15位なので、それなりの水準にあります。ところが年齢別の労働力率をみるとMの底が深い、つまり出産して退職する女性の割合が多い県なのです。なぜそうなるのか？職場環境や保育所の未整備が理由なのか、女性の意識や男性の意識がネックになっているのか、今興味をもって検討しているところです。とくに静岡県の20代後半の女性の正社員比率が全国最下位であるということに注目しています。

30代半ばで出産し退職する割合も高いのですから、正社員として働き続ける管理職予備軍はかなり少なくなり、女性管理職比率は低いという構造が浮かび上がってきます。むろんこれだけではありませんが、このことひとつとっても女性管理職を増やすことは容易ではないことがわかります。

「男性の給料が高いから静岡の女性はあまり働かない」という指摘もあるが、静岡県の男性の給料は10位ぐらいで、ずばぬけて高くはないのです。

通常は女性管理職比率が高い県は、女性労働者の比率が高い福祉や医療産業が多いのですが、静岡県はそういう領域も少ないのです。また、教育の分野で、女性の教員がふえていますので、一般に女性管理職比率は高いのですが、静岡県では、教員の女性比率や女性管理職比率は高くありません。このように、女性の管理職を輩出しやすい領域でも、女性管理職比率が低いのですから、全体の順位でも前述のように46位とか47位になってしまっているのです。

これらを踏まえて、静岡県の課題について今取り組んでおり、その結果を静岡新聞の時評で取り上げているところです。

今まで述べた女性管理職比率の多少と今日のテーマである賃金のジェンダー平等との関連について少し述べます。

日本の男女の賃金格差は最新の資料で男性の賃金100に対して女性の賃金です。短時間労働者を含むと100対45にまで格差が開きます。先進国の中では韓国も含めて最も格差の大きい国なのです。よくジェンダーギャップ指数110位（2018年版）が低いと指摘されていますが、低い要因はこの男女間の賃金格差によるものなのです。男女平等、今風にいえば男女共同参画の最大のテーマ、あるいはその進展の枢要な目安は男女平等賃金なのです。

どの国もこのテーマは積年の課題ですが、その内容は、歴史的に変化し、また国によっても異なります。その国の経済・労働力の状況、家計の状況、労組への組織化、男性労働者の支持、社会保障制度の対応、性別役割意識の変化等の複雑な交差結果を反映しています。日本の場合、大半の企業は、日本的雇用（長期雇用を前提する）の基軸をなす年功賃金を導入しています。したがって働き続ける女性が少ないと男女間賃金格差は大きく、また管理職登用の機会が少ないので女性管理職も少ないというように、両者は密接な関係にあります。

最近、日本においても
同一労働同一賃金が焦点

最近、安倍政権下で「働き方改革」の一環として同一労働同一賃金がクローズアップされています。注意すべきは男女平等ないし同一賃金と称していないことです。２０１６年2月に「一億総活躍国民会議」において水町勇一郎氏が「同一賃金実現にむけた検討会」において同一賃金に関するガイドライン案（以下、「案」と省略）と検討会報告書を報告しました。３月の同国民会議において決定され、４月から法制化に向けた検討に入っているところです。

政権の直接的な狙いは、水町発言にみるように非正規労働者の賃金格差解消対策を行い、賃上げによる経済成長を達成することにあります。ガイドラインの詳細はまだ明確になっていませんが、主としてパート、有期労働者、派遣労働者の各種手当の格差是正、企業への格差に関する説明の義務化、関連する法律の改正等整備が主な内容です。日本の男女同一賃金とかかわってこの問題点を指摘しておきます。

日本における男女同一賃金の特質と課題

日本の男女同一賃金を規定した法律は、労働基準法4条であり、その条文は「使用者は労働者が女性であることを理由に賃金について男性と差別的取り扱いをしてはならない」となっています。同一労働には同一賃金をとは明記されておらず、「差別的な取り扱いの禁止」という規定にとどまっています。欧米各国の規定は、男女の同一労働に対しては同一賃金を支払うと明記されていることと比較するとかなり特殊なものです。しかも、「差別的取り扱いの禁止」規定が及ぶ範囲は、同一の雇用管理区分内に限定されるというものでした。

それでもこの法律をたてに、同期、同学歴で同じ正社員男性と比較して低賃金で昇進・昇格にも格差があり、男女別建ての賃金が適用されていた女性労働者たちは、１９７０年代に津市役所や秋田相互銀行、静岡では静岡銀行のように裁判で争い、男女同一賃金を勝ち取ってきました。

日本は国連の女子差別撤廃条約を批准するにあたり1985年に「男女雇用機会均等法」を制定しました。「均等法」には男女同一賃金の規定はありません。実際にまだ男女別建て賃金制度は残っていました。しかしあからさまな男女差別は「均等法」によって禁止されることになりました。この矛盾をクリアするために、正社員の中に総合職と一般職のような雇用区分を設けて両者間に賃金格差を設定し、男性を総合職で女性を一般職で採用し、事実上男女間格差を温存する方式が一般的になりました。今では、雇用管理区分の設定は制限されるようになりましたが、この区分は細分化され、中堅企業にも導入されています。総合職男性と一般職女性との間の職務の重なりはかなりあるのですが、賃金比較のベースは同一労働ではないので、男女同一賃金を主張することは難題となっています。また、一般職の中においては男性が少ないので、比較対象の男性がおらず一般職女性はその低賃金を解消する方法がないという状況でした。

そして、1980年代から増加しつつあった非正社員の低賃金がここにきて課題として取り上げられるようになったのです。当初、非正社員は女性に集中していましたが、今日では男性の比率も増えてきており、全労働者の3割、女性労働者では5割強が非正社員です。これでは、成長に不可欠な国民の購買力が増加しないし、彼や彼女らは、将来の生活保護予備軍になる可能性もあるので、政権がこの解決に乗り出してきているというわけです。現状では、正社員と非正社員では雇用管理区分が異なるので両者の賃金は比較できないというのが、労基法上の解釈です。これに対して1990年代後半から私も含めて現行の労働基準法の限界を指摘する研究者も登場し、同一労働よりももっと広い、見た目が異なっても同一価値労働であれば同一賃金（詳細は後述）をという主張が提起され始めました。

パート労働の増加とともに制定・整備されてきた

「パート労働法」は、女性パート労働者が同一労働を訴えてきた歴史や、正社員と比較して非正社員の賃金が８割以下ならば均等待遇の公序良俗に反するという丸子警報器の裁判の成果もあって、同一労働をベースとした賃金の比較や、若干異なる労働ではあるが均衡的な賃金を支払うことを明記した、雇用管理区分を乗り越えるような規定が不十分ながら導入されていきます。ただし、日本的雇用慣行の転換に迫るような改革には至らず実際の効力もそれほどありませんでした。

日本の雇用慣行の基盤をなす賃金は、職能給でして、職能資格制度にもとづく職務遂行能力を反映した賃金です。しかし、実際のところ、職能資格の評価基準は抽象的なので年功的に運用され、さらに上司の情意効果が重視されるので女性差別的な評価がされる傾向にあります。

今回の同一労働同一賃金に関するガイドライン案は非正社員と正社員間の雇用区分枠の一部を取り除こうとはしているものの、正社員間の雇用管理区分枠を残しています。温存される低賃金正社員の存在は、非正社員の賃金是正の可能性を抑制します。また、正社員の職能給と非正社員に導入されている職務給とが並立する中で同一賃金を適用することは、かなりの難題なので、基本給よりも明確な判断が可能な諸手当等の改善にとどまるものと思われます。

このように男女同一賃金の希求は、日本的雇用の根源的な見直しと関連するのです。

男女間の同一（価値）労働同一賃金の変遷

最初に同一労働と同一価値労働の違いについて紹介します。同一労働や同一賃金とは何かについては、過去激論がかわされていることは前述しました。

実は、同一労働と同一価値労働を混同している論者が多数みうけられますが、両者は同一ではありません。一般に同一労働とは、見た目が同じ労働のことをいいます。しかし、これが１００％同じ労働を含意するかといえば、そうではありません。歴史的にみると若干の違いは同一労働とみなされています。同一労働を厳密に定義すればするほど同一賃金が適用される範囲が狭くなります。女性労働者たちは、拡大した定義を、また使用者側は狭い定義を提案するというように、その定義をめぐってせめぎあってきました。その結果、戦後制定されたアメリカやイギリスの男女平等賃金法では、同一労働を like や、similar という用語を使用して類似の労働まで含むように解釈の幅をもたせています。

これに対して同一価値労働とは、見た目にこだわらない、見た目が異なっても労働を評価する尺度、例えば、仕事に関する知識の程度や責任の範囲、困難度などにもとずいて評価した結果が同じ程度なら同一賃金を適用するという含意です。職場の各人が担当する仕事は、まったく同じというより程度の違いはあるが異なっているケースの場合が多いのです。欧米の場合は、公的な職業分類表があります。同じ職業に従事する場合は、契約上男女が全く異なった業務をするということはありませんが、それでも若干の違いはあります。また、同一企業でも男女が全く異なった仕事(職業)をしているケースも多々あります。こうした場合に同一賃金をどのように適用するのか、が課題となります。そこで後に、ILOは同一労働の概念を拡大する同一価値労働を積極的に提唱するようになります。

男女平等賃金の要求や運動は、1850~1860年代のイギリスから登場します。第一波フェミニズム運動といわれる女性参政権運動の主張者のなかで男女平等賃金が提起されます。男女平等賃金を主張し裁判で争った1970年代の日本においてさえそうですが、まして20世紀後半ですからこの主張は理解されず孤立無援の状況でした。イギリスの労働組合のナショナルセンターであるTUC(労働組合会議)のスローガンに掲げられたのは1986年でした。

イギリスやこれに呼応したアメリカの女性労働者たちの男女平等賃金の主張は男女の同一労働同一賃金でした。この運動に弾みがつくのは第一次戦時世界大戦や第二次世界大戦のさなかです。男性は軍隊に駆り出されますから、どこの国も、国の経済を女性労働者が担うことになります。当然男性が行っている仕事を女性が担います。例えば、第一次世界大戦中では当時男性の仕事の中で最も高給であった電車の運転手を女性が担います。戦時下ですから政府が賃金を統制しますが、それがあまりに低かったので女性労働者がストライキをおこそうとします。政府はそれを抑えるために研究者に検討させた報告書にもとづいて、男性と同じような賃金を支払うような措置をとります。その際、同一労働とは何を、どの範囲までを指すのか、同一賃金とはどれを、どこまでの範囲をいうのか、当時出来高から日給、さらには月給制へと賃金制度が変化する時代でもあり、大変な論議を呼びました。実際にイギリスでは、出来高制でも男女間で時給の差がありましたから、ある意味では画期的でした。

賃金のジェンダー平等を求めて
～同一価値労働同一賃金原則の変遷と課題
講師:居城舜子さん
講演中の居城氏

第一次世界大戦後の各国の対処方法は、パリ講和会議において１９１９年、ベルサイユ条約として決定されます。条約のたたき台を議論する会議のひとつに国際労働立法委員会が開催されます。そこで戦争によって疲弊したヨーロッパの労働社会の再構築するための労働原則がアメリカのＡＦＬ（アメリカ労働総同盟）の著名な議長であるサミュエル・ゴンパースを中心に議論されます。その結果、労働原則のひとつに男女の同一労働同一賃金原則が組み込まれることになります。

これが組み込まれるいきさつがとても興味深いのです。前述のようにイギリスの労働組合の女性たちが、労働組合の全国組織に、男女平等賃金のスローガンを掲げてほしいという要求を大会で提出して、ようやく掲げられるようになります。この情報はアメリカや他のヨーロッパ諸国にも広がり、イギリス以外の国でも同様な要求がでてきます。それがベルサイユ条約の国際労働立法委員会にまで乗り込んで主張することになります。

アメリカの労働組合女性は国際労働立法委員会が開催される前にあらかじめウィルソン大統領に女性たちの主張を同委員会でヒアリングしてほしいと依頼してありました。ウィルソンは、そのことを国際労働立法委員会の委員長サミュエル・ゴンパースに提案し、実際にそれが実現します。ヒアリングの日程が急遽決まったので、ヨーロッパの様々な組織の女性が中心ではあったが、男女別々に設定されていた最低賃金の男女平等や男女の同一労働に対する同一賃金、8時間労働制、児童労働の禁止などの要求をそこでだしました。

ちなみに日本代表も戦勝国なのでこの委員会にでていますが、サミュエル・ゴンパースの手記によると発言はなかったと書かれています。後に、女性労働組合の活動家たちは、開催日が急に決定されたので多くの女性が出席できなかったことや女性たちの意見の調整もできなかったこと、結局ヒアリングは形式的だったと苦言を呈していました。

しかし男女の同一労働に対する同一賃金がＩＬＯの労働原則ひとつになったのがきっかけで、後の運動や世界各国の取り組みに多大な影響を与えることになりますから、重要な会議だったといえます。日本で一般に出回っている労働法の教科書には、労働基準法4条はベルサイユ条約を基にして作ったと書いてありますのは、このような経緯があるからです。ただし、女性たちは男女同一労働同一賃金をヒアリングで主張したのですが、ベルサイユ条約では同一価値労働同一賃金という表記になっています。議事録によると立法委員会で男女同一労働同一賃金の議論がされた形跡はありません。また条約で表記を変えることについても議論はありませんでした。この当時はほぼ両者は同義とされていたのです。

第二次大戦末期に世界の女性たちが集まって、戦争後の議論は男女平等賃金が課題であることを合意し、この議論をＩＬＯに付託します。ＩＬＯでは、アメリカの労働省女性局長が男女平等賃金を担当する事務局長でした。この人は、労働組合の活動家でした。アメリカでも第二次大戦中、男女平等賃金について論議がされ取り組まれてきたのです。第一次大戦中のイギリスと同じように、アメリカでも男性と同じ仕事をしても女性の賃金は男性より低いという男女別建て賃金が一般的でした。また男性と同じ仕事にも就けませんでした。戦時中、政府は、男性の出兵後を女性の就労によって埋めることを積極的に進めます。余談ですが、当時、政府は男性の職場へ女性の就労を促すキャンペーン用に、女性が二の腕をあらわにして力強く突き上げているポスターを発行しました。このポスターは後にフェミニズム運動の中で取り上げられ有名になりました。とにかく夫が戦死し女性が生活を担っているケースもあり、女性労働者でも男性と同じような仕事ができるのに低賃金なのはおかしいという不満が当然ながらでました。労働組合も女性が主力になるケースもありますから、ストライキも辞さない状況になりました。戦争に勝つことが至上命令の戦時内閣は、国内の混乱を回避したいのでこれに妥協し、男女平等賃金の指令をだします。

ところが戦争が終り、男性がぞくぞくと帰国すると、手のひらを返したように、政府や労働組合は、女性は家庭に帰るべきだというキャンペーンを展開します。

女性の職場は限定され、賃金が下がります。女性労働者は怒り、労働組合幹部に反対の意見書をだします。また戦時中、男女平等賃金を主張してきた一部の労働組合は戦後もこの運動の中心となり、積極的にその法制化へと動き始めます。アメリカ人のＩＬＯの事務局長や日本の労基法４条の原案を作成した女性の監督官はこのような背景の中で登場したのでした。

ＩＬＯは各国の男女平等賃金の取り組みや法制度などを調査し、議論を重ね、男女同一（価値）労働同一賃金（報酬）を謳ったＩＬＯ１００号条約としてまとめることになります。

アメリカの同一労働同一賃金の法律（１９６３年）は、ケネディ大統領のときに取り上げられましたが、ケネディが暗殺されたので、ジョンソン大統領の時期に成立します。ケネディ大統領は、公民権運動を支持しアフリカ系アメリカ人の票田を抱え込んで当選します。当時、公民権運動と連動して女性解放運動・第2波フェミニズム運動が台頭します。日本ではあまりしられていないのですが、この第2波フェミニズム運動を女性労働組合活動家が支えます。ベティ・フリーダンが組織したＮＯＷ（全米女性機構）の事務局は、戦後男女平等賃金の法制化を目指したＵＡＷ（全米自動車労働組合）等の女性組合員が担っていたのです。日本では１９７０年代にウーマンリブの運動と男女平等賃金を目指す女性の組合活動家とがタッグを組んでいたという話はあまり聞きませんし、文献にも書かれていません。アメリカの場合、戦後、労働組合から男女平等に対していやがらせをうけていた女性組合員がかなりの人数が、第二波フェミニズム運動へと合流します。その結果、ＮＯＷのスローガンにも男女平等賃金が掲げられるようになります。法制化への大詰めの段階で男女平等賃金を推進してきた責任者たちがケネディに会っている写真が残っているのですが、戦前から労働組合で活動してきた著名な女性たちがそこに写っていました。長期間の多様な女性たちを巻き込んだ運動の成果だったのです。

冷戦下でしたから、民主党政権はソヴィエトに対抗してアメリカ民主主義の優位さを示そうとした力学を働かせたことや、労働組合のナショナルセンターは、法制化によって女性の賃金があがれば低賃金女性によって男性の職場が脅かされる圧力も減るだろうという読みがあり強く反対しなかったことも法制化を促したと指摘されています。

成立当初は適用範囲が狭いものでしたが、アメリカ同様にどこの国も、再三改正され、広がってきているのです。

ただし、この時期の各国の取り組みは、前述したような同一価値労働を謳った法律はありませんでした。ＩＬＯの条約にあるので、それを条文に明記する国もありました。しかし、それは一部の例外はありますが、事実上、同一労働と同義と解釈されていました。例えば、イギリスの男女平等賃金法（１９７０年）やＥＵの同一賃金指令（１９７５年）がそれです。日本も同様です。日本はＩＬＯ１００号条約を労働基準法４条と矛盾しないとみなして１９６７年に批准しています。

男女間賃金差別問題が焦点、同一価値労働の実践本格化

世界で同一価値労働の取り組みが本格化するのは１９８０～１９９０年代です。70年代後半、欧米各国の経済の停滞を背景に女性の就労化が進み、女性の年齢別労働力率がＭ字型から台形型に変化します。これを背景に、女性研究者たちが、女性への賃金差別の解消策を理論的に検討し始めます。また欧州各国やＥＵは雇用戦略を検討し始めます。そこで、欧米各国は同一労働同一賃金より広く網をかけることができる同一価値労働同一賃金の可能性をＩＬＯとも議論しながらその取り組みを強化しはじめます。

アメリカやカナダでは州レベルで今日的な解釈にもとづく取り組みや法制化が進みます。ＥＵでは、男女差別的な賃金を解消するために継続的に各国を監視するシステムを構築します。同一価値労働の法制化や企業や公務員レベルでその具体的な取り組みが進みます。

女性に差別的な社会慣行への異議

同一価値労働を確定するには、異種の労働を共通の尺度で評価し、その結果にもとづき同一価値を確定し

ます。しかし、既存の職務や職業の特質そのものが、ジェンダー化された社会慣行によって構築されたものではないか、という指摘が１９８０年代からアメリカの研究者の中から登場します。女性が就業している職業、あるいは女性の特質といわれているスキル等が過少評価されているというのです。例えば、看護師はさまざまな病状、時には話すことができない患者に対しても自分の感情をコントロールしながら臨機応変に対応しています。同様に、客室乗務員は常に乗客ににこやかに対応していますが、根底では自分の感情をコントロールして対応しているのです。１９７０年代後半、客室乗務員組合が会社側に「私たちはバービー人形じゃない」と抵抗しストライキをした有名な事例がありました。にこやかな顧客対応が女性の生来の性質とみなされスキルとして評価されず、結果的に低賃金になっているのではないか、という指摘がされるようになります。「ほほ笑み」は無償ではないのです。そこで、賃金を決定する際に用いられる既存の職務評価方法を見直し、評価尺度をジェンダーに中立的に組み替えたうえで、同一価値労働を確定する必要があるということになりました。例えば、職業を評価する方法の中に、労働条件のひとつとして肉体的負荷という評価尺度があります。この評価尺度によると、一般に女性が従事している職業より男性が就いている職業に高い評価がつきます。しかし、これに感情的負荷という評価尺度を組み込むと、この項目の評価は女性職が高評価になります。結果的に労働条件の項目の総合評価結果は女性の職業の過小評価を解消することになります。中立的な職務評価に組み替えるとは評価尺度を再検討し組みかえることを意味します。同一価値労働にもとづく男女平等賃金が世界各国で受容されるとともに中立的な職務評価方法もカナダ・オンタリオ州、イギリスやニュージーランドの公務労働等、少しずつ採用されはじめています。ＩＬＯも２００８年には中立的な職務評価方法のガイドブック（「『衡平の推進―ジェンダー中立的な職務評価：段階別ガイド』）を公表し、その普及を進めています。

ＩＬＯは､グローバルレポート「職場における平等：転換への挑戦」（２００７年）によって、加盟国の同一価値労働同一賃金の進展状況やその課題を分析し、それに対する対策や行動計画の一覧を示しています。そして、衡平な処遇は人事管理や企業業績に好影響を与えることを分析によって証明し、推奨しています。

新たな女性差別的な賃金をもたらす要因の分析へ

最近では、同一価値労働同一賃金ばかりでなく、女性差別的な賃金を生じさせる他の要素、例えば格差が大きい賃金構造、最低賃金制度、労働組合の団体交渉の在り方等にも視野を広げそれらの課題を加盟国別に指摘し、その解消策を提言しています。例えば男女が同じ職業で就労し同一賃金であっても、職業間で賃金に大きな格差があると、傾向として女性は低賃金の職業に多く分布するので、格差が少ない賃金構造の国より男女間賃金格差は大きくなります。最低賃金をひきあげるなどの措置が必要であるなど。また、ドイツのように賃上げを中央の労使交渉でのみ行うと、それによってカバーできない新規の低賃金の職業が漏れてしまうので、法的な措置が必要であるなど、です。

さらに、１９９０年代にアメリカのボルティモアから登場した生活賃金運動がイギリスにも波及し大きな広がりをみせています。容易に最低賃金の引上げができないので、狭い地域自治体の中で生活賃金の必要性を訴え、条例の改正をしてコミュニティ内の最低賃金をひきあげる運動です。地域において生活する際に必要な生活費をマーケットバスケット方式で算定し、生活賃金を導いているので、説得力があり賛同を得ています。生活費は､家族の構成や妻の就労如何とかかわって増減します。最近ではフェミニストの指摘を受けて、妻の就労を前提とした生活賃金も算定されるようになっています。生活賃金運動は日本においても注目されはじめています。

日本における課題

前述のように日本では男女同一賃金の実現は困難を極めました。日本の企業社会は、性別役割を色濃く反映した根強い日本的雇用慣行が一般的だったからです。男性正社員は長期に雇用が保障され、賃金は年功的に運用される職能給でその水準は家族を扶養する生活給（家族賃金）でした。雇用保障と家族の扶養の代償として日常的に多様な業務を長時間にわたって行うのです。女性正社員は、男性とは同等に年功が適用されない低い水準の職能給なので家計補助的な賃金水準でした。退職を想定し、家事・育児を担うことを前提とした仕事の配分がされました。一方、非正社員は正社員とは異なり仕事や業務を基準にした職務給で、業務の繁閑や経営の状況に対応して労働市場への出入を「自由」にする人事管理が適用されました。

「均等法」後、職場でのあからさまな男女差別ができなくなりました。正社員間の総合職と一般職というような雇用管理区分を設け、事実上、「均等法」以前の大きな男女間賃金格差の構造が継続しました。労働基準法4条は雇用管理区分を超えて賃金の平等が適用されないからです。むしろ男女差別賃金を解消することがより困難になったかの感があります。

私は商社の兼松で働く一般職の女性労働者が女性に対する賃金差別を訴えた裁判の鑑定人意見書を書いた経験があります。90年代後半、一般職女性と総合職男性の賃金は50歳で、女性は半分でした。これは例外ではありません。統計上もおおよそこのような傾向がありました。また、同時期に裁判を行っていた住友の新入社員の教育係の一般職女性は、教育した男性が27歳になると、その男性よりも給料が低くなるという状況でした。兼松の一般職女性は、かつて男性が行っていた為替の仕事や食料品の輸入、倉庫の管理など仕事を行っているのです。そこで仕事の中身を詳細に検討すると総合職男性と一般職女性の仕事はかなりの部分重なっていることがわかりました。雇用管理区分は異なるけど、仕事、いいかえると労働をベースに考えると共通の要素が多いことが判明しました。そこで仕事を評価する尺度で検討し同一価値労働を算出すると一般職女性は、総合職男性と同一ないし８割に達するという結果がでました。そこで賃金をこれにもとづいて支給すべきと主張したのでした。

このように雇用管理区分の枠を超えるには、仕事の中身を検証し、同一価値労働を主張する方法が有効であることが明らかになってきました。以後、日本でも男女差別賃金を主張する際には同一価値労働を根拠にすることになったのです。

そこで現在、議論の俎上にある働き方改革の一環である「同一労働同一賃金のガイドライン案」が今までの議論や現実にてらしてどの程度効力を発揮するのか、注目すべき点です。

すでにその概要は述べましたが、「案」の第一の問題点は、男女同一労働同一賃金の議論の際に述べたように雇用管理区分を超えて労基法４条が適用されない点をどのようにクリアするか、です。「パート労働法」は正規と非正規労働者間の賃金格差の是正を意図し、均等・均衡待遇という概念を使用して、両者間の労働や責任等について共通項を見出して比較し、賃金格差の是正を再三改正されて試みてきました。しかし、同一労働の判断に影響を与える項目（仕事の範囲、人材活用の仕組み、その他）の分類がおおまかすぎるので同一労働の要素を見出せないし、賃金の決め方が両者間で異なっているのでベースとなる賃金の比較自体が難題なのです。

また、日本では各国で積み重ねられてきた同一労働とは何かという議論が不足しているので、狭い含意の同一労働という解釈がされています。長期雇用のパート労働者と正社員との賃金差別を争った丸子警報器の事例は、両者の労働に若干の違いしかないのに、司法の判断は正社員の８割相当の賃金という結論になったのですが、欧米では類似労働とみなされ同一労働の範疇に入ります。

米国で１９８０年代初めにガンサー（Gunther）事件という男女平等賃金に関する裁判がありました。刑務所に男性看守と女性看守がいて、両者はほぼ同じ仕事をしていますが、男性看守はしないのですが、女性看守は一部事務労働をしておりました。また男女ともに見回りをしますが、男性看守は銃を携帯して見回りをしていました。この場合は同一賃金が適用されたんです

しかし「パート労働法」にもとづいて均等待遇が実際に適用された事例はパート労働者中の３％と少なく、まして均衡待遇の事例はほとんどないので、法律の効力が疑問視されています。

これらを踏まえると基本給（時給）の格差是正（同一賃金）は、同一価値労働を導く場合のように仕事の内容の比較に踏み込むような改正をしない限り難しいと思われます。しかし、交通費・食事手当等諸手当は、同一労働を立証しなくても判断することが可能です。すでにハマキョウレックスの最高裁判決もでているようにこの点の改善は進展するものと思われます。結論的にいえば今回の案では、雇用管理区分を超えることはできないといえます。

第二の問題点は、非正社員の同一労働同一賃金を求める比較対象者をどこに定めるか、ということです。欧米ではこのことも大きな論点でした。まず、比較対象者の範囲は、事業所内なのか、会社全体なのか、また、同じ職業や仕事を担っている者全体の平均なのか、個人なのか、多様な正社員がいる場合、どの正社員と比較するか、など疑問は尽きません。正社員の中ですでに周辺的正社員や限定正社員などが登場していますが、これに労働契約法18条の改正にもとづく無期雇用転換者などが加わり、多様な低賃金の正社員がでてきております。仮に基本給の格差是正が可能だとしても、これらの正社員との比較になると賃金の是正の程度がかなり圧縮されてしまいます。格差是正の効果は半減してしまいます。

第三の問題点は、これらの対策から漏れる非正規が

いることです。「パート労働法」は正社員より労働時間が短い短時間労働者が対象です。かなりの数がいる正社員と同じ労働時間を働く呼称パートの者は除外されていました。今回の改革案ではそのうち有期労働者が対象になるので残る無期雇用の呼称パートの者が改革の対象から除外されます。また、労働契約法18条が適用され待遇はパートとかわらず雇用期間だけ無期雇用になるものは、おそらく「同一労働同一賃金の案」が適用されます。しかし、正社員扱いになった者は対象からはずれるものと思われます。これらの適用されない者について課題が残ります。

第四の問題は、定年退職後の再雇用者に対して適用されるのか、またその範囲はどの程度かについてです。一般に定年後の再雇用者は有期契約のケースが多く、賃金も現役時より大幅に低いのが現状です。長澤運輸に勤務する定年後再雇用され正社員と全く同じ仕事をする労働者に対する最高裁判決がでました。これによると時間外や精勤手当のような労働に対する諸手当には適用されるものの、それ以外の手当てや基本給には正社員との格差是正は認めないという結論でした。同一労働の論理からみると矛盾しており多いに疑問が残ります。現役時の職能給・年功給を是とし、定年でそれは完結しているという判断なのだと思います。したがって、定年後の再雇用者に及ぼす範囲は極めて限定的であるといえます。

第五は、おそらく、改革案では賃金格差に関する説明義務を使用者側に求めることになりますが、それがどの程度の義務になるのか、という問題です。ＥＵ加盟諸国や韓国でも説明義務は使用者側にありますので、おそらくこの案は世界の流れに準じたものと思われます。使用者は説明義務を果たすために格差の合理性を担保する必要がありますが、この義務をどこまで負うかによって効力が異なるからです。

日本の職能給は、企業毎に職能資格制度が定められており、その資格に応じて賃金を支払うシステムです。職能資格とは従事している仕事を基礎に担当する人の職務遂行能力によって決定されます。したがって人を評価するので職能給は属人給とされています。人の能力を評価することはむつかしく、あいまいな部分も多いのでとかく勤続年数や性別などに依拠して評価する傾向があります。また評価する人の感情や意識、すなわち情意考課が働く余地もでてきます。これらの弊害をクリアしようと近年、明示的な基準のみで人事評価しようという動きもあります。またより精緻化する動きもあります。

使用者に説明義務が強く課せられるならば、情意考課の余地が少なくなる可能性はありますし、職能給（年功給）の能力評価部分も暫時明示化されるものと思われます。しかし、日本の現在の賃金制度の抜本的改革はおそらく困難です。社会保障制度等の様々な制度と連携した改革が必要だからです。例えば、日本の最低賃金制度は、欧米のような生活賃金的発想ではなく、現に働いている非正規労働者の時給、家計補助的水準を基準にした議論にとどまっています。脱家計補助的賃金への転換がされていません。また、子どもの養育費や教育費の大半を個々の家計、とくに男性の賃金で賄う構造が成立しています。連合の調査でも、子どもの大学の教育費を親が出すのが当たり前と答える人のほうが多いのです。このような男性の賃金を家族賃金といいます。

しかし世界の常識はそうではありません。教育費を誰が出すか、賃金に含めるか否かで賃金制度と社会保障制度のあり方や関係性が違うのです。社会保障費の抑制の意向や自己責任の風潮が強い中でこの構造の改革は難題です。

冒頭でも触れました女性活躍にも若干触れたいと思います。労働力不足ですから、女性の就労を促進し女性を企業経営の戦力にすることがその目的です。現在、特に50才以上の女性の就労率が上昇していますが、多くは非正規労働者です。企業の戦力になる女性を確保するにはまずは出産しても継続就労を可能にする環境を整備しなければなりません。さらに継続就労の体制ばかりでなく、女性を登用するためのさまざまな対策、ポジティブ・アクションも必要であるという指摘もさかんに行われるようになりました。なお、この点での静岡県の企業の取り組みは格段に低いのが現状です。

男女平等といわず、男女共同参画といい、さらに女性活躍というように女性に対するいいぶりが変化していることも非常に気になります。

欧米諸国では、人権問題として男女平等の課題が議論され積年にわたって取り組まれてきた歴史があります。アメリカで長年男女平等に取り組んできたＮＰＯに勤務する女性研究者が「私たちは戦後何十年もかけて男女同一労働同一賃金法の成立のためにとりくんできたので、同一価値労働同一賃金についても今後何年かけてもとりくんでゆく」といっていたことを私は思いだします。日本ではこれほどの経験はないなかで男女平等が女性活躍にすりかわっていることを危惧しています。女性活躍は格差問題を解決しません。むしろ拡大します。格差問題は女性の問題でもあります。女性活躍から取り残される多数の女性たちが存在していることを忘れてはならないと思います。

今後の女性たちのさまざまな取り組みは、これらの女性たちを広く包摂するような取り組みでなければならないと思っています。

《司会》

それでは交流の集いということですので、質問でも構いませんし、感想でも構いませんし、何か交流ということで、ちょっと話してみたいなという方がいらしたら。といっても、なかなかだと思うので、ちょっと話聞きながら反応されてたこともあったと思うので、ちょっとそんなことなんかも全体にご共有いただけたらなと思います。

Ｑ：感想程度かもしれませんが、かつて女性たちが産休で休んだ後も働き続けるために、産休明け保育をちょっとずっと自分たちで集まって、共同保育所をやっていた経験があるもんですから。もうそのときも必死で、女性の労働を支えるのは保育園だっていう意識を自分でも一生懸命考えたことがあったのを思い出しながらお話を聞いていて、それからどれだけいろいろ進んできているのかな、社会が変わってきているのかなっていうのでは、だいぶ変わってはきてると思うんですけれども、中身的にどんなふうなのか、やっぱり女性たちも大学で勉強して、働きたいという意思は、そのときもすごい強く感じて、それを支えるのが私たちと思ってきたんですけども、それはやっぱり安倍さんのいう女性が輝くというふうにつながっていっているのか、しかし中身は非常に乏しいのかなとは思ったりして聞きました。

A：確かに過去の女性たちが頑張って働いてきた歴史のうえに現在の働く女性たちがありますから、女性が働くことに異論を唱える人は今でもいますが、かってより少なくなったし、保育園も増えてきたということはできます。しかし、前述したように女性活躍とは、女性の就労化と一部の女性管理職の登用促進がねらいです。雇用管理区分がありますので、女性管理職は正社員の中の基幹的仕事をしているごく少数の女性に限定されます。現在、働く女性の55・9％が非正社員です、これらの女性に対する正社員への転換の促進もいわれていますが、なかなかすすんでいませんから、非正社員女性や正社員中の定型的な事務職などの女性は蚊帳の外、とり残されているわけです。一部の女性が焦点なのです。むろん、過去にはこのような女性たちも管理職に登用されなかったということもあったわけですから、進んだといえなくもないですが、そう礼賛するほどでもないのではないか、と思います。

Q：全然ちょっと先生のお話と違うと思うんですけれども、今ベーシックインカムとか、労働とは何かという根本的に私たちが働くということ、その働くということが一体何を働くのだろうっていう、根本的な人間としてのアイデンティティーみたいなものをちょっと考えたりしていますけれども、それはどうでしょうか。

Ａ：同一価値労働を主張してきた中で最初に日本でベーシックインカムを主張していた同志社大学の山森さんとシンポジウムでご一緒したことがあります。私は、働くということは人間の能力を最大限に発揮する方法だと思います。むろんその場所は職場やＮＰＯ等に限定されませんが。これなくして人間の発達はないと思っています。

ベーシックインカムについては現在ヨーロッパで国民投票にかけている国やフィンランドのように実験的に導入されている国もあります。世界的にみて、社会保障の再配分が非常に複雑化して事務処理が煩雑化していることや事後的な支給方法の限界などから、労働の如何にかかわらず一律に事前に支払ったほうが、よいという指摘がでています。日本でも希望の党が提案しています。制度として検討する余地はあると思います。しかし、働いている人を対象とする最低賃金制度の引き上げもかなり困難な日本において、果たして働いていようといまいと一律一定額を支払う制度を社会が受容するでしょうか。将来はともかく現時点では疑問です。

Ｑ：どうも先生ありがとうございます。私一つ先生にお伺いしたいんですが、同一価値労働同一賃金が一番最初に提唱されたのはオランダだっていうふうに、私の読んだ本にはそういうふうに書いてありましたが。

Ａ：それは違います。すでに紹介したように１９１９年ベルサイユ条約に当時は同一労働と同義の意味ですが同一価値労働という語句が登場します。ベルサイユ条約で使われるということは、すでにこれに参加している国で使われていたのです。イギリスやアメリカでは１９１０年ごろから登場しています。その中身は両国では若干違うのですが。

Q：結局パート労働も同一価値労働にすればいいですよね。パート労働の働き方は女性を含めていろんな人が自分のライフステージに合わせて働けるわけじゃないですか。ところが、先生の先ほどのお話だと、どこをもって同一価値とするのか、一番いい物差しは、今一番どういうふうに考えているのですか。

A：同一価値労働同一賃金の同一価値労働の決め方について、今回あまり詳細に説明しませんでした。ＩＬ０の職務評価のガイドブックに即して少し説明します。

まず、仕事を評価する基本的な４つの項目、知識や技能（対人関係・コミュニケーション・肉体的）、負荷（肉体的・精神的・感情的）、責任（対人・金銭・物品に対する）、労働条件（肉体的・精神的環境）にもとづいて、仕事を評価します。ただし、各項目はさらに細分化されたサブの評価項目にわかれています。このサブ評価項目は定義されたレベルにわかれています。仕事をサブの項目ごとにレベルを判定（点数化）します。４つの基本的な項目のサブ項目の総計はおおよそ15程度です。得られた点数がおおよそ同程度なら同一価値労働とされ同一賃金が適用されるのです。また、点数が１００対80なら、賃金は１００対80になるのです。これら職務評価項目は、欧米では広く使われているのですが、前述したとおり、ジェンダー中立的に若干組み替えて使用しています。これらジェンダー中立的な職務評価方法もすでに具体的に導入されています。

日本でもパートと正社員の職務評価や公務員と臨時職員の職務評価の例などもあります。それらによると、現状ほど賃金の格差はないことは、はっきり分かっています。厚生労働省もパートの職務評価方法をＨＰ明らかにしています。でも、これは日本的に歪曲《わいきょく》されており、仕事を明確に評価するものではありませんけれども。

《司会》

ありがとうございました。たくさんの方にお越しいただきましたので、いろいろ皆さん、それぞれ聞きたいことがあるかと思いますが、お時間も過ぎましたので、これより後に個人的にちょっと先生にお聞きいただけたらと思います。それでは、本日は台風が来るか来ないか、そんなような天気の中、たくさんの方にお越しいただきまして、誠にありがとうございました。

（２０１７年10月28日に行われた講演録を原稿にするにあたって、最近の状況を踏まえて加筆・修正してあります　２０１９年10月25日　居城舜子）

「女性でも経済的に自立したい」と思い続けて

高島　和子（たかしま　かずこ）１９３６（昭和11）年生まれ　静岡市葵区在住

聞き書き　大石　潤子

高島和子さん

はじめに

育児休業は少しずつ定着してきた。厚労省調査では２０１６年度女性の取得率81・８％で、一般の小さい企業でも少しは取りやすくなり、期間も1年から３年に伸び、健康保険から少し給付がある。私（筆者）は１９７８年２番目の出産の時にはじめて利用できた。1年間の育児休業は夢のようだったが、全くの無給で、かつ、保険料負担などが重くのしかかってきた事を思い出す。もちろん今でも、男性の育児休業取得率が３％台と低く課題は山積みだ。

一方では、保育所不足で働き続けたくても働き続けられない実態がクローズアップされている。保育所は、一時出生率が低くなり、定員割れの時期（１９８９年以降）が続いたのだが、現在は働く女性が増えて、出生率は上がらないのに保育所が足りない事態になっている。日本はまだ、出産、子育て時期（30代）に就労が激減する、M字型の就労線になっている。

私（60代）の世代より前の、戦後、働く女性の先駆者の方にお話を聞けないかと思っていた。

高島さんと初めてお話したのは静岡の年金裁判（年金が引き下げられたのは不当という）傍聴を待っている時だった。高島さんは、年金者組合に女性部を作り、元、県庁で働いていて、組合活動をしていたことは聞いていたので、女性が長く働き続けてどうだったかを何気なくお聞きした。お子さんを育てながら働き続けてこられた事は後で知り、「ポストの数ほど保育所を」の保育所増設運動の頃に重なっている事も後で知った。高島さんは凛としていて、揺るぎなく、素朴で、優しく、だんだん、「私たちの今を問う」にぴったりの女性ではと思うようになった。お願いすると、快く、「私は平凡に働いてきただけの女性だけど良いの？」といいながらも引き受けていただいた。２０１７年７月から10回程古庄のお宅に伺いお話をうかがう事ができた。

庵原郡飯田村に生まれて　１９３６（昭和11）年〜

和子は１９３６（昭和11）年4月庵原郡飯田村高橋（現静岡市清水区永楽町）で、女5人、男３人兄弟の5女として生まれた。

父の梅本謙次は長男で、１９００（明治33）年生まれの大工の棟梁だった。父の祖父は徳川家に仕えていたそうだ。明治維新で職を失い、故郷の大阪へ帰る途中、縁あって飯田村（現、清水区）に住むことになった。米屋を営んだが、武士の商法で物は売れても貸金が取れず商売は失敗して苦労したそうだ。それで、父親は小学校を出ると、手に職をつけたいと大工に弟子入りした。上の学校には行けなかったが、本を読み勉強が好きだった。仕事は固く信用があり村の有力者の家を沢山建てた。職人気質で厳しい人だったが、良く働き、家族はみんな父を尊敬していた。母の榊原なかは、1906（明治39）年、興津に生まれた。男一人、女一人が生き残った家だった。そのため、母方の祖母は孫をとてもかわいがり母のなかは甘やかされて育った。

清水市江尻国民学校（現静岡市立清水江尻小学校）に入学　1943（昭和18）年〜

1943（昭和18）年4月、江尻小学校に入学した。そのころは、太平洋戦争中で、軍隊式の方式が取り入れられていた。地域ごと集団で登校していた。校門近くになると上級生が「歩調取れ！」の大きな号令をかけ、学校の門をくぐり、「学校神社」と「奉安殿[1]」に直立不動の姿勢で最敬礼をする毎日だ。お辞儀の仕方が悪いと、先生により違ったものの、びんたが飛んできたりした。和子の担任は女の先生で和子自身は殴られたりはしなかった。1945（昭和20）年に入ると、姉が言うには学校へ着くか着かないうちに空襲警報が鳴り響くようになった。姉たちは、慌てて学校近くの小芝神社にある防空壕に逃げた。和子は低学年だったため、その頃になると学校には行かなかったのでは？と記憶している。清水地区にも空襲が多くなり、父はやんばら（山原）に小屋を建て、祖母と弟2人を疎開させた。家から約4キロ離れているところで、荷物も一緒に避難させた。母は生後6カ月未満の弟を背負い、リヤカーを引いて夕方山小屋に向かい、朝また江尻の家に通う毎日だった。姉と和子（小学3年生）はそのリヤカーを押して歩いた。子どもの足では約1時間半の道のりで、とても遠く感じられた。

1945（昭和20）年7月7日七夕の日の明け方、「ドーン、ドーン」と音が聞こえ山原の家から覗くとはるか下の方が赤く燃え上っていた。B29による空襲だった。心配しながら明るくなるのを待っていると、服から顔から真っ黒に汚れた父と二人の姉が駆け込んできた。夏であったが、父は家を出る時、掛布団を一枚持ち出した。両脇に姉たちをかかえ、降りしきる火の粉を掛け布団で遮り逃げてきた。布団は時々、小川の水でぬらしながら走ってきたのだった。家の庭に３畳程の防空壕が掘ってあったが、父と姉たちは、そこに入らないで、山原に逃げてきたので命が助かったのだ。翌日、自分の家に行ってみると、家は全焼。前日、かまどにかけてあった、おかまの中のコーリャンや米、麦の入ったご飯が焦げおこわのようになっていたことを覚えている。また、しばらく後には家より10分位離れた民家に港からの艦砲射撃が直撃して、直径6～7メートル位の大きな穴が開き、雨が降って水がたまっていた。その中に、服が剥がれ、全裸になった人が、うつ伏せになって浮かんでいるのを大勢の人と一緒になって、無感動に眺めていた。（艦砲射撃は7月31日）

清水の七夕空襲だけで、米戦略爆撃調査団資料ですら、死者１５１人、負傷者２７６人焼け出され３７０１０人と記録されている。『駿河湾を渡り、東から飛んできた１３３機のＢ29は、０時33分から2時10分まで市街地へ焼夷弾を投下街の52％を焼いた』『Ｍ47焼夷爆弾と、静岡では、投下されていないＭ17集束焼夷爆弾の合計９３４トンが投弾された』『清水市の空襲は１９４４年12月27日、１９４５年3月4日、4月4日、5月19日、6月10日、7月3日、7月7日、7月24日、7月31日、8月1日』(2)

和子の家は比較的田舎だったが、缶詰工場のすぐそばにあったため、工場が狙われ、近所では自分の家だけが焼けてしまった。

空襲で我が家が全焼し、焼け出され、バラック住まいとなり、食べるものも着るものもなく、惨めな思いをした。

父は45歳、母は38歳だった。父は軍隊には行ったが、内地勤務で戦争には行っていない。まさか村にいる自分が空襲で焼け出されるとは思っていなかった。

和子は、「たまたま、近所では、自分の家だけが焼けたので運がないな」と思っていた。しかし、和子の通っていた江尻小学校は街中にあり、生徒の大半は焼け出された。

のちに、同級生と当時の話をすると「父は病気で寝たきりなのに兄が志願して戦争に行ってしまった、生活保護で、ずっとバラックで暮らした」「父が戦死、母は子どもを育てられず、親戚の家に預けられ、遠慮して小さくなって育った」「父と弟は家を最後まで守って亡くなった」「兄2人が戦死した」などそれぞれ皆戦争の被害を受けていた。自分は家族で戦死した人はいなかったことはせめてもの幸いだったのかと考え直した。

空襲で焼け出されてからは、配給では足りず、食糧難で母は家族12人の食べ物の調達をしなくてはならなかった。汽車に乗って、茨木、埼玉、栃木、千葉方面まで行った。しかし、ヤミのため、苦労して手に入れた食糧を警察の一斉取り締まりで、取りあげられてしまう。そこで、橋の下で一晩過ごしたり、清水駅より一つ手前の興津駅で降りて、大きな荷物を背負って歩く事もあったという。大変な苦労だった。母が苦労して、手に入れた材料で食事を作るのが、和子の仕事だった。

3升釜に茶碗1杯ぐらいの米にサツマイモ、サツマイモの茎、大根、人参、小麦粉を溶いて丸めたもの等を入れていっぱいにして炊いた。1合の米を12人分に増やすためだ。美味しくはなかったが、何とかひもじい思いはしないですんだ。畑でジャガイモ、サツマイモ等を植え育て、かろうじて食をつないできた。今思うと石橋をたたいて渡る程の慎重な父に対し、母はおおざっぱで料理は得意でないが働き者で、いつも前向きで生活を楽しんでいてすごいと思った。地域のお念仏のリーダーになり、地域の人たちとつながり、自分の着物を自分で縫って作り、どこかに旅行に出かけて楽しんでいた。

父の仕事は次々とあり、ほとんど休まず沢山の家を建設した。しかし、育ち盛りの子どもの養育、姉たちの嫁入り支度など、いつも追われて余裕のない生活だった。

小学校は焼けてしまい、学ぶところがなく、神社の木陰や遠く東亜燃料の寮や清水西高校の教室を借り、そこまで歩いて通った。教科書もなく、新聞紙の様な印刷物を折って自分の教科書を作ったりした。墨塗り教科書もあった。しかし、戦後の民主教育の始まりでもあった。

父は、新聞をよく読み、ラジオでニュースを良く聞き、選挙のときには、必ず立ち合い演説会に行った。なぜか必ず和子を連れて行った。当時の保守系政党が演説すると、結構ヤジが飛んだ。和子は演説会で話やヤジを聞くのが好きだった。

清水第一中学入学　１９４９（昭和24）年～

中学では「新しい憲法のはなし」も勉強した。社会科では封建社会から資本主義社会になり、企業が利益を増やしたいために戦争になる流れを学んだ。先生が「この世から戦争がなくなる時が来ると思うか」と質問した。和子は「そんな時は来ない」と答えた。漠然と戦争はいつの時代になっても無くならないのではと思っていた。

先生は「戦争がなく、貧富の差もなくみんなで仲良く暮らせる社会がくる。でもそれは１０００年先になるかもしれない」と言われた。こんな社会科の授業がなぜか心に残っている。

部活は珠算部に所属していた。珠算は小学校の時から、週に3回程珠算塾に通っていた。父が、読み書きそろばんは大事と考えていたからだ。和子は何回か珠算の大会に代表の一人として参加して、賞状をもらった。先生が全校生徒の集会の時に渡してくれた。

常に、他生徒からの推薦でクラスの委員をしていて、3年の時には生徒会の副会長になった。

清水東高校入学　1952(昭和27)年～

街は少しずつ復興していたが、市民はまだまだ戦災から立ち上がりきれず、高校へ行ける人はクラスで半数未満だった。女性はあまり遅くならないうちに結婚するのが、良いとされ、花嫁修業という言葉が普通に使われていた。この頃になって、ようやく土壁、瓦葺きの自宅が手狭だったが、できあがっていた。

父は女には学問はいらないと言っていたが、経済的な理由も大きかったかと思う。しかし、和子は少なくても高校を出て経済的に自立したい、生活力が欲しいと思っていた。1番上の姉が20歳で結婚し、苦労しているのを見ていたことが大きかったと思う。

そして、3番目の姉が、就職していて、学費を出してくれる事になり、清水東高校に入学した。

高校は進学校で、男子が圧倒的に多く男子370人位に対し女子は50人くらいだった。部活は文化部も結構活発であったが、何といっても野球、サッカー、ハンドボールなどの運動部が華やかだった。野球部が高校野球の試合に出る時は、学校全体で応援に行った。

生徒会活動も活発で自由に討論する気風があった。よく講堂に集まって学校での時々の行事や、学校の方針などをめぐって討論した。時には政治問題もあった。討論が長引いて帰りが遅くなると、「暗くなって、女性は道中心配だから、できる人は送って行って欲しい」と生徒会長が指示を出す。ピーピーひやかされていた。運動会では、「白雪姫と7人の小人」の仮装行列に参加した。和子は、目立つのがいやで、みんなが推薦した王様の役ではなく、狩人の役を引き受けた。父の作業着と帽子を借り、無精ひげをつけ、参加した。担任の先生に、「あんた何の役だね」と言われた。狩人には見えなかったらしい。

とにかく女性も皆大学を目指して頑張っているのに

は驚いた。

和子は就職することを決め公務員試験を受けた。そして、１９５５（昭和30）年３月に県の公務員試験に合格した。

県庁で働きはじめる　１９５５（昭和30）年９月〜

１９５５（昭和30）年９月県庁別館２階失業保険課に勤務する。仕事は文書係だった。

朝、本庁３階の文書課に行き自分の課の文書を取ってきて、各係に配布し、各係からの決済された文書をガリ版に切り、（油脂の様な印画紙をザラザラの鉄板の様な板の上に置き、鉄筆で文章を書く）印刷する。文書課に行き、「知事」「労働部長」等の印を押して、県下の出先機関に発送する。時間に追われ、１日中走り回る感じだった。

しかし、その上に負担に感じたのがお茶くみだった。仕事始めは、８時半だが、８時に出勤して、課全員の机を拭き職員が出勤してくると全員にお茶を出し、そして仕事をはじめる。昼と3時にもお茶を出す。帰りには湯飲みを集めて洗い茶棚に納める。仕事が途中でもこれを優先してやらなくてはならない。流し台を幾つかの課で使うからだ。女性だけが交替で行なった。身分は安定していて、10月には職員旅行に行き、12月にはボーナスも出た。

当時、職業安定行政は国家公務員だが、業務は知事に委任されていて、「職業安定課」「失業保険課」は県庁にあった。この２課は静岡県職員組合に加入していた。失業保険課は40人位の課であったが、若い人が多く、10数人の女性がいた。その頃は、呉服町に屋台がいっぱい並んでいて仕事が終わるとみんなでおでんを食べに行ったり、ホールで踊ったりした。今から思うと優雅な時代だった。

県職本部婦人部を結成　１９６５年８月〜

和子に青年婦人部の役員が回ってきた。組合の役員は嫌がる人が多かったのだが、和子は「正義」と信じ、快く引き受けた。１９６１（昭和36）年24歳の時だった。普通は1年で交代していったが、1年ではやっと分かってきた事が、ゼロになってしまい、次の人はまた、ゼロからの出発で、積み重ねにならない。和子はそう思い、そのまま続けた。経験の積重ねという事は良かったが、それは役員の固定化になり、反省点でもある。

青年婦人部では、労働基準法、働く者の権利、憲法、経済、政治問題なども勉強し、少しずつ、目覚めていった。スキー、スケート、キャンプ、歌声などのレクリエーションも活発だった。

上部組織の全日本自治団体労働組合（自治労）本部では『お母さんになっても働けるように』を掲げ、青年婦人部から婦人部を独立させようという方針だった。静岡県の職員組合もこの方針を受けて、『職場の民主化、家庭の民主化』をサブタイトルとして掲げ、婦人部を作ることを始めた。

女性の役員が中心となり、青年部がバックアップしてくれて、女性の要求や希望、願いを直接に聞いたり、アンケートをとるなどして集め、下記のような意見が集まり討議して改善策を考えた。

（制度の問題）

①産前産後8週間と育児時間の拡大

女性の中には出産前日まで働く人もいた。権利意識が低いので、産休を欲しいと言えなかった。生理休暇など全く取れない状態だった。

県の職員は、組合の運動が実り産後8週間は比較的早く取れるようになった。

②賃金表（給料の表＝俸給表）の等級を男性と同じように渡らせて（昇格させて）ほしい。

③医療職3表（看護婦）の改善（医師、研究職に比べて賃金の上昇が年とともに低くなる）

（職場の問題）

①女性ばかりがお茶くみをするのは何とかしてほしい。

②席は女性が受付に近く、後輩の男性は奥の方の席に座る。不公平である。
採用された順番になぜ並ばないのかと聞くと、「女性の方が、にこやかに対応できるから」とのこと。
③出張は女性には回ってこない。「女性は外へ出たら危ない」と言われた。

県本部役員の和子は、県内9支部をオルグ（方針を伝え、要求を聞く）してまわった。どの支部でも10人程度が集まり話を聞いてくれた。女性の要望、不満、願いは溢れていたのだ。それらをまとめて、職場交渉したり、人員増など大きな問題は、本部に挙げて、知事交渉にもっていった。

1965年8月念願の静岡県職員組合県本部婦人部が4年間の準備期間を経て、結成された。和子は初代事務局長を務めた。方針を出す段階でみんなで相談し、要求作りを大事にした。学習としては、泊まりの学習会を開催した。

米田佐代子さん（当時都立大学の組合の委員長で、女性問題を研究）を招いての学習会を数回、川口和子さんを講師にしての学習会も実施した。女性史サークルでは、井上清の「日本の歴史」を勉強した。また、支部によっては、料理教室を開き、講習をしながら、要求を話し合った。母親大会に参加して、情報を得たり、全国の女性たちと交流し連帯した。全体として、子どもを生んで働き続ける人達は多くなってきていた。婦人部の独自要求産前休暇8週間をはじめ、のちに育児休業制度、子どもの参観のための休み、育児時間の延長、子どもの病気の時のヘルパー雇用費補助なども実現した。

賃金差別をなくすとりくみ

女性は同期で入職しても特別昇給もなく係長にもなれない。賃金が上がらないため人事課と賃金交渉も行った。看護婦たちは、医師や研究職と比べると賃金が低いため、医療職（三）表の改善を引き続き求めた。

これらの取り組みは、その後も引き継がれ、県職員の男女の賃金格差を少しずつ縮めていった。

２００５年の県職員組合女性部の要求書が、ホームページで公表されている。その中の、第1の項目として「採用、昇任昇格における男女差別を是正すること」が明記されている。また、２００５年からの「異動・昇任発令について」の見解が、公表されている。２０１０年の見解では、「男女別、本庁、出先間の格差は約1歳となっている」と記述されている。

女性部の確立と職員増員のとりくみ

当時、女性部は10支部の女性部の確立にも取り組んでいた。職場に女性部の役員を置いた。（加茂、東部、富士、清水、静岡、県庁、志太榛原、中遠、西遠、浜北）

女性部の集まりでは、引き続き料理教室を行い、人を集めるなどの工夫をした。

また、県職支部・本部として行った闘争であるが、県立病院の看護婦の夜勤体制を改善するために、２・８闘争（夜勤は2人、月に8日まで）があった。（富士見、中央、養心荘、こども病院）看護婦の大幅増員の取り組みだ。

保健婦は、自治体に働く保健婦の集いに出たりしながら住民のために増員を求めた。

児童では、吉原林間、三方ヶ原、磐田、浜松学園などで、子どもの処遇充実のための増員、夜勤などの改善など要求闘争が盛んだった。

全国的には、京都の蜷川府政、大阪府の黒田府政などを参考にしたり、埼玉県にも見学に行って、進んだ経験から学んだ。平和を守る全国的な取り組みにも参加した。ベトナム戦争反対の10・21ストライキ(29分)にも参加した。

結婚し静岡市現葵区に転居
１９６５（昭和40）年～

１９６５（昭和40）年28歳で同じ県職員の高島保治

と結婚した。夫は富山県生まれで、農家の五男だった。雪国生まれで、辛抱強く、優しい人だった。

青年婦人部での会議で会う機会が多く、気が合って自然に付き合うようになった。

結婚式は会費制で実行委員会を作り、青年婦人部の仲間たちが手伝ってくれた。

結婚しても勿論仕事はやめなかった。一般的には結婚すると女性は、仕事を辞め家事育児に専念するのが良いとされていた時代であった。しかし女性も経済的に自立したいという最初からの信念は、揺るがなかった。

１９６７（昭和42）年長女を出産した。出産の時は産前産後休暇６週間をとり保育（授乳）時間も３～４カ月位とれた。（授乳時間は1時間1年間取得できる制度だったが）

和子は、出産後は県職員の仲間だったAさん（県職員を辞め、子どもが４人生まれ子育てに専念していた）が待機していてくれ、復帰する時には長女を見てくれた。その後、長女は２歳で春日保育園に入園した。

１９７０（昭和45）年次女を出産した。次女は病気がちで長期に入院してしまった。しかし、職場では何とか上司がやりくりしてくれて、休ませてもらった。次女は、主治医から「命の保障はできません」と遠回しに言われて、本当に切ない思いをした。退院した後も、通院などで遅刻したりしたが、職場の仲間に助けられて、何とか、働き続けることができた。「辞めるのはいつでもできるからね」と仲間に励まされた時はうれしかった。

その後、次女も元気になり春日保育園に入園した。

当時、保育園は原則４時までの保育時間であったが、５時までの勤務の人達のために延長保育をしてくれていた。仕事が終わり急いでお迎えにいくと、次女が７～８人の子ども達と一緒に園長の奥さんを囲んでテレビや絵本を見て楽しそうにしていた。

この延長保育は保育園のサービスでやってくれていたが、この仕事を続ける上では本当に助かったし、次女はこの時間が一番楽しかったと、後で話していた。夫がお迎えの時に急に行けない場合には、夫の代わりに職場の仲間がお迎えに行ってくれたこともあった。

実家は清水で、母も妹もいた。姉は仕事を持っていたが、母や姉にも困った時は子ども達を預けることが出来、とても助けられた。

1978(昭和53)年、次女が8歳になる時、焼津の職業安定所に異動になった。車で通勤したが、忙しく到底5時には仕事を終わらせられず、遅くなるまで帰れない事がしばしばあった。子どもたちは、待ちくたびれて食事もせず眠ってしまっていたことも度々あった。

保育運動にも参加して

保育料は最高額にはならなかったが、3歳未満児が2人いると1人分の給料は消えてしまう程の高さだった。

そんな時、1973(昭和48)年には保育料値下げの運動と保育所づくりの運動が起きた。

発起人代表は城北高校の小川順子さんで「保育所づくり推進協議会」ができた。740人が入所できなかったからだ。(今でいう待機児童)発起人には労働組合は自治労静岡県本部委員長や静岡市職員組合書記長や静岡県高教組書記長、静岡市教職員組合婦人部長などが名を連ねている。また、市会議員の鈴木良治さんや新日本婦人の会の滝佳子さんも名を連ねている。県職婦人部も率先して運動にとりくんだ。

当時は保育所の数が少なく、産休明け保育、0歳児保育をやっている保育所が少なく、長時間保育や、今でいう延長保育をやっているところも少なかった。4月だけでなく年度途中で入れる保育所もほとんどなかった。

1973(昭和48)年度保育料の最高額が3歳未満児で1万8776円になった(大卒初任給　4万8000円位)。[3]

保育料の値下げ運動では行政不服審査請求をして、

不払い運動を実施した。(26の保育園で保護者370人が参加）和子も加わった。保護者が不服審査請求に参加した保育園の数がとても多く運動の広がりを示している。

不服審査請求では次の様な切実な陳述をしている。

・一人で働いた分では生活が成り立たないので共働きしているのに、妻の給料の３分の１も保育料に消えてしまう

・ベースアップ分により保育料の基礎となる階層が上がり、ベースアップした以上に保育料をとられ生活を圧迫

この時、動物園の改築が予定されていて、動物園より保育園を優先して作ってと市に訴えた。そして、保育料の最高額の引き下げ（1万円に）が実現した。画期的な事だった。①全階層18・２％減、②最高額３歳未満児1万円（国の保育料基準は１８７７６円）、３歳以上児６０００円(国７２００円)③第２子以降は、C^3、D_1、D_2[4]を改正額からさらに２分の１減に等、まだまだ問題点が多いものの大きな成果となった。

この頃は、お昼休みの時間にランチを食べながら、保育園や保育料の話をしたり、不服申し立て人になってもらうお誘いなどをくりかえして行った。会の会議は夜だったので、なかなか大変で子どもを連れて会議をしたことも多々あった。

地域や保育園には、保育料値上げ反対の陳情署名を持ってまわった。

その後、静岡私立保育所労働組合（現福祉保育労働組合静岡支部）や、静岡市保育運動連絡協議会（現在も継続）が結成され、公立保育園職員とも連携して保育料値上げ反対や値下げの運動は今でも引き継がれている。

そのかいあって、静岡市の保育料は今でも全国で比較すると、国の示す基準より低く抑えられている。

また、働く者の中心にと城東地域にあった共同保育

所のこぐま保育園（1965年昭和40年頃から運動して個人宅を借りて始まる）が定員を拡大し認可保育園として、平和町地域に建設された。その当時は少なかった、産休明け保育や、長時間保育も実施した。結婚しても子どもが生まれても、産休後も正規で働き続けられるように支える保育園となった。

また、城東町の共同保育所は無認可保育園として「みつばち保育園」に名を変えて、引き継がれ、続いていった。産休明け保育、年度途中の入所を受け持ち、働く人たちにとって、なくてはならない存在となっていった。

子どもが小学校に上がる時は学童保育を作る運動があり学童保育も共同保育所として、実現できた。和子の次女は「たけのこ学童保育」を利用できた。

夫は子育てではおおらかであったが、子どもが、何か問題を起こした時は、そこに出向いて行き、謝り、子どもにも諭した。また、朝食の味噌汁、煮物は得意で毎日作ってくれ働き続ける和子を支えてくれた。

忙しい中でも、年に何回かは、家族で海水浴などに出かけ、楽しい時間を過ごした。

国家公務員の労働組合では

和子は、1971（昭和46）年4月出先機関の職業安定所に異動した。組合も県職員組合から国家公務員の組合の全労働省労働組合となった。しかし、全労働静岡支部には、婦人部を作ろうという運動はなかった。役職につかなくても（役職につかなければ給料は上がらない）特に不満は聞かれなかった。しかし、全労働は全国的には、強い組合であり、全国的な女性の運動もあって、後に、静岡県の全労働省の職場も、女性でも皆、係長、課長（出先機関）となった。和子は44歳で業務係長になり、49歳で、紹介相談部門の課長になった。

しかし、管理職になればなったで、仕事の責任は重くなり、仕事はなかなか定時には終わらず、別な苦労もいっぱいあって勉強のし直しであった。頑張るしかない状況に変わりはない。通勤範囲が広がり掛川、吉原にも異動になった。掛川の時には、家に着くのが10時半になってしまったことも時にはあった。ただ、この頃になると子ども達は手が掛からなくなっていたのは助かった。正規職員の男女差は極めて少なくなっていたものの非正規職員が増えていき、それは大半が女性で、その矛盾を大きく感じていくのだった。

全労働省労働組合静岡支部には、婦人部がなかったが、国家公務員共闘からの呼びかけがあり、職場の女性の代表として、静岡県国家公務員労働組合婦人部の結成に参加した。静岡県評女性部の結成大会にも参加した。

人生１００年時代に向けて

退職してから、年金者組合に入った。今、和子は全日本年金者組合静岡県地方本部女性部長として、「各支部に女性部を」目標に運動している。年金支給額はこのところ引き下げ続けられている。中でも、女性の年金の低さが問題になっている。女性は働いている時から正規職でも賃金が低い。その上、子育てが、一段落してから、パート、臨時などで働き出す人が多く、低い賃金はそのまま年金に直結してしまう。また、女性の方が長生きするが遺族年金は大きく減額されたり、女性の年金が一定あると出ないこととなり、厳しい老後となる。和子は、敬愛する夫を、退職後65歳の若さで亡くした。夫の年金は支給停止。自分ひとりの年金で暮らすことになった。年金者組合女性部のスローガン「女性も自立できる年金を」は女性の願いだ。

年金者組合中央本部は１９８９（平成元）年に結成された。当時から女性部を作ろうという方針だったが、静岡県は大きく立ち遅れ、ようやく２０１１（平成23）年に和子が女性部長を引き受け今に至っている。現在、年金者組合の執行委員は男性がほとんどを担っている。一般に女性は社会経験や、運動の経験は少ない人が多い上、退職後も孫の世話や、両親、夫の介護などでなかなか年金者組合の役員を引き受けられない。しかし、旅行やハイキング、合唱など楽しい行事は女性が大勢集まってくる。「女性部の活動が元気なところは、年金者組合が元気である」という本部の方針のもとで、女性部の役員を増やし頑張っている。「楽しみ7分、活動3分」のスローガンのもと和子もハイキング、フラダンスサークル、バス旅行、観劇ツアーなど、楽しい経験もたくさんしてきた。

女性が、年齢を重ねても安心して一人で生活できる年金額と医療、介護の制度が必要だ。健康で長生きして、自分の経験を伝え、平和な日本を次世代に手渡したいと願って、自分のできることをコツコツ続けている。そのためにも、少しでも元気で長生きしたいとも思っている。

終わりに

高島和子さんは、労働組合があった事が、幸せだったと締めくくってくれた。次女が重い病気になってしまった時にはどんなにか、心配したことでしょう。それでも、周りの人たちに助けられ仕事を続けてきた。女性の自立は経済的な自立が必要という高島さんの強い意志を感じる。和子さんは退職の時「自分の思いのまま、要求実現をめざして、労働組合の運動もやり、仕事をしてきたが、ご迷惑をかけたかもしれませんが、ありがとうございました」と話されたそうだ。管理職になってもあくまで、謙虚な高島さんの姿勢に共感と尊敬の気持ちが湧いてきた。

和子さんのように「お母さんになっても働き続けた」先輩たちのおかげで現在がある。女性からみて、教員、看護師、保健師、公務員等、一見すると男女差別が少なく処遇が恵まれているとみえる職業もそこに働く人たちの様々な不断の努力で作り上げられてきているのではないか。理不尽な事へ声を上げてきた結果ではないかと改めて思った。

私世代（60代後半）の先輩たちは、産前産後休暇を取れるようにして、産休期間を伸ばし、保育所を増やし、育児休業制度を作り、介護休業制度を作り、男女の賃金差別を縮小し、学童保育所を作り、今また、高齢期の運動にとりくんでいる。

しかし、女性から見て、現在が恵まれている状況にはまだまだなっていない。先輩たちの人生、歴史から学びながら、より良い方向を見つめ引き継いで、次の世代に伝えていけたらとつくづく思った。私が産休中にラジオで聞いた『孫の代に実現できれば』という思いで、育児休業の実現に尽力した方のお話がよみがえってくる。

保育運動については、県の職員で、職員組合で女性部の役員をしていた方からもお話をうかがった。知らないことが多く、当時の保育運動にかかわった、保護者の方々のエネルギーに圧倒された。

【注】

（１）学校に下賜された天皇・皇后の写真の「御真影《ごしんえい》」や教育勅語など勅語類を安置する建物

（２）静岡・清水空襲の記録　静岡平和資料館を作る会作成より

（３）筆者（１９７３年の初任給）の記憶による

（４）支払う税金により区分Ａ～Ｄ５ランク

《参考資料》

『静岡清水空襲の記録』（静岡平和資料センター）

静岡県職員組合公式ホームページ

「日本年金者組合機関紙」

保育運動資料

・みんなの力で保育園を

・静岡市の保育料を値下げする会ニュース№８・９

男性中心型企業を生き抜いて

川村　美智（かわむら　みち）１９５２（昭和27）年生まれ　静岡市葵区在住

聞き書き　**跡部　千慧**

川村美智さん

はじめに

第10集の大きなテーマは、「ウーマンリブ運動」以後の時代の静岡の女性史を紐解くことである。男女雇用機会均等法は、ウーマンリブ運動に端を発する国際婦人年や女子差別撤廃条約の影響を受けて施行された。静岡県において働く女性たちは、国際婦人年から男女雇用機会均等法以降の時代をいかに生きてきたのだろうか。結婚退職制度がある時代から、静岡県内の新聞社で働いてきた川村美智さんに、静岡大学「男女共同参画論」の受講生とともに、２０１８年9月に、お話しを伺った。

議論するのが当たり前：民主的な家族

川村美智さんは、1952年静岡県沼津市生まれであり、長泉町の出身である。当時の長泉町は、小中学校ともに1校ずつの規模の自治体だった。「田舎の、静岡でよくある、のんびりしたところ」で育ったという。3人きょうだいの末子だった。上2人が兄だったので、木登りや魚釣りなど近所の男の子とよく遊んだ。

父親は気象庁に勤務し、長く富士山測候所の所長を務めた。父も兄も理系だったので、川村さんが、「理科のここがわからない」と言うと、父親が説明を始め、2人の兄も加わって、議論する家庭環境の中で育った。

　父親が説明好きで、すごく簡単なことを説明するのに、宇宙や気象現象といった遠いところから説明を始めるものだから、「一体いつ結論が」と、子どもも心に思っていました。

10歳（1962年）で長泉町に本格的に転居した際には、役場や小学校のすぐ近くだったこともあり、小学校の先生たちがよく家に寄るような環境にいた。担任の先生も、川村さんの自宅に寄って、どのように教えたらいいかを父親に聞いたりしていた。

　家ではそうやって、いろんな人が集まって、議論することが当たり前だったので、それがきっかけで、人と話をするのが好きになった気がします。子どもたちも言い分を聞いてもらえる、割と民主的な家族で、自由に考えて言葉にする習慣はついていたかもしれません。

小学校の時には、「女の子だからダメ」と言われることはあまりなかった。物心つくと、「兄は勉強していいのに、夕飯時になると、私だけ手伝いに来てって言われる」というのはあった。ただし、2人の兄もマメな性分であり、家事の手伝いをいとわなかった。

「なんで女子なのに？」：共学高校への進学

転機になったのは、高校進学である。1967年当時は、学区制が敷かれていた。長泉町においては、大学等の進学をめざす女子生徒は三島北高校や沼津西高校という、もともと歴史のある女学校だった県立の女子高校（現在は両校とも共学）に行くのが一般的だった。

だが、川村さんは、越境をして、兄二人と同じ沼津東高校に進学したいと考えた。同じ中学校からは、6、7人の生徒が沼津東高校に進学したが、「ただ1人の女子」と言われたことがあった。

「なぜ三島北高に行かないの」と言われたことはあります。私としては「兄たちが卒業したから」なので、それほど強い気持ちはなかった。学園祭を見に行ったら、生徒の自主性を重んじる校風を感じて、「ああ、共学って面白そうだな」と思って。

川村さんにとって、2人の兄が通っていた同校に進学することは自然なことだった。けれども、周囲からの反応によって、男子生徒と女子生徒に対する社会の異なる期待を感じたのである。

女子大学への進学

大学進学は「地味な大学だし物価が安そう」と奈良女子大学を選んだ。両親には、「学費の負担の少ない国公立大学に行ってくれ」という意向があった。一方、川村さんには、「なるべく離れたところに行きたい」という希望があった。高校2年生の時には、「大和古寺風物詩」（亀井勝一郎著）や雑誌「太陽」の特集に感化され、現在の寺ガールのように、奈良の古寺をまわったこともあった。

京都とか奈良巡がりできるかな、と。仏教に興味があったわけではなくて、この仏像いいな、古びた庭の風情がいいな、とか、今思うと安易な決め方だったですね。

ちょうど、川村さんが入学した１９７１年頃は、大学紛争の名残があり、既存の体制について考え直す風潮があった時代である。また、学生寮に入ったので、奨学金をもらい、少しアルバイトをすれば、親の仕送りはなしで、大学に通うことができた。

けれども、入寮式のときには、「女子ばかりだ」と愕然とした。高校時代は、男子生徒の中にほんのひとかたまりの女子生徒という環境で過ごしてきたので、違和感が第一だったという。

「共学も良かったかなあ」って後悔しました。けれども、慣れてくると女子大の良さがわかってきて。男女共同参画という観点からは議論もあるけれども、いい意味で女子大は甘えが許されない。高校では、心の中に「ここは男子に頼ればいい」っていう甘えがあったのですが、学園祭にしても、サークル活動にしても、全部自分たちで責任を持つというところは、認識を新たにする機会ではありました。

１、２年生ではワンダーフォーゲル部に所属した。部室には、先輩たちの記録が残っていた。長崎の五島列島を地元の人と交流しながら歩いた旅行記や３０００メートル級の登山の綿密な計画が保管されていて、先輩たちの底力を感じたという。頼れる先輩に率いられ、奈良や京都の里山、夏には白山や八ヶ岳、穂高連峰縦走などに挑んだ。

こんなに差がついた：高校同級生との再会

２年生の時、同じ中学、高校を出て東京大学に進学した同窓生が奈良見物に来たのだが、話の中にレヴィ・ストロースやミシェル・フーコーといった学者の名前が出てきて驚いたという。

この本読んだ？　と聞かれたときに、1冊も読んでなかったんですよ。高3の時はそんなに自分と違っていなかったはずなのに、この2年で、私は何も学んでなかった。ショックでした。

だから勉強したかというと「全然そうではなくて」、友人たちと音楽や演劇の舞台を観たりレコードを聴き合ったりして生意気な芸術論をぶっていた。ただ、大学3年生の専攻を選ぶときに、その同窓生が、「割と新しい学問だし、心理学って面白いよ」と言っていたことに影響を受けて、文学部教育学科の心理学専攻に進んだ。担当の教員は発達心理を専門としていたが、卒業論文は興味のある分野を選んでいいといわれ、社会心理学からのアプローチをとって「女子大学生の〝女らしさ〟に対する意識の変容」を題材にしたという。

大卒後の進路選択

大学に進学しても就職を考えない女子学生もいた時代である。就職が結婚までの「腰掛」と揶揄されたように、何年かで辞めるつもりの同級生もいた。

しかし、奈良女子大学の学生の親の多くは、教員や公務員だったので公務員、教員や、企業でも専門性を活かして働きたいというように、大学全体に就職に向かう雰囲気があった。教員免許を取るとるために教育実習に行く、自分の行きたい企業を訪問する、公務員志望ならば先輩が勤務する自治体を訪問するという準備が珍しくなかった。

大学3年生（1973年）のときには、憧れていた東京にある出版3社を訪問した。女性は正規で雇用しない、もしくは、女性が退職して空きがでたら採用するということがわかった。ある出版社に行ったときには、編集者の男性が、夜中の仕事や印刷会社に飛び込んで仕事することも多いと丁寧に教えてくれた。「僕だったら自分の娘には勧めないよ。地元に帰って、地元の市役所に勤めた方がいいよ」と言われた記憶もあるという。

川村氏さんは１９７５（昭和50）年に静岡新聞社に入社した。１９７５年は国際婦人年だった。

その前後の年には、女性も社会に進出すべきだとか、日本は遅れているとか、そういう記事が新聞にたくさん登場するようになったんですね。中学、高校で教育実習もやりましたが、クラスの収拾がつかなくなり不向きだって実感して（笑）。そこで、なんとか地元の新聞社に入りたいと思いが強まりました。

オイルショックの功名

静岡新聞社に入社した経緯についても、次のように語る。

１９７３年に、オイルショックがあって、翌年にはバタバタ会社がつぶれていきました。その時に、静岡新聞の先代の社長さんの意向が、「不況の時こそ、人をたくさんとれ」というもので、その社訓のおかげで、大卒女子も比較的多く採用してもらえた。でも、「やっぱり腰掛でしょ」っていうのはよく言われました。

採用時には、男女同一賃金であり、当時は女子の仕事とされたお茶くみもないと書いてあり、「先進的だ」と思ったという。

だが、配属においては、女性の配属されやすい部署があった。新聞には、取材する部門と、紙面をつくる整理部門とがあるが、女性が配置されるのは整理部門であり、日中に作成する夕刊を担当することが多かった。

1年目は、校閲部に配属されたのち、ラジオ・テレビ欄担当に配属された。翌年、当時の家庭欄、現在でいう生活面を担当していた年配の女性取材記者が、退職する際に、後任の記者の募集があった。川村さんが静岡新聞社に入ったのだから取材した日報に、「せっかく新聞社に入ったのだから取材したい」と書いていたことを上司が覚えていて推してくれた。まずは社会部に出て取材のノウハウを教わることになった。

最初は、時系列で書いていくだけの文章を、デスクが確認する。どこが悪いのかは言われずに、そのまま黙って原稿が返される。3回目くらいに初めてこういう順番で書けという指示がある、ということを繰り返して、だんだんと記事が書けるようになっていった。

「風邪が流行しているので注意を」「焼津の主婦にカツオの角煮の作り方を聞く」といった記事を書けば反響が来る。記者の仕事を楽しいと感じたのもこのころである。新聞は取材してから商品として家庭に届くまでのサイクルが早いことも醍醐味だった。今日取材した内容が、翌日の朝刊に出るからである。

生活面の記者であっても、すぐに反響が出ることが、若い自分にとっては新鮮で楽しく、小学校の小学生記者のようなわくわくする感覚でした。普段なら会えない人にも、新聞の生活面でこういう記事を書きたいと依頼すれば会ってもらえるわけです。

思い込みで取材をしていて、別の人のチェックで間違いが判明したり、書いた記事の趣旨とは異なる見出しが付けられ困惑したり、たくさんの失敗も経験した。

ただ、ローテクの時代でもあり、こまかな工程をたくさんの人で分業していたので、気持ちに余裕があった。長時間労働ではあったが、待ち時間もそれなりにあった。川村さんは、「緊迫した事件や事故の場合は別として、のんびりしていたように感じる。現在では、多くの新聞にインターネット版があり、デジタル化によって格段にスピードアップした分、記者の仕事が増えて労働強化になっているのではないか」と危惧する。

結婚退職制度

1978（昭和53）年に、結婚することになった。入社当時の書類には、何も書かれてなかったが、結婚時には「当社は結婚退職制だ」と言われた。反論したが、まだ男女雇用機会均等法の施行前である。1度退職して、嘱託として働き続けることとなった。

給与体系そんなに下げないからと言われて。前例がないということで愕然としたのですが、先輩記者が「これで裁判しようと思ったら一生を棒に振るんだよ」、「君がしたいことはどちらか」と諭されて、その状況をのみました。

同社には、同じような状況で仕事を続けた先輩が2人いた。1人は経理部門に勤める静岡大学人文学部経済学科出身の女性だった。この先輩は、専門職として力を発揮したいという女性だった。もう1人は、高卒であるが、アイデアが豊富で、電話交換手として優れた技術を持っていた。その2人が、「みっちゃんも続けたいなら、いろんな作戦を教えるよ」と応援してくれた。

自宅に招いてくれて、妊娠したら1番信頼のできる上司に相談をして、自分は続けたいっていう意思を伝えること。体が丈夫なら、予定日の申告を調整して、生まれる月ぐらいまで働いて、産前産後14週の休暇を後ろにずらせば、首が座る3ヵ月くらいまで休めるよ、と先輩たちが教えてくれました。

当時は育児休業が制度化されておらず、産前産後休暇のみであり、休みが取れる期間が短かった。先輩たちから知恵を授かりながら、働き続ける方法を探った。

保育園探しがまた大変…

産前産後休暇を明けたら、保育園に預ける必要がある。第1子は、1月が予定日だったので、「3ヵ月がんばれば4月1日から入園できる」と考えた。1980年当時、0歳児保育がほとんどなかった。一方、看護師や教員・公務員は産休後に職場に復帰し始めていた。たまたま、取材で県庁に行った際に、職員用掲示板で共同保育の張り紙を見つけた。10月くらいに電話して、「4月に復帰したい」と頼むと、「いいですよ」という返事があり、受け入れ先を確保でき安堵した。

4月になり、保育所に子ども預けて仕事に行こうとすると、別れ際に子どもが泣く。保育士さんが「大丈夫よ」と言って抱き取ってくれて職場につくが、職場のある6階まで行くために乗ったエレベーターの中で「続けられるだろうか」と不安にかられ、足が震えたという。

現在と同様、労働基準法に定められた1時間早く帰れる育児時間制度はあったが、職場において育児時間制度を使った前例がなかった。当時は月6日の休みであり、週休2日ではなかった。有給休暇は誰もとらない。

1980年代初頭の編集局は「風邪ひいても這ってでも来い」という社風だった。川村さんが復帰した時に、「1時間早く帰りたい」と上司に言ったら、「俺たちなんか生存権かけて働いているんだぞ」と言われたという。すなわち、育児時間の権利よりも生存権の方が上にあるということだった。「CMの24時間働けますか？　は大げさですが、それに近い雰囲気があった」という。

「これからは女子も入れなきゃ」と考える上司

このような雇用慣行において、川村さんが仕事を続けられたのは、上司に、「働き続けたい気持ちがあるんだったらサポートするよ」という気持ちがあったかだという。

たまたま当時の社会部長は、とても厳しい指導で男性記者からも敬遠される程だったが、自身の母親や妻が苦労しているのをみてきて、「女性は社会にもっと進出すべきだ」と考えていた。川村さんの指導をしながら、「これからは女子も入れなきゃ」と言い、その3年後には、また女性を採用し、少しずつ女性記者を増やしていった。

私生活では1985年に夫の実家の敷地内に家を新築することができ、義理の母が子育てや料理のサポートをしてくれた。また、末子の第3子が保育園のころまでは夜勤のない整理部や文化部に所属して家庭と仕事とのバランスは何とか取れていた。だが、末子出産からの復帰7年目（1993年）に、社会部に異動することになった。処遇は男女雇用機会均等法の成立によって、正規雇用に復帰していた。男性はどんどん異動するのに、女性は内勤等、勤務が楽な部署にいるのはどうかという職場の意向もあったようである。

川村さんも文化生活部において取材は経験したが、事件事故の現場や、政治的駆け引きがある取材の経験はなかった。社会部は、やはり厳しい部署だった。遅番の夜勤では、たった1人で夜中2時過ぎ、もう朝刊に間に合わない時間に、「東海道線で死亡事故があった」と連絡が入ったことがあった。慌てて、第1報をもとに、死んだ模様とメモを社会部長にファックスしたところ、「バカ野郎死んだ模様ってあるか」とあきれられた。社会部長はよくフォローしてくれたが、「社会部では〝使えない記者〟でした」と振り返る。

社会部異動7ヵ月・出版部門へ異動

夜勤の日は夜明けに帰宅し、子どもが起きるころに朝食の支度をして学校へ送りだす。社会部生活が7カ月ほど経ったころ、疲れた様子を見かねた上役から「もっと楽なところ行くか」と声を掛けられた。1994年に出版部門に移った。上司は編集局時代の先輩で「一緒にやろう」と仕事を振ってくれた。

これからは若い人の中でも絶対記者でやっていきたい人もいるかもしれないけど、自分のライフイベントと重なった時期に、異動等、横滑りできるようなところで自分の生活にあったところがあるなら、少しそういう期間があってもいいのかな、って思う。出版部門にいた期間は心の栄養補給になりました。

日帰り温泉や花の名所ガイド、介護の本、自費出版本などを手がけた。さまざまな場所に出かけて話を聞いて書くという基本は、新聞記者と同じで楽しかった。新聞と異なり、1日1日締め切りに追われることはなかったが、企画がヒットせず売れないと大量の返品がある怖さがあった。営業のセンスのある前任者の企画を引き継ぎ、優秀な助手もついていたので、手がけた本は黒字であり「ラッキーだった」という。副部長に昇格することもできた。

編集局へ戻る

子どもたちが成長し、2002年に編集局に戻ることになった。今度は、文化生活部において、デスクワークもしながら記事を書いた。

1980年代後半になると、DTP（デスクトップパブリッシング）の導入などデジタル化が進んで、新聞の技術にとっては大変革の時代を迎えたという。

川村さんが入社したころは、アナログで細かい工程をすべて分業して製作した。記者は原稿を原稿用紙に手書きし、それが活字に組まれる。写真も写真機で撮影した。整理部記者は鉛筆でレイアウト用紙に線を引き、割り付けるという具合だった。デジタル化の波を次のように語る。

グーテンベルクの頃と原理的にはそう変わらない技術だったのが、記者がパソコンで打った記事が、そのまま取り込まれていく、整理記者は机の上の大きなパソコンに向かって紙面をつくる、そんな時代になるんですね。カメラもデジタルカメラに代わり、撮った瞬間に写真を送信できる。しかも画像は鮮明です。フィルムの頃は最低3枚か4枚を撮影し、その中でどれかいいのが写ってますようにって神に祈るしかない感じだった。だから、隔世の感がありましたね。

管理職というキャリア展望

専任部長になり、少しずつ自分のやりたい取材もできるようになってきた。がんばっている女性や、子どもを巡る問題をテーマに取材するほか、後輩記者たちと長期連載企画を練り、論説委員の仕事も加わるなど忙しい日々を送ることになる。

だが、管理職になるイメージはまったく抱いていなかった。定年退職後、女性会館の館長時代に、育児休業中の女性を対象としたキャリア支援講座を企画してきたからこそと筆者は感じるが、自身のキャリアについて次のように語った。

マネジメントという発想はあまりなかった。とても反省してます。とにかく目の前にある問題を解決するっていうのに精いっぱいだったような気がします。

定年後、女性会館・館長へ

定年は、60歳だが、希望があれば65歳まで働けた。しかし、仕事の量や責任は変わらないので、「このまま続けるのは体力的に厳しい。できれば社会とつながる仕事がしたい」と思っていた矢先に、女性会館の館長の依頼が舞い込んできた。

女性会館の指定管理者のＮＰＯ法人が設立された時から理事をしていたのですが、、当時の館長でＮＰＯ法人代表理事の松下光恵さんから、若い世代に女性会館の館長を継がせたいと思うが、少し年代に間があるので、若い層に任せられるまで担ってくれないかと相談があって。申し出を受けて4年間館長をやりました。

女性会館の館長も、２０１８年3月で退任して、若い世代に引き継いだ。２０１８年9月現在は、ＮＰＯ

法人の副代表理事としてＮＰＯの仕事と、市から頼まれた教育委員などをやっている。

４年程前からは、大学での講義も持つようになった。いつも、学生に伝えることは、「働くことって楽しいよ」というメッセージであるという。働くことが嫌いという若者が一定数いるからこそ、もちろん大変なこともあるけれども、自分の力を試し、自分を磨く場になるので、「決して働くことをつまらないものだと思わないで」と伝える。

特に、女性に対しては、仕事に生きがいを求めて、期待通りにならなくて悩む人が多いことを踏まえて、生きがいとはまた別に、自分が生きていくための手段として仕事を捉えてもいいのではないかと伝えている。働いて収入を得ることは、お金が自分への評価として返ってくることであり、お金が生きている手ごたえとして伝わってくることもあるからである。

おわりに

インタビュー調査は、川村美智さんの物腰柔らかな語り口に引き込まれるかのように、あっという間に約束の時間を過ぎていった。このインタビュー調査は、講義の一環で実施された。現在の学生は、親も男女雇用機会均等法施行後に働き始めた方が多く、結婚退職制度が存在してきたことを、肌身で感じる人は少ない。かつての「男女差別」のような問題はなくなりつつある分、現代のジェンダーをめぐる問題は、一層複雑になり、問題の根源をつかみにくくなってきている。結婚退職制度が雇用慣行としてあった時代から働き続けてきた川村美智さんの話を聴くことは、現代のジェンダーに関する問題を紐解くヒントにもつながるように感じたからである。

インタビュー調査に参加した学生からは、次のような感想があった。

結婚退職制度によって、嘱託職員になって働き続けたと聞いていたので、苦労話が多いのかと思っていたけれども、職場で理解のある人を見つけたり、いい上司に巡り合えたりという話が出てきて、辞めてしまった人たちが諦めてしまったからなのではと思うようになった。どんなかたちであれ、続けることが大切だと感じた。続けてくれたからこそ、今日こうやってお話を聞くことができたのだと思う。

川村さんの話によって、育児や働くことに対して、明るい印象をもつ学生もいた。世の中にあふれている育児や働くことに対する情報は、問題点を提起するものが多いために、「苦しい」印象をもっていたという。メディアの情報だけでなく、経験者から直接話を聴く機会を持つことも必要であると感じたようである。

講義のレポートにおいては、受講生全員が、時代や社会の動向が、個人の生き方に与える影響を考察した。オイルショックや国際婦人年の動向が、少なからず、川村さんの人生に影響を及ぼしているからである。一方、結婚退職制度があり、育児休業制度はなく産前産後休暇のみであり、０歳児保育も現在よりは少ない時代の渦中において、川村さんは働き続けてきた。ある受講生は、「必ずしも社会の制度や慣習と、個々人の意識は一致しているわけではない」と考察する。そして、次のように述べる。

社会と自分の選択にズレがあるからといって諦めてしまうのはもったいない。制度や法律に限界があるとしても、川村さんもインタビューでおっしゃっていたように、職場に入って職場を変えていくくらいの気持ちで声をあげることも大切なのだろう。また、その声を聞くことが会社にとっても良いことであるということを企業単位で理解していくことも重要だと考える。

この受講生は、男女共同参画の実現には、皆が目指すべき「絶対的な正解」を置くべきではないと主張した。そして、大切なのは、「男らしさ」「女らしさ」というジェンダー規範にとらわれず、個々人が尊重されることであるという。

別の受講生は、これからの日本社会の課題は、男女雇用機会均等法以降、少子化対策や女性活躍推進政策によって整えられたきた両立支援制度を、場所・事業・規模に合わせて運用していくことが必要だと考えた。

川村さんが上司に恵まれてきたことを通じて、日本社会における男性の意識改革の必要性についても、多くの受講生が論じた。現代のワーキングマザーも、川村さんが働いてきた時代と構造的に抱える問題に大きな変化はない。一方、受講生はそれぞれ、川村さんの生き方や、日本社会の変化の中に、個々人が尊重されて生きる社会の兆しを見出していた。最後に、ある受講生の言葉を紹介して終わりたい。

今、男性が子育てをする「イクメン」現象はブームでしかないのかもしれない。けれども、結婚退職制度から女性活躍推進法まで少しずつ時代が変わってきたように、父親が子育てする環境をみて育つ子どもたちにとっては「男も育児をするのは当たり前」のことであると思う。だから、そうやってちょっとずつ社会が変わっていけばいいと思った。

(川村さんからの追記) インタビューで時間が足りず、お話しできなかったことを加えさせていただきます。退職後、うれしかったことがあります。その前年、東日本大震災と復興をテーマに書いた私の論説「防災に女性が足りない」を母校の高校で学校新聞に取り上げてくれたことです。振り返れば、若い世代の言う「マミートラック」に一時、取り込まれました。でも、その中で自分のやりたいこと、できることを進めれば、少しずつ道は広がると思います。

男女雇用機会均等法や男女共同参画社会基本法などジェンダー平等法制だけでなく、労働に関わる法律や育児・介護休業制度、介護保険制度などが人生に大きく関わることも改めて感じました。

仕事で壁にぶつかったときは、取材の先々で出会った女性たちの言葉に励まされました。農業の後継者、研究者、助産師、自治体職員、社会的起業者……みんな私のロールモデルです。職場では心優しい同期の男性、力量のある後輩に助けられました。

また40代の頃から静岡市や県の男女共同参画推進の委員になり、その会議では視野を広げてもらうだけでなく、仕事とは別の友人を得ることができました。若い人には「頼まれたらチャンスととらえてやってみる」こともお伝えしたいです。

第３章　国境を越えて生きてきた人々

引き揚げ船「明優丸」の中で。望月泉『お母ちゃんとの約束』ペンコム (2016)

大正時代、アメリカに渡った祖母

陰山　輝（かげやま　てる）（旧姓堀内《ほりうち》）１９００（明治33）年～１９７２（昭和47）年

安本　久美子

1919（大正８）年５月　輝 18 歳

はじめに

最初はごく個人的な興味から祖父母のアルバムづくりを始めました。祖母の人生を文章にして多くの方に読んでいただくことに意味があるのかもわかりませんでした。

しかし、明治生まれの静岡の女性の一つの人生の例として、書き残しておくことも面白いのではと思い直し書き始めました。

＊　＊　＊

私が12歳の時に亡くなった、同居していた父方の祖母、陰山輝は１９００（明治33）年生まれ。

私は１９６０（昭和35）年生まれ、祖母と同じ子年。子ども心にちょうど60歳違いが分かりやすく、干支が同じというのが嬉しかった。私は姉と２人姉妹。大人になり２人とも長男と結婚、家を出、姓も変わった。

実家の名字が無くなること、祖父母のことを思い出す人がいなくなること、若いころは何とも思わなかったが、歳を重ね、記憶の中だけにあるものは失われていく現実に気づいた。そこで、せめて残っている祖父母の写真を整理してアルバムを作って残すことにした。

しかし、写真は順序もバラバラ、私は若い祖父母の顔すら判別できなかった。幸い、仏壇の引き出しから古い手紙や葬儀の時の書類一式が見つかった。その中に祖父の友人が祖父の略歴を記してくれた弔辞もあり、祖父の人生をたどることができた。次に、祖母の思い出話を母や叔母、従妹たちに聞き、事実を検証、こうして祖母の人生が少しずつ見えてきた。

＊　＊　＊

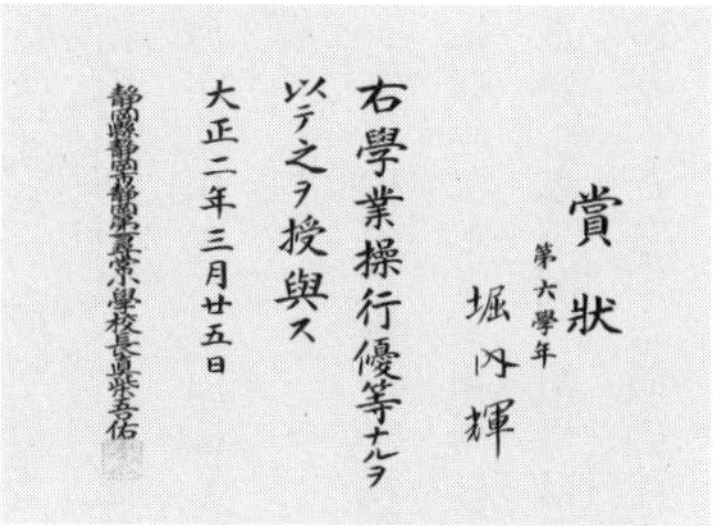
賞状
第六學年　堀内輝
右學業操行優等ナルヲ以テ之ヲ授與ス
大正二年三月廿五日
静岡縣静岡第一尋常小學校長

第一尋常小学校卒業時　賞状

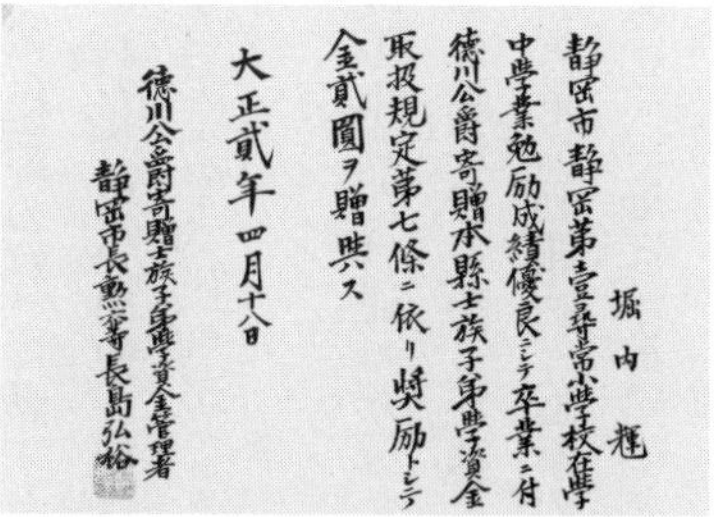
堀内輝
静岡市静岡第壹尋常小學校在學中學業勉励成績優良ニシテ卒業ニ付徳川公爵寄贈本縣士族子弟學資金取扱規定第七條ニ依リ奨励トシテ金貳圓ヲ贈與ス
大正貳年四月十八日
徳川公爵寄贈士族子弟學資金管理者
静岡市長

徳川家公爵寄贈士族子弟学資金

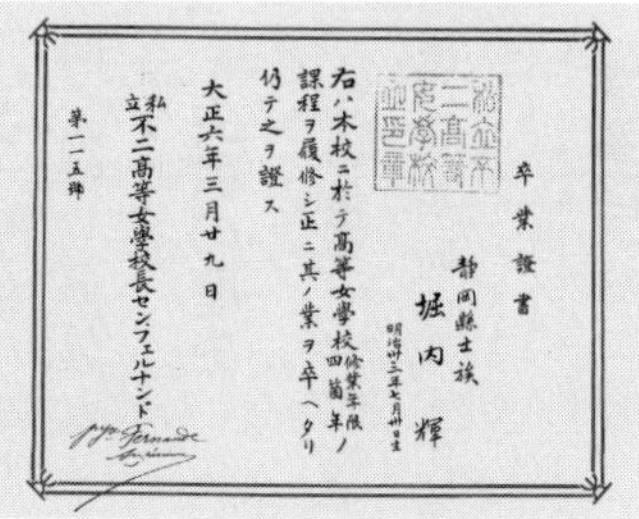
卒業證書
静岡縣士族　堀内輝　明治卅三年七月卅日生
右ハ本校ニ於テ高等女學校修業年限四箇年ノ課程ヲ履修シ正ニ其ノ業ヲ卒ヘタリ仍テ之ヲ證ス
大正六年三月廿九日
私立不二高等女學校長センフェルナンド
第一一五號

不二高等女学校卒業証書

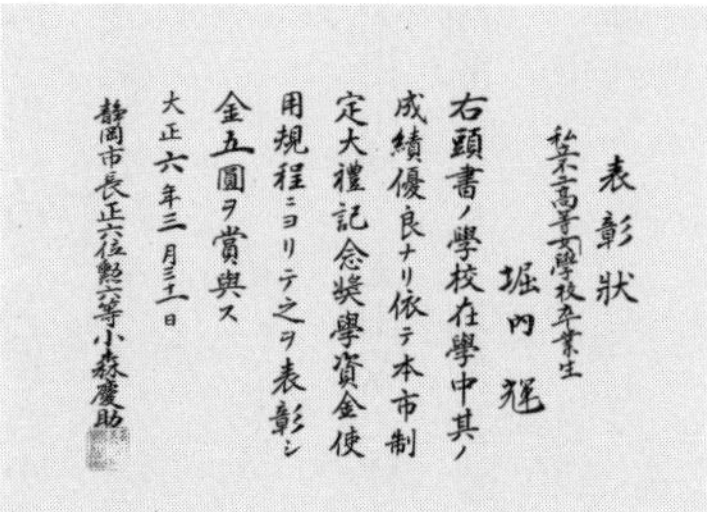
表彰状
私立不二高等女學校卒業生　堀内輝
右頭書ノ學校在學中其ノ成績優良ナリ依テ本市制定大禮記念奨學資金使用規程ニヨリテ之ヲ表彰シ金五圓ヲ賞與ス
大正六年三月三十一日
静岡市長正六位勲六等小森慶助

大礼記念奨学金　表彰状

まず、私の母の貞子（輝の次男俊郎の嫁）に話すと、結婚当初の思い出話をしてくれた。思い出の一つは祖母が次男の嫁の条件としたのが「家で仕事ができる嫁」だったこと。

女学校卒業後、洋裁学校に1年間だけ通った母が嫁になったとき、祖母は「家事は私がやるから洋裁しなさい」と言明。祖母は洋裁の営業活動開始、近所の人や友人たちから服の注文を受けて、母は洋裁屋になった。母は「洋裁で稼ぐつもりなんてまるでなかったのに、80歳過ぎてまで洋裁を仕事とすることになるとは思わなかったよ」ということになる。

もう一つの思い出は、母が結婚してからすぐに祖母から「家宝」と大事そうに渡された缶。中には、賞状が4枚。すべて祖母のもらった賞状だった。「なぜこれが家宝？　と思ったよ」、と話し、それを見せてくれた。

祖母はどうして母を働かせたかったのか、祖母にとって、どうして4枚の賞状が宝物だったのか、若いころアメリカで生活したという祖母のことをわかる範囲で調べ、記録として残しておきたくなった。

生家の歴史

輝の祖父、堀内逸平《ほりうちいっぺい》は幕末掛川城、太田家[1]に仕えた家臣。当時の『太田家家臣団名簿』に「堀内逸平　家

家系図

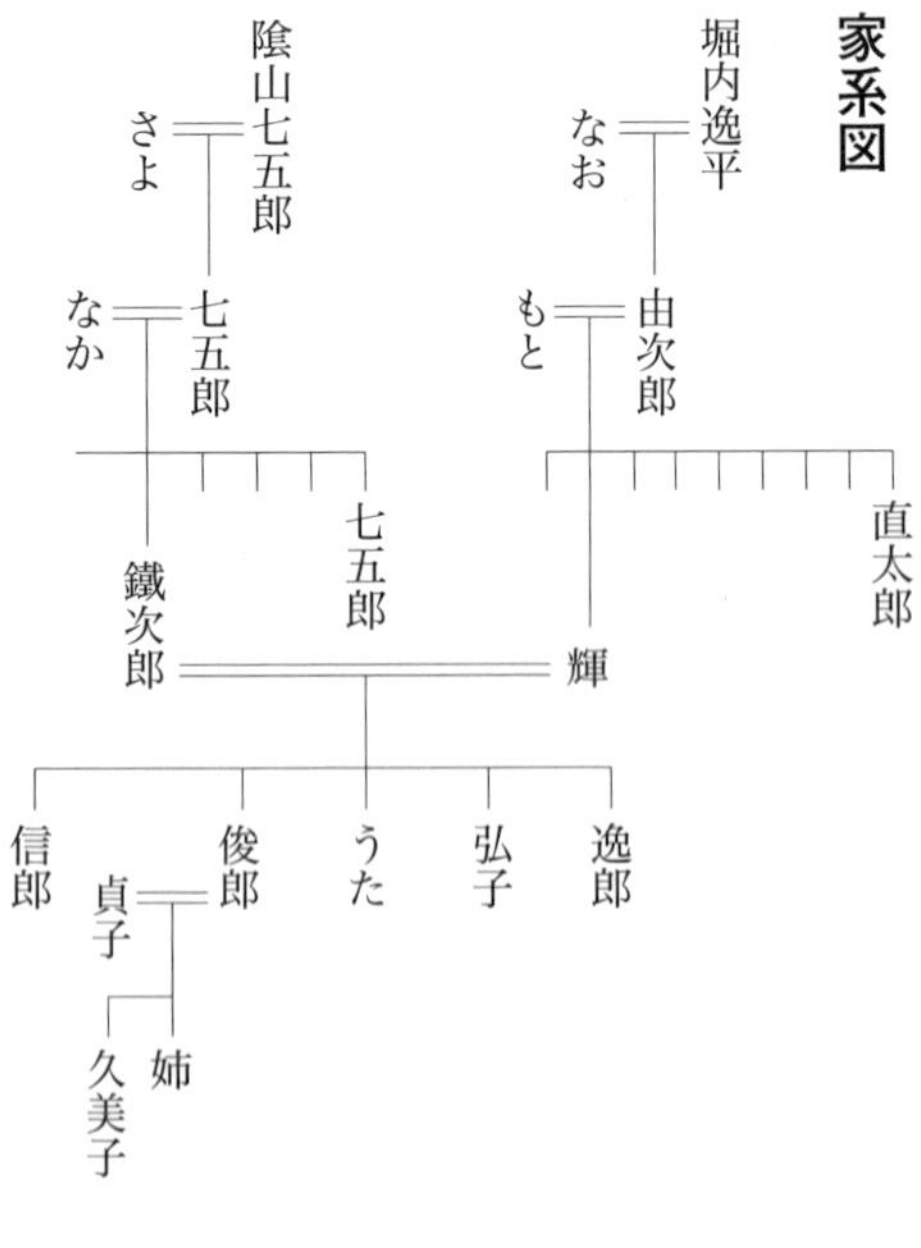

1908（明治41）年　家族写真　輝　前列左8歳

禄六石二人扶持」の記載あり。版籍奉還・廃藩置県によりそれまで何代かにわたって暮らしていたであろう掛川の地を離れ千葉へ移住。その後、士族でありながら生活の糧を得る道を模索していくことに。

逸平となおは1853年結婚。翌年に長男由次郎《よしじろう》（輝の父）誕生。

輝の父、由次郎は1876（明治10）年、23歳のとき、興津宿の幕臣手塚重内の娘もと（17歳）と結婚。その後商社に勤務。横浜や神戸を転勤し、長男直太郎《なおたろう》（1879年生まれ）を筆頭に4男5女を授かる。

1898（明治31）年、由次郎は神戸で勤務。その頃、輝の長兄直太郎（21歳頃）が渡米。サンフランシスコにあった会社、HORIUCHI＆COで働く。サンフランシスコ在住の日系人牧師の娘と結婚、一男一女をもうけるが1907（明治40）年に帰国。輝は1900（明治33）年神戸で由次郎の8番目の4女として生まれた。由次郎一家は神戸から再度横浜に転居。輝の姉たちは横浜の神奈川県立横浜第一高等女学校（現神奈川県立平沼高等女学校）に進学。この学校は神奈川県で最初に開校された女学校で県内各地から優秀な女子生徒が集められ「才媛の学校」と言われた女学校であった。

長男の渡米、娘たちの進学等、輝の両親は進取の気質にとみ、子弟の教育に熱心だったことがうかがえる。そして由次郎は50歳を過ぎ定年退職し静岡市安西にて製茶再生工場を経営するようになる。

輝は静岡市第一尋常小学校（大正7年静岡西尋常小

雙葉卒業時友人たちと 輝　前列右 1917（大正6）年3月

学校と改称。現法務局あたりに建っていたが昭和20年廃校）入学。利発で歌の好きな少女。大正2年、小学校の卒業式には男女1名ずつの代表で歌を披露。また卒業時には小学校より「学業操行優等ナルヲ以テ」と賞状も授与している。これが家宝として母に渡されたものの一つである。

卒業の年の4月には「徳川公爵寄贈士族子弟学資金[2]」を静岡市長より授与されている。両親は大層喜び褒めてくれたのだろう。しかしこの頃父由次郎は製茶工場の経営に行き詰まり廃業、子どもの進学に躊躇もあったかもしれない。そこに「優秀なる」、と奨学金までもらい、進学を改めて考えたとも理解できる。輝は静岡不二高等女学校（現　静岡雙葉高等学校）に進学。ちなみに姉たちは横浜の横浜第一高等女学校から静岡県立高等女学校（現　静岡城北高等学校）に転校している。

輝だけ、なぜ私立の女学校に進学したのか、判然とはしていない。

後年輝が亡くなった時、女学校時代の友人の弔辞に「秀才で円満な人柄、先生にあだ名をつけたり、皆で歌を歌ったり、その中心にいた」とある。いかにも女学校の和やかな生活が目に見えるようである。

輝が貞子に卒業証書を見せた際、「番号は席次順」と言っていた。当時の貞子は115番の番号を気に留めていなかった。今回改めて1回生から人数を数えたところ、4回生までの人数が114人だった。確かに5回生の中では1番、首席で卒業だった。これも4枚の内の1枚である。

また、同年3月31日「大礼記念奨学金[3]」も授与されている。小学校、女学校時代にもらったこれらの賞状4枚が輝にとっての宝。子どもの教育に熱心だった両親にはその時々たいへん褒めてもらえたであろうが、どうしてこれらが長く輝の心を支えてくれるものになったのか、私にはわからなかった。

結婚

輝はお見合いをし、1917（大正7）年6月に16歳で結婚した。相手の陰山鐵次郎は1888（明治21）年生まれ。生家は静岡市下八幡（現　静岡市伝馬町小学校公園敷地）で古くから醤油醸造業を営む（現静岡醤油合資会社　ヤマシラタマ醤油）。9人兄弟（4男5女）の四男として生まれる。静岡県立商業学校卒業（本科4回生）後、東京外語学校（現東京外語大学）に進学。この時代の静岡の状況[4]はお茶の輸出が大きな産業モデルであり、お茶と共に醤油も外国の博覧会に出品されていた。自社でも醤油の輸出を始めようとしていたことから三男の鐵次郎を外語学校に進学させたものと思われる。

鐵次郎は20歳のとき大学を中退、静岡に戻り、中央製茶会社に就職。2年後、次兄が営む静岡貿易会社（醤油等の輸出販売）東京出張所を手伝うことになる。すでに清（現中華人民共和国）への輸出は行っていたが、北米への進出も視野に入れてのことだったろう。

鐵次郎（27歳）、1915（大正4）年、パナマ太平洋大博覧会[5]がサンフ

1917（大正6）年6月結婚式の日陰山鐵次郎と輝

ランシスコで開催された。鐵次郎は静岡県醤油組合と茶業団の通訳として渡米。静岡県の一団には後に貴族院議員となる中村圓一郎（48歳）もいた。[6] 全体の団長は渋沢栄一[7]（75歳）。一行は横浜港から地洋丸（東洋汽船の貨客船　日本で最初に1万トンを超える大型船）で渡米。

1915（大正４）年パナマ桑港万国博覧会日本茶ブース
鐵次郎　中段左端

博覧会は大正4年2月~12月の約10ヵ月間の会期であった。閉会後も鐵次郎は帰国せず、サンフランシスコに留まり、大橋商会（貿易会社）で支配人として活躍する。

1918（大正7）年サンフランシスコでの生活にめどの立った鐵次郎は嫁探しのため帰国。渡米しても良いという嫁を捜すために、外国語教育に熱心だった不二高等女学校に問合わせ、捜したと思われる

後年、貞子が同級生の母（輝の1年先輩）の話として「女学校の先生からアメリカで商売している人が嫁を探している。私に、結婚して渡米しないかという話があったが、牛肉が食べられないからと断った。後輩の堀内さんがその方と結婚したらしい」と聞いている。

当時、米国に在住し、在郷の知人に花嫁探しを依頼し、写真のみの交換で日本から女性が渡米、結婚した人が多かったことを思うと、一時帰国して嫁を探した鐵次郎はアメリカでの商売も順調で経済的にも余裕があったと思われる。

渡米

輝は結婚から半年後17歳で渡米。渡米の前、親戚の人たちに「生きているうちにはもう会えないと思います」と明るく挨拶して回っていた。気軽に渡米、帰国できない時代、輝には若さと度胸があった。

渡米の際、輝のお腹には新しい命が宿っていた。船中ではつわりがひどく、せっかくの豪華な料理が食べられなくて残念だった、と思い出話を語っている。

渡米後、桑港（サンフランシスコ）日本人町に居住。

1919（大正8）年長女弘子出産。

日本人町の洋裁学校の卒業写真には、弘子を抱いた姿が。当然のことながら洋裁の一つもできなければ不便な思いをしたことは想像に難くない。

1920（大正9）年には次女うた誕生。「うた」という名前は歌の好きだった輝が名付けたのだろう。うたは幼少よりピアノを習い、歌も好きであった。

このころの輝の思い出に「三浦環[8]のオペラ（蝶々夫人）鑑賞」がある。渡米後、子育てに追われて大変だった中、初めて娘二人を預けてドレスアップして鐵次郎と観に行ったのはとても楽しかった、と生前嫁の貞子に話していた。

1919（大正9）年洋裁学校卒業式
輝　左端長女弘子を抱っこして

大正11年6月長男逸郎誕生。逸郎の逸の字は士族だった輝の祖父逸平の一文字。商家の三男の鐵次郎は士族への尊敬の思いがあったのかもしれない。

渡米のきっかけとなった博覧会の団長は士族の渋沢栄一。逸郎の生まれる5ヵ前の1922（大正11）年に渋沢栄一（81歳）がアメリカで開催された軍縮会議に出席。桑港から帰国の際、桑港佛教会[9]に立ち寄り、日米親善を高唱したと「桑港佛教会三十年記念誌」ににある。

渋沢の渡米は日本の商業会の代表として1902年からこれが4回目となる。当時のアメリカは日露戦争以降排日運動が盛んとなっていた。日米の関係改善のため高齢にもかかわらず数度の渡米をし、米の政治家、実業家たちに大いに働きかけていた。しかし日米紳士協定[10]や外国人土地法[11]など移民にとって苦しい立場は続いていった。特にカリフォルニア州は排日運動が盛んで、大衆紙[12]で排日の世論が形成された。

桑港佛教会お堂にて　正面額「佛教東漸」
輝　前列左から５人目　三男信郎を抱えて

渋沢はこの頃「三浦環の後援会長」も務めていた。アメリカで評価を得た三浦のような日本人の存在は日本からの移民の心を大いに励ましたことだろう。

この当時鐵次郎は桑港佛教会の理事をしていたので、講演会の際、渋沢と7年ぶりに再会したであろう。鐵次郎の実業家としてだけでない社会的活動など、渋沢栄一の生き方に感化されていたと思われる。

子ども三人を連れてピクニックだろうかおしゃれな帽子をかぶって輝と子供たちが写ったスナップ写真。撮影している鐵次郎の微笑みが感じられる写真である。

この時期、移民に対するアメリカ社会の対応は厳しいものであったが、日本人同士助け合いながら、経済的にも穏やかで安定した暮らしを得ていたようだ。

１９２６（大正15）年次男俊郎が、１９２７（昭和

帽子をかぶった輝と長女・次女・長男

２）年三男信郎が誕生。渡米後、一家は桑港日本人町の中で何回か転居、最後はパイン街１９６０番地、佛教会の近くに居住していた。このパイン街の家の建物は現在も残っており、私もいとこたちもサンフランシスコに行った際には立ち寄っている。

桑港佛教会

当時の桑港日本人町の日本人は３千人程度。カリフォルニア州で４万人を超す日系人がいた。教会や佛教会は信仰の場として以上に日本人同士の絆を深める場所として機能していた。

桑港佛教会は明治39年の桑港大地震で建物が倒壊、再建したが、その借金の整理が進まず困っていた。鐵次郎は大正４年の渡米とともに桑港佛教会にも出入りし、大正11年からは理事として本格的に寺院運営に関わっている。鐵次郎は会計として経理を担当、寄付の呼びかけ、出入金の管理をし、大正15年には負債

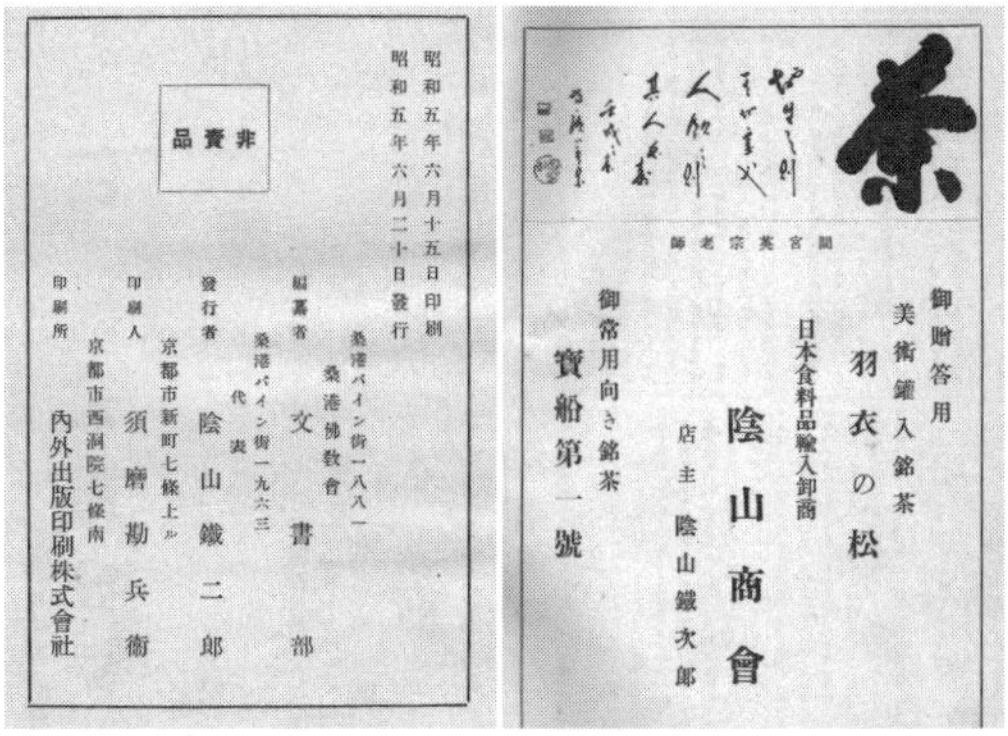
茶
御贈答用
美術鑵入銘茶
羽衣の松
日本食料品輸入卸商
陰山商會
店主　陰山鐵次郎
御常用向き銘茶
寶船第一號

昭和五年六月十五日印刷
昭和五年六月二十日發行
非賣品
桑港パイン街一八八一
編纂者　桑港佛教會　文書部
桑港パイン街一九六三
發行者　代表　陰山鐵二郎
京都市新町七條上ル
印刷人　須磨勘兵衛
京都市西洞院七條南
印刷所　内外出版印刷株式會社

『桑港佛教会 30 周年記念誌』1915（昭和５）年６月出版　献辞・序文・開教事業の端緒等　沿革史・会則・決算報告・過去帳等
右は陰山商会の広告
左は奥付

を完済している。鐵次郎は大正13年と昭和3年の2度にわたり本願寺より感謝状を受け取っている。

当時、桑港は日本からヨーロッパやアメリカ本土への出入国の窓口だった。佛教会へは浄土真宗本願寺派の大谷光明《おおたにこうみょう》や尊由《そんゆう》などは当然ながら。排日運動に対処するために渡米した旧幕臣の江原素六《えばらそろく》、渋沢栄一等政府関係者が立ち寄るのは当然だった。

1929（昭和4）年桑港佛教会開教三十周年記念事業が大々的に催され、翌大正5年5月に記念誌が発行されている。鐵次郎はこの本の編集を担当した。本には多くの広告もあり、その最後に陰山商会の広告を載せ、また「佛教と茶」という一文を寄せている。

陰山商会設立と暮らしぶり

大正12年頃、鐵次郎が勤めていた大橋商会は廃業。鐵次郎はお茶等の静岡からの物産の輸入を主とした貿易会社、陰山商会を始めた。

大正13年鐵次郎は　家族や従業員を連れて一時帰国。輝や子供たちのそのお洒落な装いに親戚一同驚き感激した。この帰国は関東大震災の見舞いも兼ねており当時としては大金だった百円を東京の親戚たちに包んでいる。兄の七五郎が社長であった静岡貿易株式会社は、陰山商会の日本での窓口となり鐵次郎は静岡貿易の顧問にもなっている。

1924（大正13）年一時帰国し親戚と集合写真
輝　中心で洋装、帽子３人の子供も洋装

この会社の重役には鈴木与平商店（現「鈴與株式会社」）の六代目鈴木与平《すずきよへい》の名前や清水の「隣保館」を設立する社会事業家の山田《やまだ》政吉《まさきち》の名前もある。静岡貿易（株）の重役たちは日本を代表して貿易を行っている自負があり、実利を追うとともに社会貢献に意義を見出す青年実業家たちであった。

鐵次郎は堅実な商売をし、陰山商会は業績も順調だった。従業員たちとも家族のような関係。ある年、従業員からクリスマスプレゼントに食器のセットをもらっている。トーマス・ババリアというドイツのメーカーとアメリカのデルモンテ社が作成した商品で、果物の絵と金の縁どりがお洒落な一品。日常使いの食器ではなく、来客用として使っていたものだった。外交で訪米した者や軍人、留学生など多くの日本人を自宅でもてなしていたようだ。

トーマス・ババリア食器
金縁食器は正式な晩餐会用とされる

鐵次郎は佛教会理事に就任したことで、佛教会の活動により熱心になり、仕事が終わると寺に詰めていた。夕飯ができると子どもたちは寺まで父を呼びに行き、そこでもらうお菓子を楽しみにしていた。それぞれ現地の幼稚園・小学校に通い英語の授業を受けている。週に数回日本人学校の「金門学園」[13]に通い、日本語や日本の歴史、地理、日本的道徳観、価値観を教わっていた。鐵次郎は金門学園の評議員にもなっていた。

輝にとっては、子どもたちが通訳であり、買い物に行っても大いに助けてもらっていた。長女や次女が晴れ着の着物を着て並んだ写真もあった。サンフランシスコにいても7歳のお祝いをしていた様子がうかがえる

日本から着物が送られてきた　弘子とうた

次女うたの思い出に「夫婦喧嘩」の一こまがある。三男信郎を出産してすぐのころ桑港の港

帰国前、本家姪夫婦と共に　輝　後列右端

に入港した船の船上パーティー[14]の招待があり、鐵次郎が上の2人の娘たちだけを連れていくと決めたことに輝が拗ねて怒った、というものだった。渡米後出産、子育てに追われ、賑やかな場に出ることもままならなかった生活が輝に駄々をこねさせたのだろう。

鐵次郎の死

昭和5年9月26日朝、鐵次郎は出勤しようとして家の玄関で倒れる。心臓麻痺で急逝。享年42歳だった。現地の新聞にも記事として取り上げられ「桑港佛教会の中心人物。模範的実業家。昨朝急死」と報じられている。5人の子どもを抱え、葬儀では2百人余りの人々に見守られ、黒いベールで葬儀の中心にいる輝（30歳）の胸中はいかばかりであったろうか。

日本からは、鐵次郎の兄七五郎の一人娘夫妻が急遽渡米、会

社を引き継ぐ。

輝は5人の子どもを連れ、鐵次郎の死から8ヵ月後の5月、当時豪華客船として有名な浅間丸に乗り、鐵次郎の遺骨を抱え、ハワイ経由で帰国する。

帰国後輝一家は陰山家の持つ貸家の一軒に住む。

桑港佛教会と同じ宗派の寺を探したところ、静岡では唯一教覚寺（静岡市葵区常磐町）が浄土真宗本願寺派であり、檀家となり、昭和6年5月日本でも葬儀を営む

香典帳を見ると、中村圓一郎の名前がある。渡米のきっかけとなった万博以来親交が続いていたことがわかる。仕事の取引先からも丁寧な手紙（巻紙に筆文字）。鐵次郎の死を「…国家の損失…」と書き綴ってくれたものもあった。

日本での葬儀の際も、輝は黒いベールをかぶっての洋装は人目を引くものだったようだ。また葬儀の後、輝は本願寺に寄付をして感謝状を頂いている。

その後、輝は熱心な教覚寺の門徒となり参拝は続く。鐵次郎の月命日には、住職を自宅に招きお経をあげていただき、お膳を用意した。毎月21日は婦人会の例会。毎週日曜日は子ども会。その他に報恩講や花祭り等々お寺参りを欠かさなかった。鐵次郎が桑港で尽くしていたことを日本で輝が引き継いだようだった。

1930（昭和5）年9月鐵次郎葬儀鐵次郎の棺を囲んで200名余りの参列者

1931年（昭和6）年5月帰国時浅間丸船上にて
輝　前列右から2番目

輝は陰山商会の利益等すべて本家で管理する代わりに子どもたちとの生活を保障するとの約束をしてもらっていた。しかし、アメリカの陰山商会は昭和12年頃廃業し姪夫婦は帰国。その後日本は日中戦争、第2次世界大戦へとすすむ。本家に毎月生活費をもらいに行く生活は気苦労が多かった。よく長女や次女がこの役目を仰せつかっていた。この生活は戦後次男俊郎が本格的に働き始めるまで続いた。

帰国後の子どもたち

長女弘子は雙葉女学校に転入した。当時としては珍しい帰国子女でネイティブな英語が話せたため、アイルランド人シスター・ウィニフレッド達に大層かわいがられた。輝も自分の母校で親しみもあり、保護者として、また、同窓会会員としても積極的に学校とかかわった。弘子は昭和15年、アメリカに渡り日系2世の人と結婚。第2次世界大戦中はカリフォルニアにあった日本人収容所に入れられ、そこで1男1女を授かる。苦労したものの戦後は輝にお金の仕送りもし、珍しいお菓子や衣類等も送ってくれた。

1935（昭和10）年頃　輝　前列左端

次女うたは静岡大学付属小学校に転入し、小学校卒業後、静岡県立高等女学校に進学。家にはアメリカから持ち帰ったピアノがあり、それを弾くうたを弟や友人達はあこがれの目で見ていた。昭和16年静岡の茶商と結婚。戦後1男3女の4人の子供に恵まれる。子供たちは皆ピアノに合唱と音楽好き。うたは子育てが一段落した後ピアノを再開。90歳まで発表会で舞台に立った。名前のためばかりではないかもしれないが。

長男逸郎は伝馬町小学校に転入し、父鐵次郎と同じ静岡県立商業学校に進学。昭和13年16歳の時、腸チフスにかかり2週間の闘病で亡くなる。夫に次ぎ、頼りとしていた長男を突然亡くした輝の悲しみを思うと、ただただ切なくなる。このとき、輝が兄弟やアメリカの友人たちからもらった数々の手紙や電報が残っていた。電話が身近なものでない時代、心に寄り添う文章に、輝はさぞや励まされただろう。

4歳で帰国した次男の俊郎（私の父）は伝馬町小学校、静岡県立商業学校に進学、部活は軟式テニス。当時の全国大会神宮大会に県の代表で出場。戦争も激しくなり大学進学はかなわず卒業後日軽金に就職、1年後入隊、数ヵ月で終戦。その後本家が設立した静清貿易（株）で働く。生活費、弟の学費を稼ぎ一家を支えた。昭和27年には貿易の販路拡大のため1年間渡米。昭和31年貞子《さだこ》と見合い、結婚。娘2人。

三男　信郎は2歳で帰国。伝馬町小学校、静岡県立商業学校。戦争が激化した頃、家にいたのは信郎と輝の2人。仏壇や食器など清水の知人宅までリヤカーで運んで疎開。静岡空襲で家は焼けるが難を逃れる。戦後、次男俊郎は、自分が大学に行けなかったことを後悔し、せめて弟には大学に行かせたいと、大学に進学させる。しかし信郎は20歳の時、二

1940（昭和15）年弘子アメリカで結婚式

信郎アメリカ兵として

重国籍の国籍選択でアメリカへわたることを決心。大学を中退して渡米する。その後朝鮮戦争勃発、アメリカ兵として朝鮮へ。戦後日本人女性と結婚、2人の息子に恵まれる。

アメリカを知っていた祖母は第2次世界大戦をどう見ていたのか。少なくとも盲目的に日本の勝利を信じていたとは思えない。

終戦後本家の静岡醤油は工場が焼け残っており、すぐに再開できた。輝たちは別の貸家に入り、生活を始める。俊郎が働き始め、三男信郎が渡米した後、輝は、気ままな暮らしとなり、三味線や長唄のけいこを始めている。

嫁の洋裁と4枚の賞状

16歳で結婚、17歳で渡米、30歳で5人の子どもを抱えて未亡人。手に職もなく、帰国後の暮らしも、本家に頭を下げて生活費をもらっての日々。長男を亡くし、戦争で焼け出され、長女はアメリカで収容所暮らし。戦後は三男も渡米。苦しい時期、すべてを失っていく状況に置かれたとき、賞状は自分の尊厳を守ってくれるお守りだったのではないだろうか。誰よりも鐵次郎が4枚の賞状の価値を見出し、輝に宝物と思わせたのだろう。

学業優秀で師範学校への進学を夢見ながら結婚を選び、洋裁学校に通うも、子育てに追われ生かすことのなかった技術。輝にとって夫鐵次郎の死から次男が結婚するまでの約25年間、自分の力で稼ぐことの大切さが骨身に染みたのだろう。息子の嫁にはどんな状況でも自立して生きていけるようになってもらいたかったからこそ、「私が家事をやるから……」と言ってまで洋裁をさせたのではなかっただろうか。

輝は、次男家族と同居、アメリカの長女、三男からも仕送りを受け、生涯自分で稼ぐことはなかった。むしろ次男が就職した後は謡や三味線などの趣味を楽しみ、熱心な門徒として寺への奉仕活動に励んだ。その中で多くの友人たちと交流を続けた。

祖母は鐵次郎の日本での葬儀の後、生涯質素な着物姿で暮らした。外では見栄を張り、士族の出だからとやせ我慢もした。貧しいながらも生活を楽しみ、人生を謳歌した。いつも朗らかに、その時その時を受け入れ、流れのままに。

１９７２（昭和47）年11月29日夜、心臓発作にて他界　享年72歳。

まとめ

祖母の人生をたどる確認作業は、まるで推理小説の謎解きのようで、新たな事実が判明していくことにワクワクドキドキの連続でした。

社会的には何もしていない祖母の個人史を、まして祖母自身から直接聞いた話でもなく、記録として残す意味があるのか、恐る恐る書きすすめました。それでも明治に生まれ、大正、昭和の各時代、その歴史と関わって生きていたのだと、あらためて気づかされ、市井の個人史や写真は大切な歴史の証言と思いました。

私にとっては、今回の執筆のおかげで、幕末明治からの歴史、アメリカ移民問題、各戦争の影響など知らなかったことばかりのため、改めて勉強し、現在に続く問題を考えるきっかけになりました。

憶測はできる限り排除したつもりですが、事実と異なることもあるかもしれません、ご容赦戴きたいと思います。

【注】

（1）掛川城は戦国時代今川氏により遠江の支配の拠点として築城された。江戸時代は譜代大名の居城として栄えた。幕末は太田道灌の子孫にあたる太田家が3代に渡り城主となる。大田資始は大老井伊直弼の引き立てにより寺社奉行や若年寄を務める。『掛川城パンフレット』掛川城公園管理事務所
『マンガ静岡県史　幕末維新編（静岡県の成立）』
静岡県教育委員会県史編集室

（2）この奨学金は徳川家達公が静岡に転封になり廃藩置県の後、幕臣たちが生活にも困窮、子弟の教育にも困ったことを案じ、旧幕臣赤松則良等の働きかけにより、1885（明治18）年旧幕臣の子弟に対し上級学校進学のため奨学金を支給したことにはじまった。大正6年に規制改正があり、総裁に徳川家達、顧問には渋沢栄一が就いている。『静岡藩ヒストリー』―樋口雄彦　著―

（3）この奨学金は大正4年11月に大正天皇が京都にて即位の礼を執り行ったことを受け、大正5年4月1日の静岡市議会で特別会計として奨学金の予算をつけている。『静岡史誌　資料編』

（4）1889（明治22）年東海道線全線開通
1899（明治32）年清水港外国貿易の開港場指定
1906（明治39）年清水港から本格的なお茶の輸出

（5）1915年2月～12月
パナマ運河の開通（1914年）を記念して開催。しかし1914年欧州で第1次世界大戦勃発、欧州諸国が万博参加を断念。日本の参加は博覧会を国際的な事業とする意味からも重要であった。

（6）1867年～1945年
実業家、茶業振興と地域開発先駆者。榛原郡青柳町（現静岡県吉田町）に生まれ、代々醤油業を営む。その後茶業出静岡県茶業議員、同会会長となり、日本製茶（株）設立。地域の産業発展に尽力した。貴族院議員となる。大井川鉄道創始者。

『静岡県歴史人物事典』1991年静岡新聞社刊

（7）1840年～1931年
幕末から明治にかけ徳川家に仕えた幕臣。現在の埼玉県深谷市の農家に生まれる。「尊王攘夷」思想に影響を受け郷里を離れ一橋慶喜に仕える。幕末

パリ万博など欧州諸国を歴訪。明治維新となり帰国。静岡で「商法会所」設立。生涯に500もの企業に関わる。また、社会公共事業の支援並びに民間外交に尽力する。

—渋沢栄一記念財団ホームページ　紹介文より—

(8) 1884年～1946年
日本で初めて国際的名声をつかんだオペラ歌手。1915年のイギリスデビューの成功後欧州各国はじめアメリカで活躍。代表作「蝶々夫人」。夫は医師でお茶にビタミンCが大量に含むことを発見する三浦政太郎氏。

(9) 1899（明治32）年浄土真宗本願寺派が開教。
当時激増する日系移民の精神的よりどころとして寺の存在が求められていた。仏教の海外布教に積極的だった大谷光瑞氏により桑港日本人町に設立された。開教使は日本から数年交代で派遣され、英語に堪能な者は少なかった。その後も日系移民のための宗教として継続されていく。第2次世界大戦後変化

(10) 1908年
日本人労働者の米国への入国禁止。但し米国在住の日本人の家族については許可。写真の花嫁として渡米する女性が急増、永住権を持つ2世増加。
1924年の日本からの移民禁止につながる。

(11) 1913年カリフォルニア州
市民権獲得資格の無い外国人（主に日系人）の土地所有および3年以上の賃借を禁止した法律

(12) 後に新聞王と呼ばれるハーストは排日を煽動する新聞を1セントという安値で売り大衆紙を確立した人物。ヒッチコック監督映画「市民ケーン」のモデルといわれている。

(13) 1911年創立
サンフランシスコ市「在米日本人会」が母体となり設立された。公立学校に通う児童に日本語の補修をすること、小学校入学前の子に英語指導することを目的とした。昭和2年日米の有効の印として青い目の人形と日本人形の交換が行われた。

(14) 当時の船上パーティーの具体例として浅間丸の例を記す
1929年～1930年にかけて日本～ホノルル～サンフランシスコ航路に浅間丸就航。サンフランシスコ入航時、政財界、社交界の名士1400

名以上の盛大な催しだった。右舷左舷には「桜」と「楓もみじ」をモチーフにした飾りが彩りよく屋台などに施されていた。サンドウィッチ、ケーキ、アイスクリーム、お茶等が振る舞われた。舞台では「獅子舞とお囃子」や滑稽な「馬鹿おどり」などが上演。また、浅間丸の船名の由来となった浅間神社が再現され、乗組員が巫女《みこ》に扮するなど異国の雰囲気を醸し出した。

日本郵船グループ報「ＹＵＳＥＮ」２０１５年10月号　№６９８　―日本郵船歴史博物館所蔵―

《参考資料》

『掛川城パンフレット』掛川城公園管理事務所
『マンが静岡県史　幕末維新編（静岡県の成立）』
　静岡県教育委員会県史編集室　１９９７年
『静岡史誌　資料編』静岡市　１９６５年
『静岡藩ヒストリー』―樋口雄彦著―
　静岡新聞社　２０１７年
『静岡県歴史人物事典』静岡新聞社　１９９１年
『渋沢栄一伝記』
　渋沢青淵記念財団龍門社　１９６０年
『桑港佛教会開教30年史』
　桑港佛教会文書部編纂　１９１５年
『日本移民史研究序説』―児玉正昭著―
　渓水社　１９９２年
『六代目鈴木与平伝』―池田篤紀編―
　鈴与　１９６４年

異国の地で英語教育60年

シスター・ウィニフレッド　1898（明治31）〜1989（平成元）

大塚　佐枝美

はじめに

明治期において、キリスト教主義の学校が女子中等教育に果たした役割は大きい。担当したのは主にプロテスタント女性宣教師、日本人キリスト者やカソリック修道女である。静岡女学校（現静岡英和女学院）はカナダミッションの協力を得て1888（明治20）年に開校されたものであり、キリスト教主義学校の静岡における先駆けであった。一方カソリック教会においては、江戸時代のキリシタン禁制の影響もあって「邪教」とされることへの恐れをいだきながら、フランス人宣教師たちが1863年横浜に教会堂を建て、横浜居留地を中心に個人的な「魂の救い」や慈善活動と結びつく孤児たちの世話や初等学校教育を主な活動とした。

しかし、川村信三氏は「カトリック学校のイメージが貧者や孤児のための施設と結びつき、宣教的な観点からは日本に根付かせることの困難を覚え、社会における影響力を持つエリート層、中・上流社会層、知識層へと方向転換をした」と言っている。[1] 本稿は『静岡雙葉八十年記念誌』（1983）を基底とする。（以下、八十年記念誌からの引用に限りページのみを掲示する）静岡におけるキリスト教主義教育のもとでの英語教育とシスター・ウィニフレッドの足跡をたどったものである。

静岡のキリスト教主義教育の始まり

禁教とされていたキリスト教の解禁は1873（明治6）年であるが、それに先立って米国長老会派の宣教師カロゾルスが築地A6番地に英語を教える私塾（通称A六番女学校）を開いたのは1870（明治3）年のことである。同じ年にミス・キダが横浜にキダ女学校を開き、これが現在のフェリス女学院の始まりとなる。その後、カナダ・メソジスト教会（現在はカナダ合同教会）による東洋英和女学院など、[2] ミッションスクールが各地に作られ、静岡においては1887（明治20）年に静岡女学校（現静岡英和女学院）に始まる。

「地の果てまで行きたい。日本の地を子どもの時から夢見ていた」というサン・モール修道会[3]シンガポール修道院長メール・セン・マチルド[4]がプチジャン司教より「日本のキリシタン禁制がやがて解かれる気配が見えてきた。すぐに来てもらいたい」との手紙を受け取ったのは1872（明治5）年5月19日のことであり、4人の修道女と共に横浜に到着したのは同年6月28日のことである（マリールイズ・F・ド・ルスタン／島田恒子訳『ひとつぶの麦のように』（2000）。

メール・セン・マチルドが横浜で最初に手がけた仕事は、孤児、捨て子、困窮者の子どもの救済と養育であり、多い時には300人を数えたという。一方プチジャン司教は、次第に増えつつあった外人居留区の信者の家庭の教育をもサン・モール修道会に要請し、サン・モール修道会は2つの教育事業を始めることになった。メール・セン・マチルドの後任としてメール・セン・ルドガルドは1897（明治30）年に横浜に着いた後、修道院長として横浜紅蘭女学校（現横浜雙葉学園）の創設にかかわる。その後、静岡の学校開設も担当することになる。

一方静岡ではフランス・パリミッション会のレイ神父が原主水、おたあジュリアを記念する土地を駿府城内に求めた。

1899年(明治32)年に高等女学校令が公布され、同年8月3日「文部省訓令第12号」[5]宗教教育を禁じる法令が発令された。

静岡県立高等女学校が設置されたのは明治36年であるが、メール・セン・ルドガルド修道院長は新たに学校開設のために3人のマダム方をともなって静岡に到着したのも1903（明治36）年2月26日のことである。4月4日には私立佛英女学校として県知事あて認可申請が提出された（前掲書64頁）。この学校は「上流必須ノ智識芸能ヲ授クルヲ以テ目的トスル」とあり、その教授内容は「仏英国語」「西洋裁縫」「洋琴」「西洋食調理法」であった。高等女学校令にある「女子ニ須要ナル高等普通教育ヲ為スヲ以テ目的トス」とある高等女学校とは、明確に異なるものであり、高等女学校を補完することを目的として開校され、他校と兼学することが認められ、高等女学校令に依らない各種学校として出発した。（66頁）しかし、39年後半より高等女学校に準ずる教育内容に整備されていった。1912（明治45）年に不二高等女学校と名称変更する。

シスター・ウィニフレッドが静岡に赴任した1919（大正8）年というのはどういう年であっただろうか。

アイルランドは12世紀から17世紀にかけて、イギリスに支配されるようになるが、1800年にはイギリス・アイルランド連合法が成立し、法的にも完全にイギリス帝国に併合された。

1845年～48年にはジャガイモの「胴枯れ病」のために大飢饉がアイルランドを襲い、ただでさえ苦しかったのに一般庶民の生活はますます苦しくなり、彼らは塗炭の苦しみを味わった。人口800万人の内約100万人が死亡し、約120万人が外国へ移民したと言われている（『アイルランドを知るための70章[6]』65頁）。

イギリス、アメリカ、オーストラリアなどに移住した人は、移住先で不平等と戦った。アメリカのジョン・F・ケネディー、ロナルド・レーガンやビル・クリントンのように歴代大統領の1／3が祖先にアイルランド人を持つ。

アイルランドでは19世紀後半以降は民族独立運動が頻発するようになる。まさに、自治権獲得ないしは民族独立運動の時代で、非合法的な独立運動を行ったアイルランドＩＲＢ（アイルランド共和兄弟団）は他の団体と共に1919年～1921年独立運動を戦った。

ヨーロッパでは1914（大正3）年に始まった第1次大戦が終わり1919年6月にヴェルサイユ条約が締結された。

日本では大正デモクラシーの時代であり、米騒動が発生、1921（大正10）年には平民首相原敬が登場、平塚らいてうが新婦人協会を設立したという年である。

アイルランドは、昔から教育熱心で、庶民の教育が大切にされ、中世には聖人と学者の国として知られるようになり、学問しようとする人たちがこの国を訪れ、アイルランドの修道士はヨーロッパ各地にキリスト教を広めた。（和田秀武「アイルランドの教育～その歴史と現状」（2009）市民講座。

アイルランドから静岡の地へ

シスター・ウィニフレッドはアイルランドの最南端

のケリー州[7]カラバン町でイギリス人の父親とアイルランド人の母親の間に生まれた。彼女は父親が若くして亡くなった後、修道院に入った。

5人姉妹の長女で、1950（昭和25）年から1981（昭和56）年までの31年間静岡雙葉で勤務したシスター・クリストファーは、一番末妹である。真ん中にシスター・ヴェロニカがいる。彼女は横浜のサンモール・インターナショナルスクール[8]で長く校長だった。3人が、サン・モール修道会の修道女になり、日本で宣教と英語教育に生涯を捧げた。他の2人の姉妹は、アイルランドからニューヨークに移住して家庭を持った。1919（大正8）年12月8日横浜の港に上陸、夕暮れに人力車で不二高等女学校に着任した時、マダム・セン・ウィニフレッドは21歳の若い英語教師で、「寄宿生は西洋館の前に並んでお迎えしました」と渡辺松子（旧12回生）は、その印象を語っている。その着任について大正8年12月17日の静岡民友新聞に「不二新教諭来――不二高等女学校にては今般セン・ウィニフーゾ氏を英国より招聘し英語教授を受け持つことなれりと」と異例の形で扱っている。シスター・アレキシス狩野まつの回顧談によれば、「元気はつらつとした21歳のシスターを迎えたメール・セン・フェルナンド[9]の喜びようはたとえようもなく、翌日は全校生徒を連れて安倍川を渡り、徳願寺に突然の遠足をした」とある（173頁）。

また、1924（大正13）年1月31日の静岡民友新聞の記事には「気高いといはふかー何といったらよいか、それが5月の朝露香るバラ園の辺りを逍遥していらっしゃる時といったらトテモトテモマリヤ様のように思はれてセンチメンタルな女学生はいっぺんに感激してしまふそうです」と書いてある。長身の「若くてフランス人形のようだ」と形容された彼女は、その美しいネイティブの英語の読みと、神に仕え信仰に生きる人のすがすがしさで女学生の心をとらえた。旧8回生の増田こと（大正9年卒）は4年生の時「ニューマダムとして」ウィニフレッドを迎えた時の印象を書いた。「フランス人形のように美しい方でした。60年経った今でもご健在で、同窓会のたびに、にこにこと私たちを迎えてくださるのは、本当に嬉しいことでございます」と。「お若くてとても美人でしたので、よく外人男性が参観に見え、ウニさん（私たちはそう呼んでいました）は恥ずかしがって真っ赤になって横をむいてばかりいらした」と旧9回生石川達子が思い出を書いている（500頁）。またシスター・ウィニフレッド自身は『静岡雙葉八十年記念誌』（1983）に以下のように書いている（495頁）。

「私が静岡に着任した時、不二（現雙葉）には120人の寄宿生がおりました。私たちシスターは毎晩夕食が済むと交代で彼女たちの所に行きリクリエイションの時を一緒に過ごしました。私の心に焼き付いているその当時の思い出は彼女たちの優しさと思慮深さです。彼女たちははにかみ屋でしたけれど勇気を出して私の所に来て一生懸命英語で話そうとしました。私が安らぎを感じるようにという優しい心づかいだったのです。そのような努力が報われないはずはありません。やがて彼女たちは大変流暢に話すようになったのです。彼女たちは現在私を訪ねてくると、当時覚えた英語の歌を好んで歌いますし、はるか昔の思い出話に花を咲かせるのです。学校では先生と生徒を密接に結びつける色々な機会がありました。例えば校外見学、ピクニック、音楽会、劇、スピーチコンテストなど。特に個々の生徒と共にしたスピーチコンテストのための練習はその良い機会でした。このような行事を通して、私と生徒たちとの繋がりは大変深まり、また美しい場所と、歴史的興味のある場所についての知識は、広範囲にわたるようになりました。このように年が経つにつれて大変多くのことに感銘を受けましたので、すべてを記すことは大変難しいことです。しかしながら最初に接した生徒たちの優しい思いやりはずっと私の心の中に強烈に生き続けています」

学園創立当初から重視された英語教育

前章の冒頭に記した通り、静岡雙葉の創立は、1903（明治36）年である。明治39年の佛英女学校の教育課程表に、外国語が週8時間とある。県立高等女学校が、同じ週28時間中、外国語が3時間であるのに比べて、倍以上の多さである。当初の教員は5名であり、3人の外人修道女と2人の日本人教師が担当していた（68頁）ということにもかかわるであろう。

明治41年には私立和佛英女学校と校名を変えたが、宗教教育をできないとする文部省訓令12号の影響を受けない各種学校でいるよりも、高等女学校になることが、在校生の将来に利益をもたらすからと、高等女学校設置認可の申請を行い（106頁）、1912（明治45）年、大正元年、私立不二高等女学校が認可された。

県立高等女学校は、112時間中、外国語は12時間だったのに対し、不二高等女学校は4年間の教科課程において120時間中、18時間が外国語に充てられた。創立以来の外国語教育の重視という特色は堅持されていた。[10]

大正10年高等女学校令施行では、外国語が12時間に対して不二は20時間で、その差は8時間という多さだった。1929（昭和4）年修業年限が4年から5年制になり教育課程表の変更があった。高等女学校令が15時間に対して不二は18時間。その差は3時間と、縮まった。とは言え、不二は外国人マダム方の生きた英語、フランス語に接する授業が実施されていて生徒たちの語学力には定評があった。昭和4年ごろの英語授業は、成績順にA・B・Cに分けられ、試験の点数順に常時、組の編成替えをするという非常に厳しいものので、生徒たちも英語に熱心であったと何人かの卒業生が語っている。

戦争の足音と共に

わが国で英語教育不要論が、英語禁止の実行へと展開していくことになったのは1940（昭和15）年である。「内務省が1940（昭和15）年3月に英語芸名を禁止。英語を日本語に直す時に使われるカタカナが禁止された」とある。その年の12月第4代校長のメール・セン・ウジェンヌは校長を退任し、第5代マダム・セン・ポーロ熊田薫子校長が初めて邦人校長として就任した。「フェリス英和女学校」は「横浜山手女学院」、「静岡英和女学校」は「青陵高等女学校」というように「英」がつく名の校名が名を変えたのは1941（昭和16）年1月だった。

1941（昭和16）年3月20日に提出した授業料増額認可申請書に添付された教員組織表では、それまで職名が「教員」であったマダム・セン・ウィニフレッド、マダム・セン・リタ、メール・セン・ウジェンヌの3人が「講師」として書かれている。他校の外国人教師が帰国していく中、世間の監視の目や風当たりの厳しくなった外国人教師を専任から講師に変更することで実質的に英語授業を確保しようとしたと考えられる。1941（昭和16）年12月8日のハワイ真珠湾奇襲、対米英宣戦布告により、外国人修道女の英語授業は当局の指示により中止せざるを得なくなった。このため英語の時間数は、1942（昭和17）年1月から各学年3時間という高等女学校令施行規則と同時間に削減せざるを得なくなった。同年9月28日提出の「私立学校調査報告によると、不二高等女学校職員の長谷部光が、英語18時間、狩野まつが英語15時間の授業を持っているが、アントワネット・ウォーキエ、マダム・セン・ウィニフレッド、マダム・セン・リタの3人の外国人教師は、毎週教授時数の欄に、時間数はなく「休講」と記されている。職員調で明らかなように長谷部、狩野、2人の日本人先生の英語授業は継続実施されていた。しかし1942（昭和17）年10月1日の教員表では外国人教師の名前は消え[11]、長谷部光の名前もなく、英語は狩野まつ一人が、担当するようになったことがわかる。昭和17年7月には文部省が女学校の英語を随意科目に変更する。県立静岡高等女学校でも同年の2学期から英語は希望者のみ受講とし、ごく一部が受講していたが翌年廃止した。不二高等女学校の当時の卒業生の回想によれば、狩野まつ先生の英語課外授業が昭和17年の2学期以降も続けられていたということだ。第3学年以上の生徒のうち希望者には週2時間の英語の授業が続けられていたようである。このため昭和19年3月卒業生（31回生）の卒業成績表には、英語の成績がついている生徒がみられる。しかし昭和19年5月の教職員表では、狩野まつ（本来英語教師）の担当教科が「修身、国語」に変更されており、1944（昭和19）年度には完全に全学年で英語の授業は実施できなくなったことがわかる。

この例のような我が国の対策に対して、対戦相手のアメリカでは日本学習の必要性が強く認識され、太平洋戦争が始まる直前から陸軍、海軍において日本語教育が実施された。それは日本語に堪能な2世情報部員を養成して戦争に備えることを目的としていた[12]。これら2世情報員が日本兵の残した日記等を英語に翻訳し兵士の状況等を把握し、各部隊の司令官に提供し、司令官は敵の状態をよく知った上で作戦を実行できた。英語は敵国語だからと言って排撃した日本の政府指導者との大きな落差を感じる。

抑留

1941（昭和16）年12月8日日米開戦と共に多くの連合国側の外国民間人が「敵国人」として「敵国人抑留所」に抑留された。12月時点で日本に在住していたアメリカ人、イギリス人、カナダ人、オランダ人、オーストラリア人は2000人以上いたとされている[13]。開港以来、生糸や茶の貿易商、宣教師や教育者、機械エンジニアなど、多くの外国人が各地に住んでいた。特に横浜市中区の山下町から山手町付近の旧外国人居留地一帯にはミッションスクールがいくつもあり、宣教師がかかわっていた。1941年日米開戦が避けられないとなって、プロテスタント系のミッションスクールでは本国の宣教団体から帰国命令が出され、日米交換船等で帰国していった。カトリック系学校では各修道会としての伝道や事業継続のために大多数の宣教師は残留し抑留された。抑留の目的は「敵の戦力とならないようスパイ活動を防止する。敵国人の身柄を保護する」

初期の抑留対象者は軍籍にある者、船員、特殊技能者、18歳～45歳までの男子とされた。

ゾルゲによる国際スパイ事件が発覚したのは1941年10月だったが、公表されたのは42年6月であった。その後、防諜の徹底が叫ばれるようになり、抑留の強化が主張されるようになる。1942年8月18日内務省警保局より「敵国人の抑留に関する件通牒」が発せられ（イ）外諜容疑ある者又は防諜上支障ある者（ロ）邦人との接触を利用し我国民の戦意又は団結に支障を及ぼす虞《おそれ》のある者が規定された[14]。

1942（昭和17）年9月22日、ウィニフレッドらがメール・セン・テレーズ前総長の墓碑建立式への出席のため横浜へ出かけている留守の所へ特高警察からの電話で米英人の抑留が伝えられた。9月23日講堂で生徒との別れの式をすませ、横浜に向けて出発した。「アイリッシュのシスター方は明日抑留所へ収容されるという。それは敵国人[15]とみなされての処置だった。あまりのことにただ呆然とするばかり、慌しい束の間の涙の別れであった。お別れの時シスター・ウィニフレッドに強く手を握りしめられた記憶だけが、いつまでもいつまでも私に強烈な思い出となって30数年たって今も忘れることができない。おそらく死ぬまで私の心から消え去ることはないだろう。あまりに辛い別れであった」と旧22回卒の山崎春代は書き遺しているが、シスターの思いはいかばかりであったろうか。ウィニフレッド等は最初は横浜のヨット・クラブに収容され、さらに接収されて[16]いた田園調布の菫家政女学院に移された。菫家政女学院は有刺鉄線の壁があるわ

菫家政女学院　（現　田園調布雙葉学園）

けでもなく、2階の窓に格子が取り付けられた外は普通の寄宿学校たたずまいだった。そこには全国から集められた123名が収容されていた。横浜英和女学院の『私たちのハジス先生』によると「収容所には120人の婦人と2人の子どもが収容されていたが、この婦人のうち6人以外はみな宣教師だった。その宣教師の4分の3は旧教の尼僧で、その他は新教徒だった」とある。抑留所では狭い相部屋、粗末な食事、日課表に縛られた窮屈な生活に耐えたであろうと想像される。しばらくしてウィニフレッドら女子は関口台の小神学校（現在の関口大司教館）に移された[17]。そこが東京第2抑留所とされた。この時期は、戦況の悪化と共に食料不足が深刻になる。プロテスタントのアメリカ人宣教師メーベルフランシスが当時の生活について書き残しているが、ウィニフレッドから聞くことはなかった。

校長マダム・セン・ポーロ熊田薫子は静岡県警務部長の岩沢博氏（戦後の後援復興会長で夫人が横浜紅蘭出身）の協力によりアイルランド[18]人修道女たちの釈放を求めて運動し、昭和19年10月になって釈放が実現した。ウィニフレッドらがどしゃぶりの雨の中を静岡駅から歩いて、元気に帰院された（281頁）。

静岡大空襲そして終戦後の授業再開

静岡市の爆撃は、19年12月7日、長沼方面に焼夷弾が投下されて以来、計12回に及んだ。20年6月19日夜中から20日未明にかけてのB29百数十機による大空襲は甚大な被害をもたらした。1600余人の死者を出し、静岡市内の70％を消失した（３０２頁）。不二高等女学校も、校舎、寄宿舎、修道院のすべてが焼き尽くされた。７月からは空襲を免れた緑町の報徳高等女学校の2教室を借りて、１、２年生の授業を開始、焼け跡の整理を始め、打ち合わせ等が行われたという（３０６頁）。シスター・ウィニフレッド等、数名の外人シスター方は6月29日からは滋賀県草津にある訪問童貞会経営の病院付属の建物に疎開した。戦後になってその草津の施設が狭いため、京都にあった訪問童貞会の修道女の実家が空き家になっていたので４人の修道女と移った。さらに旧家の屋敷であった清流荘という邸宅にドミニコ会の神父の世話で移った。

三菱重工業静岡発動機製作所第４機工場の女子寮を仮校舎として授業を再開し、９月15日に始業式が行われた。この時には、ウィニフレッドも復帰したと自身が述べている。ウィニフレッドは4年の英語を担当した。勉強ができること、特にマダム・セン・ウィニフレッドに英語を学ぶことできるということが、生徒にとって喜びであったということが推察できる。当時奇跡的に西草深の東医院の一角だけ焼け残った。その中に訪問童貞会の2人のシスターの家があった。日本人のシスター方はここで世話になり仮修道院とした。ここから三菱仮校舎までの徒歩通学に1時間かかった。（略）朝は朝日を、夕方は夕日を正面に見て歩くのであるから、マダム方の黒衣が羊羹色に変色するほどであったという。「靴がなくて兵隊さんの靴を履いておられた」とか、しかしその1時間の徒歩通学の間に教師と生徒の心が通い合う会話が続くということもあり、物質的な貧しさがかえって精神的な豊かさを生み出していったようである（３１２頁）。

学園閉鎖についての検討

復興後援会を結成して不二高等女学校の再建に向けて動き始めたのが昭和21年の初めであるが、これに並行するように不二高等女学校閉鎖の方針がサン・モール修道会の上層部では検討されつつあった。この閉鎖案は他の場所に学校を開設するという計画と抱き合わせであった。（略）しかしこの静岡の学校閉鎖という修道会上層部の計画が、メール・セン・ウジェンヌ修道院長から示されたとき、熊田校長はじめマダム・セン・アレキシス（狩野まつ）、マダム・セン・ウィニフレッドは迷うことなく静岡での学校再建の道を選びたいと望んだ（３２５頁）。

校舎再建に向けて

本校が大井航空隊建物に対して『国有財産使用申請書』を提出したのは、昭和21年5月28日であった。（中略）この申請に対して9月25日に静岡県臨時調査部長から「元海軍用建物使用決定通知書」が伝達され旧大井航空隊建物1棟の使用が認められた。３棟の使用を申請していたが認められたのは第一講堂８９０坪だけであった。この第一講堂は5寸角の杉材を柱として床はブナ板張りという立派なものであった。（中略）ところでこの基地航空隊第一講堂の使用が許可されるについては次のような経過があった。５月に使用申請をしたが、その許可がなかなか下りなかったため校舎復興がだんだん遅れていった。そこで進駐軍の軍隊付神父にマダム・セン・ウィニフレッドが働きかけをしたのである。ウィニフレッドは昭和20年6月29日に疎開のため静岡から草津、京都、清流荘へと転々とした。その時行動を共にしていた横浜紅蘭のマダム・セン・ポールが京都に進駐してきた米軍の軍隊付神父（陸軍大佐）をよく知っていたから、昭和21年夏休みに京都の「清流荘」に英語のレッスンに行く機会に、マダム・セン・ウィニフレッドが大井航空隊第一講堂払い下げ申請関係の書類を持参し神父に善処をお願いした。大戦中そして戦後の外国人修道女の苦難などに同情し非常に好意的にその神父は、進駐軍上層部に取り次いでくれた。このような経過で遅れていた旧大井航空隊建物の使用許可が早く下りることになった。そして進駐軍がトラックを使って資材の運搬に協力してくれ、資金集めのバザーにはたくさんの進駐軍のお客様がきたという。物資不足が深刻であった時代に国有財産の使用が許可され、校舎復興が可能になったのは、ウィニフレッドをはじめとした多くの人々の働きがあったためである。

シスター・ウィニフレッド
鷲津丑蔵　画

恩師シスター・ウィニフレッドのご生涯と思い出

静岡雙葉高等学校新14回卒　成島康子

しずおか女性の会の依頼を受けて、2017（平成29）年2月26日に、恩師シスター・ウィニフレッドの生涯、思い出を話す機会を持たせていただきました。

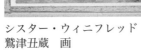

私は、昭和31年4月に静岡雙葉中学校に入学、37年3月に静岡雙葉高等学校を卒業しました。マダム・セン・ウィニフレッドが、58歳～64歳の時の教え子です。大学を卒業後、1966（昭和41）年4月から2010（平成22）年3月まで、英語教師として母校に勤務しました。

雙葉生の時のウィニフレッド（在校中は、修道女をマダムと呼び、いつからかシスターと呼ぶようになった。略してウィニフレッド、あるいはシスターと書かせていただく）は、とても明るくお元気でした。校内スピーチコンテストの出場者の指導、ＡＦＳ留学生の指導など、各学年の英会話の授業を担当されながら、雙葉の英語教育の柱、英語科先生方のリーダーとして活躍していました。

シスターは、ミッションスクールのシンボルのような存在でした。妹さん、シスター・クリストファと共に、授業中だけでなく、校内を歩く姿も、立っている姿も毅然として神々しく、美しいイギリス英語を教えていただくと同時に、

英会話の授業風景　（昭和30—31年）

神に仕え、信仰に生きる人の清々しさ、強さを見て、私たちは畏敬の念を抱きました。体育の授業の帰り、正面玄関の階段をドタドタと登っていくと、ウィニフレッドが凛として立っていらっしゃる。そして何もおっしゃらない。私たちはその美しいお姿に心打たれて、大慌てで歩調を整えたものでした。

私が、新卒教員で母校に勤め始めた時、ウィニフレッドは68歳でした。週に1回、1時間、私の空き時間に個人レッスンをしてくださいました。修道院の1室で、英字新聞を教材に、ある記事を読んで感想を言うというものでした。こういう特別レッスンは、私からお願いしたのではなく、シスターが私のためを思って、勉強の機会を作ってくれたのでした。お月謝を払った覚えはありません。シスターは、誰に対しても親切で、教えることが大好きでいらっしゃいました。

１９６９（昭和44）年2月11日、シスター・ウィニフレッドは、明治百年記念として、勲五等瑞宝章を受章されました。シスターは71歳の現役、専任の教諭で

した。１９７５（昭和50）年に、77歳で専任教諭の職を退かれ、１９７８（昭和53）年、80歳で講師を辞され、修道院で、個人教授をなさるようになりました。

80周年記念式典の時（85歳）

私自身は20代の新米、ウィニフレッドは70代。シスターは、背筋がピンと伸びて、柔和なお顔が輝いていて、いつも若々しく美しかった。職員室で話したり、質問したりして親しく良くしていただきました。大きな存在のシスター・ウィニフレッドでしたが、すぐ近くにいてくださる時は、案外そのありがたみがわからず、大いに感謝していなかったかもしれません。もったいないことでした。学校の仕事と出産、子育ての両立で、慌しい日々を送る私に対して、温かい眼差し、励ましの言葉をかけてくださったシスターの優しさ、大らかさを忘れることはありません。

21歳で静岡雙葉に着任以来、80歳で退職するまで、シスター・ウィニフレッドは60年間、英語教育に情熱を傾けられました。シスター、晩年の情熱は、病む人、弱い人、悲しむ人、貧しい人に寄り添い、援助することに向けられました。卒業生や、教会の信者さんが入院していると聞けば、炎天下でもお見舞いに行き、励まされました。市内のフィリピン人への援助、大阪の釜ヶ崎の人たちへの援助もしました。

卒業生に古着の寄付を呼びかけると、卒業生たちは口コミで、ウィニフレッドのためにと、修道院に古着を届け、シスターの部屋は古着でいっぱいになったそうです。冬物は大阪の釜ヶ崎の神父様に、夏物は船便でフィリピンに送られました。シスターはブラックキャット、ブラックキャットとおっしゃり、クロネコヤマトを頼りにしました。ヤマト運輸の創業者、小倉昌男さんの奥さんが、シスターの教え子だったのです。ブラックキャットは無料で送ってくれたそうです。鈴与の鈴木与平さんのお姉さんたちが、やはり不二高女の卒業生でした。フィリピンへの夏物衣類は鈴与が無料で引き受けたそうです。

シスター・ウィニフレッドの活動に協力した現在80才の先輩卒業生は、シスターが教え子たちに頼んで夏物、冬物の仕分けをなさり、段ボール箱を何十個も釜ヶ崎、フィリピンに送った時のシスターをよく覚えていると、私に話してくれました。シスターは、修道服の上に大きなエプロンをかけ、フィリピンに送る夏物の衣類に丁寧にアイロンかけをされていた。そのお姿は感動的だったと話してくれました。

1979（昭和54）年国際児童年の年に、「インドへ友愛の手を！」というプログラムが発足しました。シスター、81歳の年です。日本のまとめ役が、京都のノートルダム清心女子大学のシスター・ジーンでした。インドの子ども一人が、1ヵ月2千円の援助で教育が受けられ、神学生、技師、ケースワーカー等を目指し勉強し、将来は彼ら自身がスポンサーになって、助けを必要とする子どもたちの援助をするという輪が広がっていることに、ウィニフレッドは賛同され、募金活動を広められました。静岡雙葉の同窓会、音楽グループ、多くの卒業生からの協力が得られ、シスターは子どもたちの幸せを祈りながら感謝していらっしゃったと、当時、世話役だった同窓生の一人が話しています。

シスターご帰天後は、雙葉の同窓会福祉部が、シスターのご遺志を継いで集金、送金を続けたので、何年間か、静岡雙葉の職員室、事務室、生徒会でも寄付活動をしました。日本の本部ノートルダム教育修道会（京都市）から、現地インドからのお礼のメッセージや写真が届きました。

「わたくしは、これまで常に今を積極的に生きてきました。これからもその姿勢は変わりません」シスター85歳の時の言葉は意欲的です。「わたくしは、毎晩眠りにつく前に、今日亡くなった全世界の人の魂のために祈ります」シスターは、祈りの人、愛の実践の人でいらっしゃいました。

最晩年、静岡厚生病院に入院中は、一度も「苦しい……」などの不平を言われず、常に祈りの言葉を唱えられていました。何を祈っているのですかと問うと「日本のために」「私の大好きな日本のために祈っています」と答えられました。看護師には、いつも「ありがとう」の感謝の言葉を述べていらっしゃいました。最期は眠るように安らかだったそうです。1989（平成元）年11月9日午前9時、葵区北番町の静岡厚生病院で天に召されました。

1919（大正8）年アイルランドから横浜港に上陸、12月8日の夕暮れに静岡駅から人力車で赴任したシスター・ウィニフレッドは91年のご生涯の大半、70年を静岡で過ごされたのでした。シスターがお亡くなりになった翌日10日の静岡新聞の朝刊には、「生の英語教育60年　ウニフレッドさん死去」という見出しで、経歴、功績が紹介され、通夜、葬儀の案内が載りました。

遠い異国の地、静岡で英語教育に60年、情熱を注がれたシスター・ウィニフレッドは、英語だけではなく、その強い信仰心、温かいお人柄を通して、生き方、人への接し方等を教えて下さいました。第二次大戦時代、英語の授業が禁じられたり、敵国人として抑留されたりの苦難を乗り越えられました。昭和20年6月の静岡大空襲で、校舎、修道院、寄宿舎が全焼、閉校の危機に直面した時は、学校の再建、存続のために奮闘なさいました。祈りと愛の実践は、ご退職後、援助を必要とする日本人、フィリピン人、インドの子どもたちのために、1989（平成元）年のご帰天まで惜しみなく続けられました。シスター・ウィニフレッドとの出会いを持った多くの人が、シスターに感謝し、シスターを見習いたいと思い続けて、日々を歩んでいるのではないでしょうか。

シスターが静岡に赴任して4年経った1923（大正12）年に関東大震災、1935（昭和10）年7月に大谷地震、１９４０（昭和15）年１月に静岡大火、１９７４（昭和49）年に七夕豪雨に見舞われました。外国人英語教師の英語教授が禁じられた１９４１（昭和16）年シスターは43歳でした。終戦の年には47歳でした。

シスター・ウィニフレッドは静岡市葵区沓谷にある幼きイエス会のお墓に眠っていらっしゃいます。大正・昭和時代のフランス人シスター方をはじめ、第２代校長メール・セン・フェルナンド１９４４（昭和19年７・28ご帰天　78歳）、太平洋戦争の前、その真っ只中、そして戦後、苦労を共になさった第４代校長メール・セン・ウジェンヌ〔１９８２（昭和57）年１・７ご帰天　86歳〕、シスター・アレキス狩野まつ〔１９８５（昭和60）年８・10ご帰天　93歳〕、第５代校長シスター・ポーロ熊田薫子〔１９８５（昭和60）年４・22ご帰天　88歳〕、シスター・ヴィアンネ北畠好子〔２００７（平成19）年11・４〕その他、静岡雙葉で教鞭をとられ、静岡の地で帰天されたシスター方が、同じお墓に眠っていらっしゃいます。

まとめ

静岡の地にあって70年の人生が捧げられた。大正デモクラシーの時代に日本の土地を踏み、第二次大戦当時は敵国人とされ、帰国することなく抑留生活を強いられた。静岡への空襲により、校舎を消失し学校閉鎖という提案を示された時には、再建の道を選び、雙葉学園の戦後復興の礎ともなった。中学生の時からのウィニフレッド等によるイギリス英語の習得は、生きた英語を学ぶ機会にもなり、国際人として生きていく卒業生たちへの素晴らしいプレゼントになったと思われる。後掲の新３回卒の片平千代子さんは「英語が大好きだった。卒業後も外人を見かけると話かけた」と懐かしそうに語っていた。このような生き方や喜びは雙葉時代に培われたものだろう。

日本人への深い、惜しみのない愛は、フィリッピン人やインド人にも注がれた。長い実りの多い伝道の生涯は、神への愛と、人々の魂の救済に捧げられた人生であった。

〝徳においては純真に　義務においては堅実に〟
Simple dans ma vertu　Forte dans mon devoir

これは全世界の姉妹校の共通の校訓である。シスター・ウィニフレッドは教育者としてまた信仰に生きる人として、この校訓を体現、実践された。不二高等女学校、そして静岡雙葉学園のシスター・ウィニフレッドの薫陶を受けた教え子たちはこの校訓を胸に人生を歩んでいる。

【注】

（1）川村信三「近代日本のカトリック史とカトリック教育」『近代日本のキリスト教と女子教育』（2016）177頁

（2）山田美穂子「明治日本における女子教育とキリスト教教育の試みの1例：女子学院の歩み」『総合文化研究所年報　第23号』（2015）3頁

（3）1662年、ニコラ・バレ神父と数人の若い女性たちが幼い子どもたちのキリスト教的教育を願って始められた。教育に専念する修道会を創立し、パリのサン・モール街に本部をおいた。（そのため本会は長らくサン・モール会と呼ばれていた。1991年に幼きイエスの修道会と改名された）

（4）フランスのロレーヌ地方に生まれ（1814年2月9日～1911年）16歳の時サン・モール修道会の寄宿学校に入り、19歳で修道生活に、1852年シンガポール修道院長として派遣。

（5）〈文部省訓令第12号〉
一般ノ教育ヲシテ宗教外ニ特立セシムルノ件
一般ノ教育ヲシテ宗教外に特立セシムルハ学政上最必要トス依テ官立公立学校及学科課程ニ関シ法令ノ規定アル学校ニ於テハ課程外タリトモ宗教上ノ教育ヲ施シ又ハ宗教上ノ儀式ヲ行フコトヲ許ササルヘシ（明治32年8月3日）

（6）海老島均・山下理恵子『アイルランドを知るための70章』（2011）明石書店

（7）大西洋に面したケリー州は、複雑な海岸線と美しい海、豊かな森と湖など、様々な自然に恵まれた州である。

（8）サン・モールインターナショナルスクールは１８７２年に15ヶ国以上の公使館により設立され、現在日本で最も古いインターナショナルスクールである。

（9）初代校長メール・セン・ルドガルトに代わって二代校長として就任したのは１９０７（明治40）年で、１９２７（昭和２）年まで20年間校長職にあった。

（10）当時の中学校における外国語は１学年に７時間であった。静岡英和女学校でも外国語は大正２年外国語７時間があてられている『静岡英和女学院80年史』。（１９７１）

（11）シスター・ウィニフレッド等は１９４２年９月23日抑留された。

（12）大石五雄『英語を禁止せよ』ごま書房（２００７）

（13）『昭和16年中における外事警察概況』龍渓社（１９８０）

（14）太平洋戦争下の「敵国人」抑留—日本国内に在住した英米系外国人の抑留について—小宮まゆみ（御茶ノ水史学）（１９９９）

（15）サン・モール修道院には色々な国籍の人がいたが、イタリア、スペインは日本と同盟関係にあり、ドイツ占領下のフランスは中立国とみなされた。アイルランド人のみが敵国人とみなされた。シスター・ウィニフレッドが来静の時点ではイギリスの国籍であった。

（16）菫女学院は12月８日開戦と共に抑留所として接収され、35名いた子どものうち16名は静岡に移された。

（17）接収されていた田園調布の校舎は昭和18年10月に学校に返還された。

（18）昭和18年５月18日総領事（「ダブリン」在勤）が設置され、中立国国籍として釈放の対象となり、サン・モール会のシスターたちは19年11月６日に釈放されている。（高木一雄　大正・昭和カトリック教会史３（１９８５）１１９頁

《参考資料》

・静岡雙葉学園『静岡雙葉学園八十周年記念誌』（１９８３）

満洲に生まれ・満洲で育つ　日中友好を願って

寺平　充子（てらだいら　みつこ）1925（大正14）年生れ　静岡市葵区在住

聞き書き　勝又　千代子

寺平充子さん

父母の新婚生活は満州大連

私の母、文子は名古屋生まれ、型破りの人でした。大きくなるにつれて満洲へ行きたい、行きたいと言って、機会があればと思っていました。父、山内篤二も豊橋の人で、鉄道省に入りあちこち転勤していました。豊橋の駅長になったとき、満州から嫁さがしに来た3人とともにお見合いしました。父は満州に赴任することが決まっていたのです。母は山梨の県立甲府高等女学校に在学中でしたが、いいチャンスと見合いをして決めました。

母は3月に女学校を卒業し4月に結婚したので、花嫁修業をする暇もなく、料理も家事もやったこともないお嬢さんでした。大正時代、外国に行きたいというのも珍しいけれど　親もよく出したと思います。母はよく「私には青春時代が無かった」言っていたけど、あまり真剣に結婚のことを考えなかったんだと思います。母は丙午生まれで、その年生まれの女は男を食い殺すと言う迷信があり、祖母は結婚できるかとても心配したそうですから、多少ホッとしたかもしれません。

父母たちの大連での新婚生活は、中国人から接収した家から始まりました。いい家だったそうです。戦後、進駐軍が日本に来て、立派な家を接収して住んでいたと聞いたけれど、同じことをしていたのね。

母は学生時代は袴で過ごしていたので、帯の結び方も分からず、三尺（子供の帯）を締めていたので、近所の人に妹さんか嫁さんかと聞かれたそうです。前の持ち主の時の使用人が、失業してしまわないように、そのまま門番やアマ（中国人女性使用人）を使っていました。高い塀に囲まれた中に、門番の家があっておじさんお婆さんが住んでいました。日本語を多少はしゃべれる人もいました。子供が生まれると子守として使用人が増えましたが、皆いい人たちでした。日本人は日本人ばかりの町に住み、現地の人との付き合いは多くはありませんでした。

私（充子）は1925（大正14）年3月26日、大連で長女として生れました。下に弟が5人いましたが、1人は交通事故で亡くなりました。初めての子どもで父に可愛がられ母は「赤ちゃんの時抱いたのは、あんただけでお前ばかり可愛がった」と言っていました。

その頃父は南満州鉄道に勤め、後に華北交通（1939（昭和14）年、日中合作で作られた）に移動しました。父は新しく鉄道を敷設する仕事をしていたので、あちこちへ単身赴任で行き、家にいるときが無かったですね。転勤が多く住まいを何回も変わり、大連、瀋陽（旧奉天）牡丹江、青島、北京で過ごしました。

日本は日清、日露戦争で勝利し、満洲へ雪崩の如く押しよせ、広大な権益を手に入れたのね。日本人は我が物顔に振る舞い、中国人を馬鹿にしていました。殆ど日本語は必要がないくらいでした。でも父母はおおらかな人柄で、誰をも差別せずどんな人でも、中国人にも気軽に声をかけ、親しく話をしていました。父は寡黙な物静かな人でしたが、母は生れつき開放的で誰とでも何の隔てもなく付き合い、すぐに仲よしになりました。

中国の暮らし

幼稚園に行きましたが、家では何も言わなくてもアマが何でもやってくれるし、長女で可愛がられたため、しゃべる必要がなく社交性が無かったので友達もいませんでした。

小学校入学前からスケートをやりました。父が私のスケート靴を注文して作ってくれ一緒に滑りました。冬になると学校の体操の時間はスケート。放課後も皆と滑っていました。高学年になるとスピードスケートの選手になり、特別な訓練を受け大会にも出場して嬉しかった。今でも冬が来ると滑りたいなと思う。戦後引き揚げてきて、静岡の七間町にあった国際劇場がスケート場になり、嬉しくて滑りに行きましたが、暖かいせいか氷が柔らかくてうまく滑れませんでした。

大連には日本人の小学校がいくつもあり、平安小学校に入学しました。5年生から週1時間中国語の勉強があり、一番初めに習ったのが四声で、同じ字でも四通りのアクセントがあることでした。最初に「妈妈做菜《まあまあつおつぁい》」(お母さんはご飯を作る)を教わりました。

１９３２（昭和７）年満州国が成立したときは、満州建国のお祝いの歌をみんなで中国語で歌いました。家には当時ではまだ珍しい電話もあり、ピアノも習っていました。ロシア人のパンはほんとにおいしくて、お代りもできました。私は今でもパンが大好きです。

満洲に来る日本人は、満州の寒さを知らないので薄いウールでくるの。中国の例えで「満州のこじきは毛皮を着て寝ている」といいますが、毛皮のコートが無ければ死んでしまうほど冬は零下の気温になり、暖房は欠かせません。石炭は豊富で山から掘るのかと思っていたら、露天掘りだとのことで撫順炭鉱が有名でした。中国人に馬車で石炭を運んでもらい、倉庫に入れてもらうのね。その時、わざと石炭を馬車から道路に落としていくの。貧しくて買えない人のためなのね。周りの日本人は怒りましたが、母は「いいよ、いいよ、やんなさい」と言って気にもしませんでした。母は買い物も言葉が分からないので「这个《ちぇいが》这个《ちぇいが》」（これこれ）と指示してアマに行かせましたが、結構通じていましたね。

父が拉致された

小学校に入学する前１９３１（昭和６）年、瀋陽（旧奉天）に転勤になったとき、そこで大事件が起きました。私たちは瀋陽にいましたが、父は単身赴任で哈爾濱《ハルピン》に行っていました。哈爾濱は治安が良くないとのことでした。（ロシア人によってつくられた街で、様々な民族が住んでいた）日本が匪賊とか馬賊とか呼んでいた武装集団が出没していて、連れて行かれてしまったの。理由はよく分かりません。父はそんなに偉くはなかったけれど、毎日黒塗りの自動車で事務所に行っていたので、幹部と間違えられたらしいです。中国人にとっては侵略者の一味なんですものね。直接戦争はしないけれど、鉄道を敷設しては奥へ奥へと侵略していったんですもの。

スンガリー川で船に乗せられた時、縛られて船底に臥せっていましたが、日本軍の飛行機が飛んできたので、ふと顔を上げると船首に匪賊の頭領が立っていました。日本人ではないかと思ったそうです。立ち居振る舞い指揮の仕方が、日本の軍人として訓練されたような人物だったそうです。匪賊と言われた人たちの中には抗日の部隊もあったのね。日本軍の爆撃が始まりもうだめかと思い、仏教信者の父は一心にお経を唱えたそうです。

身代金の交渉がうまくいかなかったようで、３月に連れて行かれて、私が小学校に上がり11月にやっと帰ってきました。身代金を軍と満鉄で分担することになっていましたが、軍は「日本人は1銭5厘（召集令状のハガキの値段）でいくらでも集められる」と言って拒否したので、満鉄が支払ったとのことです。消息も分からず不安の日々でしたが、近所の人や親しい中国人が、一刻も早く帰れるよう、毎月、奉天神社にお参りして祈ってくれました。

今思えば父がどんな気持ちで鉄道を敷設していたのか、聞いておけばよかったと思うけれど、その時はお国のためにと頑張っていたんだろうと思います。

《匪賊、馬賊　清朝末から満州国期に騎馬で満洲周辺で活動していた。治安の悪い満洲では、村の自警団でもあった。武器を持った匪賊は、自分の村を守るが、時には他村を襲ったり、略奪や縄張り争いの集団になったりした。また共産党に指導された抗日の軍隊もあった。人質の身代金が資金にもなった。鉄道が開通すればあらゆる経済活動の中心になるので、ロシアが大連まで敷設したが、その後日本は積極的に鉄道を敷いていった。匪族による鉄道の事件も頻発した。》

青島《ちんたお》で一家そろって

《青島はドイツが租借地にしていたので、洋風の美しい町並みだった。家並みや道路は計画的に作られ、屋根は赤色、壁はこの色と決められていた。街路樹のアカシアが春、真っ白い花が咲き、その中に赤レンガの洋館が立ち、絵のように美しかった。第1次世界大戦で、日本はドイツに宣戦布告し（1914年8月23日、同年11月7日に陥落）日本がそのまま権益を引き継いだ。早くから日本人が住み、最盛期には4万人近くの日本人がいて、小中学校、女学校があった。青島高等女学校は1916（大正5）年設立、山東鉄道管理部構内を仮校舎として開校。男子校より1年早かっ

た。１９１８年3月第1回卒業式が行われた。同年5月、若鶴山に新築落成。今年（２０１８年）で創立１００周年になる。》

一九三七（昭和12）年、青島高等女学校に入学しました。当時、北京の女学校は開校したばかりで、四年生が最上級生の新しい学校でした。青島高等女学校はすでに18回の卒業生を送り出した実績があったのでそこに決めました。その時、家族は牡丹江にいたので、私は一年間寮生活でした。7月7日、盧溝橋事件が起こり、日中戦争が始まり、南京虐殺事件もあったようですが、何にも知らずそれほど逼迫感はありませんでした。2年生の時、父は青島に転勤となり皆一緒に住みました。

青島日本高等女学校

前から住んでいる中国人が、日本人が来たら勝手にばらばらに家を作ったので、折角のいい街が無くなってしまったと怒っていました。海を見たことがない弟たちは「大きなプールだ」とびっくりしていました。

日本人は中国を侵略し、やりたい放題のことをしていたので、反感を買いましたけれど、他の外国人は、来ると教会や病院を作り学校を建てたのです。母が仏教だけでなく西洋音楽や文化も身に付けさせたいと、ドイツ教会の日曜学校に通いましたが、サンタルチアや賛美歌など原語で歌い、日本語で日本の歌を歌った覚えがないですね。

ホテルで音楽会があり、たまたま母が国防婦人会の集まりで出られず、父と行ったのです。音楽会は中国の歌、朝鮮の民謡、ロシアの歌とバラェティにとんでいました。「エイルーラー（エイコーラ）」と船曳きの歌を演奏したら、会場のロシア人が一斉に合唱をして、その美しいハーモニーが素晴らしかったのは忘れられません。

　私は中国服が好きでよく着ましたが、その方が安全ということもありました。青島に住んだとき、通いのアマがいて、足が纏足《てんそく》（昔の中国の風習で、女子の足を幼児から布で固く折り曲げて包み、小さく変形させた。）で足先が三角になっていました。小さいほどいいのだそうです。洗濯をするとき、母が濡れるから巻いている布を取りなさい、と言っても絶対取らないの。中国人にとっては素足を見せることは、陰部を見せることより恥ずかしいことなんだそうです。

満州時代

　父は単身赴任が多く殆ど家にいることはなく、青島で一緒に暮らした1年間しか、記憶にないくらいです。だからよかったのかもしれません。母が自由に内も外も一切取り仕切っていました。（1937（昭和12）年8月「国民精神総動員実施要項が決定」）。母は父の仕事柄「国防婦人会」の会長で昼夜忙しく、内地と同じように隣組があり、国防色のモンペの上下を着て走り回っていました。

　中国では賄賂やピンハネは当たり前ですから、家に贈り物が沢山届けられましたが、父はそれを嫌い受け取りませんでした。だから父は信用されていました。母は「潤滑油だからいいじゃあないの」と言っていましたが、父は受け取りませんでした。

　また仏教の信者だったので、夕飯前は毎日お経を意味も分からず丸暗記させられ、みんなが唱えなければご飯は食べられませんでした。いまでもすらすら言えるの。母だけの時はそういうことはなかったけど。後、結婚した家が神道でその違いを思い知らされました。

でも青島は海もあり暖かいので、氷が張らずスケートが出来なくて、がっかりでした。穏やかないい気候で、滅多に雨は降らず、レインコートを着たという覚えがないくらい。


《１９３２（昭和７）年３月１日・満州国が日本の傀儡政権として皇帝溥儀を立てて成立。１９３３（昭和８）年１・30、ヒトラー独首相に就任。２・24・国際連盟が日本軍の満洲撤退勧告案を可決。３・27・日本は国連脱退を通告。１９３６年、県下で最初の満洲移民８人、蜜山県に入植。１９３７・７月、日中戦争。８月、静岡連隊、中国に向け静岡市を出発。12月・南京大虐殺事件。１９３９年・ノモンハン事件（日ソ両軍の戦闘があり激しく闘った）。１９４１（昭和16）年12月８日・太平洋戦争がはじまる。１９４５年８月15日・日本無条件降伏》

北京に住んで

北京に転勤になりました。日本には四季があり折々の風情がありますが、北京の気候は単純で二季しかないの。氷が張り零下の寒い日が続き、冬の終わり頃になると、風が吹いて砂が舞い、頭からかぶったマフラーや毛皮のコートに西風で飛んできた砂がつもる。それが１週間ぐらい続くと冬は終わり、コートを脱ぎ一気に夏が訪れ春秋はないの。だから合服はいりませんでした。私の知っている木は、アカシアとライラック、ポプラだけ。寒いので普通の木は育たなかったと思う。

北京秋天という言葉があるでしょう。「北京秋天」を描いた画家の梅原龍三郎が、この青空の色は出せないと言われましたが、ほんとに雲一つない青空で雨も降らずきれいでした。弟が学校で唱歌をならい「飛ぶよ飛ぶよ白雲」と言うところがあって、「姉ちゃん飛ぶ白雲ってどんな雲なの」と聞かれたけど判りませんでした。日本に来て色々な雲があることを知りました。日本は四季があり、細やかな感性を日常的に持っていますが、気候のせいもあると思いました。

魚や刺身はほとんど食べたことはなく肉が多かったですね。パンや餃子、万頭がおいしくて、アマが粉をこねて一個ずつ具を入れた餃子を作るのを手伝ったりしました。弟は「餃子を１００個作って」とねだっていましたが、当時は水餃子だけでした。お水は生水は絶対飲んではダメで、全部沸かして冷蔵庫で冷やして飲みました。ペチカもあり冬はその周りにみんな集まっておしゃべりしていました。

学校では明治節や天長節などのお祝い日には、教育勅語や君が代も歌いましたが、それほど戦時教育というものはありませんでした。食べ物にも不自由しませんでしたし、中国人とも普段通りの付き合いをしていました。

戦争も末期のころ、防空壕を作れと言われ掘っていたら、近所の中国人が「ここは中国だから日本人も中国人も分からない、掘っても無駄だ」と言われ、なるほどそうだと思い、やめたこともありました。敗戦まで空襲などありませんでした。

東京へ

１９４１（昭和16）年、青島の女学校を卒業して、東京の家政専門学校に入りました。母はその頃は使用人にほとんどの家事をまかせていて何もせず、何十年いても中国語を覚えず、電話がかかってきて判らないと「不知道《ぶちだお》」（知らない）といって切っていました。私もアマが何でもやってくれていたので、日本人はどんな生活しているのか、分かりませんでした。母に「充子は日本のことを何にも知らないし、何もできないから日本に行きなさい」と言われました。

私は本当は英語をやりたかったのですが、津田も聖心も英語の科目はなかったのね。戦争が始まり英語教育が禁止されたと聞いてびっくりしました。アメリカでは反対に日本のことを、研究していたそうだから違うのね。入学しても日本のことはよく分からなかったけど、九州の友人が、栄養失調で結核になったりして、死ぬ人がいると聞いても、満洲では食べるものは困らなかったので意味が分かりませんでした。空襲に備え防火訓練と言われ、砂袋を用意し先生が「火が付きました」と言って砂を掛けるのですが、お砂糖を袋から器に入れるように少しずつ出すので、先生もそれでは火は消えないと笑ってしまいました。幸い学校は焼けませんでした。

神宮外苑競技場で学徒出陣の壮行会があり、１９４３（昭和18）年10月21日、見送りに行きました。北京では日本の敗戦の噂もありましたが、軍国教育を受けていましたから、行進する学徒が勇ましく凛々しく立派に見えたのね。身近に戦死した人もいないので、いのちの尊さも家族の悲しみも、推測することができませんでした。

太平洋戦争も厳しい情勢になり、まともな勉強はできなくなりました。そして半年早く繰り上げ卒業になったので私は１９４４（昭和19）年11月に北京に帰りました。そのあとで学徒動員でみんな工場に行ったと聞きました。

戦争末期で日本海はアメリカの潜水艦がいて、いつ撃沈されるかとても不安でした。入学するとき乗ってきた崑崙丸という関釜連絡船は、帰るときはすでに沈没してありませんでした。もう一般の人は乗船できず、崑崙丸で知り合った船員さんがいて、家が北京だから帰ると言ったら、「じゃあ看護婦ということにしよう」と、計らってくれました。周りの人は気づいていましたが、知らないふりをしてくれました。

満洲でもキリスト教は禁止されていました。北京に帰ると父から「今後、中国で暮らすなら、日本の大学は通用しない、北京大学に入るように」と言われました。中国語を勉強するために家庭教師を雇ってくれましたが、その人は袁世凱の孫だとのことでした。華北交通の総務部に勤めながら、中国語を習っていたら敗戦となりました。

《袁世凱《ユアンシイカイ》（1859～1916）河南省出身。天津で洋式の新建陸軍を編成。1913年中華民国初代大総統。1916年、帝政を実施しようとしたが、反袁運動で失敗》

敗戦　国から棄てられた

敗戦前から北京ではすでに日本は負けるという話がされていました。実際に徐州戦に行った人や戦地で日本軍の負け戦を見た人がいて、感じていたそうです。ですからラジオの放送で敗戦を知りましたが、それほどショックはありませんでした。母は負けて日本に帰れるかどうか分からない。陸地を歩いて朝鮮まで行かなければならないかと、真剣に案じていました。

やがて八路軍が入ってきました。皆は共産軍を嫌いましたが、その中に日本の軍人がいて（留用者）、その人たちは軍の中では尊敬されていたと聞きました。日本人の知り合いで2、3歳年上の女性がいて、日本人で八路軍の人と結婚したの。その人が私に「中国で生まれたんだから、八路と結婚して一緒に残らないか」と言いました。母がパーロー（パールー）なんか絶対だめだと反対しました。直接八路軍との接触はありませんでしたが、危険も被害もありませんでした。日本の軍隊も警察もいち早くいなくなり、怖くて表に出られません。食料は中国人に頼んで持ってきてもらいました。

《八路軍―中国国民革命軍第八路軍、1937年～1947年まで存続。後人民解放軍と改称。抗日戦の主力》

《日本人留用者―敗戦後、八路軍の要請で中国にとどまり、国民党との戦争に協力した人たちがいた。8千人～1万人。軍事指導や鉄道、炭鉱、工場、病院等様々な分野で指導した。》

敗戦前、父は徐州に単身赴任で行っていましたが、日本軍と中国軍との戦闘もあり危険なので、モンゴルに移り家にはいませんでした。モンゴルに出発するとき裕福な中国人の知り合いが送別会をやってくれ、七言絶句の漢詩が書かれた立派な屏風に、山内篤二閣下と記して贈ってくれたそうです。

モンゴルは飛行機も鉄道も無く、ラクダが交通手段とのことでした。敗戦を知ると軍隊はいち早く引き揚げてしまい、残された日本人は、襲われたり略奪されたりして、大変な目にあったそうです。父も何もかも捨て着の身着のままで11月、家にたどり着きました。

戦争が終わったとき、日本人は刀を持っているという噂が流れ、家にも中国人が刀を出せと襲ってきたの。母に「風呂場で蓋をかぶっていなさい」と言われ隠れていました。分厚い木の門をどんどん叩き大声で叫んだので、近所の中国人が一杯やってきました。しかし父母たちは普段から中国人と仲良しだったので、門番や近所の人たちが、「ここの太太《たいたい》（奥さん）は優しくていい人だ」と一生懸命説明してくれたおかげで、おとなしく引き上げて行きました。

引き揚げ

１９４７（昭和22）年、やっと日本に引き揚げることが決まり、一家で北京から貨物列車で天津に着きました。母が荷物を纏めるとき、「帰国したら何かの役に立つだろうから、卒業証書や教員免許状は大事に持って行くように」と言いました。帰国してそれが役に立ち就職できました。天津で大きな馬小屋のようなところでしばらく過ごし、米軍の上陸用舟艇に乗り帰国できました。

持ち帰る荷物は制限されたので、皆一番いいものを着込んでいました。私はお気に入りの素敵なマフラーを付けていましたが、税関の人が「謝謝《しえしえ》」と言いながら、取り上げてしまったけど文句は言えませんでした。

乗船はできましたがその年に生まれた弟を連れてい

た母が、母乳が出なくて困ってしまいました。若い船員さんに、上の弟が清水高等商船学校を卒業したと話したら、偶然にも同級生だとのこと。一遍に親しくなり「ミルクは持っているがお湯がない」と言うとお湯を持ってきてくれたの。それから毎日私がお湯を貰いに行きましたが、日本に着くころ青年からラブレターを貰ってね。

仙崎に着きましたが、頭を丸坊主にした人や、ボロボロの服を着た人たちがいっぱいいました。奥地から大変な苦労や危険な目にあい、命がけでたどり着いたと聞きました。私たちは北京にいましたので、さほど大変な思いをしないで帰ることができましたが気の毒でした。下関からぎゅうぎゅう詰の汽車に乗り、やっと家に帰ることが出来ました。

静岡に落ち着いて

豊橋に着きましたが住んだ所が田舎の山の奥なので、母に「この村では女学校に行った人はあんたともう一人だけ。だから目立つから静岡に行きなさい」と言われ、静岡の八幡に母の親戚があったのでそこに行きました。丁度折よく親戚関係にあった精華高等女学校で会計係りを探していたので、行きましたら教員免許があるなら教えてくれと言われ就職できたの。学校は空襲で丸焼けになり、高松の登呂遺跡の隣の仮校舎でした。最初は会計をやるということで入ったので、先生をやる気なんか全然なかったの。はじめて人前に立って恥ずかしくて言葉も出なくて辛かった。家政を担当しましたが何を教えていいのか悩みました。母から「餃子なんか珍しいから教えたら」と言われ、当時まだ珍しい餃子を教えました。後年、教え子に初めて餃子を知ったと言われました。教え子は精華の子しかいないし、大変な時代を一緒に過ごしたから懐かしいわ。

静岡の空襲は知らなかったけれど、本通りに住んでいる知り合いが、夏でも長袖を着ていたの。空襲で彼女の母は目の前で焼け死に、自分も大やけどを負い、傷痕が引きつれているようでした。空襲の話をしてと頼みましたが、「あーいやいや、話すのもいや！」と言われ、その痛みや悩み恐怖がどんなに大きかったかと思いました。

周りにも出征した人たちが、ぼちぼちと帰ってきましたが、話によると夫が帰ってきて幸せだとは一概に言えない事実も知りました。出征するとき、家の為とろくに相手のことも分からず、急いで結婚した人たちも多かったみたいね。帰ってきて落ち着いてお互いが分かるようになって、嫌いになる人もいたようね。別れたいと思っても女の人は当時、人権なんか知らないから、我慢するしかなかったのね。

私も高松まで歩いて通ったけど、皆ほんとに大変だったと思うわ。ほかに方法も無かったから仕方なかったけれど、下駄やわらじで通っていたし、よくみんな頑張ったと思うわ。

《静岡は1945年6月19・20日の大空襲で、ほとんどが焼け野原になった。精華も全焼して高松にあった軍需工場の住友の社員寮を、仮校舎として使っていました。兵器生産のためとりあえず大急ぎで建てたバラックなのでかなり破損していて、窓のガラスは無く、畳はボロボロ、2階から押入れの天井を突き抜けて、生徒が落ちてきたというような粗末な建物でした。それでも開放的な雰囲気の中、教科書も無く先生が毎日ガリ版で、その日の教材を作ってくれると言う状態でしたが、皆明るく伸び伸びと勉強していました。町はずれの辺鄙な場所でしたから、当時は交通手段も何もない中で、生徒は遠くは麻機や藁科の方から、何時間も歩いて通っていました。1948年、元の場所に第I期の新校舎ができ、移転することができました》（卒業生たちよりの聞き取り）

結婚　姑と同居する

夫の寺平誠介は1916（大正5）年生れ、日本画家でした。職業軍人の家だったので、当然、幼年学校に行き、軍人になるよう強いられていました。静岡中学（現静岡高校）に入りましたが、軍人になるのが嫌で嫌で学校をさぼったり、浅間さんに隠れたり、悩みに悩んだそうです。学校の恩師、本居先生が、父母を説得してくれ、やっと画家の道に進むことができました。

結婚して

誠介は1942（昭和17）年から4年間、中国戦線に召集されました。画家としての特技から、報道班で紙芝居などを描いたりしていたそうです。後、10カ月の捕虜生活のなかで、江西省の南昌、呉城近辺の風景や「中国の人たち」「兵隊仲間」などをざら紙に描いたのがあります。復員後恩師の小野竹喬先生の子息、春男さんが戦死されたことを知りショックを受けたそうです。春男さんは中支戦線で、歩哨に立っていて狙撃されたという。誠介は一人歩哨に立ち、またたく灯火一つとてもない大陸の深夜、中天の丸い月を仰ぎながら「なぜ人間どうし戦争しなければならないのか」と不条理な思いにかられたこともあったと、述懐していましたね。

《誠介は精華の教師となり。後年、県日本画連盟理事として静岡の画壇で活躍、高く評価された。作品はアメリカのジョスリン美術館、県立美術館には2枚、教育委員会に一枚、収蔵されている》

講師として同じ精華で教えていたので、親しくなり1950年、25歳で結婚しました。だって「結婚してくれなければ死ぬって言うんだもの」と冗談めかして小声で言う。純情だったのよ。私の父は優しい良い人だったけど、頭が禿げていたのね。誠介もそうだったから優しい人と思ったの。精華は3年で辞めました。

2年くらいして姑が兄嫁と合わなくて家にやってきました。舅はすでに他界していましたが、舅は戦中、憲兵中佐という権力の象徴のような人だったので、我が儘放題の生活をしていました。姑はプライドが高く何でも自分の言うとおりにしないと、気の済まない人で、家で一番偉い人でした。

それから息苦しい生活が始まったの。口答えは許さず、最後まで自分の意見を主張して聞きませんでした。一度あまり変なことを言うので、違うと言ったら烈火のごとく怒り、許さなかった。風邪を引いたときなど、「馬鹿は風邪をひく」と言われたわ。それ以後は、無駄だと思いご無理ご尤もと、我慢に我慢をしてきました。

辛かったのは、誠介が何も言ってくれなかったことでした。姑が私を叱っていると、スーと立って行っちゃうの。そして「男の仕事に口だすな」でしょう。親の反対を押し切って、画家の道に進んだので、負い目があったと思うわ。大正生まれだから仕方ないかもしれないわね。

あまりのストレスに腸閉塞になって入院してしまいました。医者に「何カ所もくびれていたから、少し長めに切りました。そんな生活はやめなさい」と言われたわ。ストレスだなあと思いました。近所でも姑は有名で私が辛い思いをしていたのを、みんな知っていました。

母が見舞いに来てくれましたが、帰るとき「今まであんたは満州育ちだから、至らないところがあると思い、仕方ないと思っていた。でも分かった。入院しているあんたの事を、一言も口に出さなかったし、いたわりも無かった。帰ってきなさい」と言われた。そう言われて胸のつかえがスーと取れ、体中の力が抜け、気が楽になりました。

やりたいことをやろう

少しは自分のやりたいことをやろうと決めた。公民館で万葉集の講座があったので、姑に許しを乞うたが頑として聞き入れてくれなかったの。誠介がお世話になった本居先生が精華に移ってこられ、姑をこんこんと説得してくれたお蔭で、週1回ならいいと許してくれました。講座は月1回でしたが、毎週と嘘をついて体操や水泳やヨガにこっそり通っていたの。

誠介は公民館で絵画教室をはじめ、清水や自宅でも教室を開きましたので精華を退職しました。私も自宅で英語教室を始めました。色々な人の出入りもありカルチャーの友人もでき、生活が落ち着き気分も楽になりました。音楽が好きだったのでクロマハープにも通い、施設の慰問などにも行きました。

姑の態度は変わりませんでしたが、自分を追い込まないようにしました。姑は私が60歳くらいの時、86歳で風呂場で倒れあっけなく終わりました。夫の家の宗教は神道だったから、葬儀は簡単でしたが、盆やお年忌も無いので、実家の法事にも帰してくれませんでした。

中国　インドの旅に

姑を見送り誠介は、釈迦を描きたいのでインドに行きたいと、しきりに言いました。（1964年に海外渡航が自由）ハワイなどに行く人もいましたが、当時、中国旅行に行くには個人旅行しかなく、二人で行くしかなかったのね。お釈迦様の生まれたところ、悟りを開いた記念の場所、亡くなったところを見ることが出来ました。南と北では言葉も風俗も違うので、通訳を頼んで回りました。美しい女性がいて、モデルに頼み描いたこともありましたし、現地のカレーを食べてみようと、お店で食べたら辛くて辛くて、後の食べ物の味は分かりませんでした。

また誠介はシルクロードにも行きたいとずっと念願していました。やはり今のようにツアー旅行はまだ無くて、二人で行ったの。中国語や英語は通訳できるけど、民族が違うと言葉も違うので、北京でもう一人現地の通訳を頼んでの旅でした。中国は当時、まだ色々な点で遅れていて飛行場もあまりなく、汽車に28時間も乗るという旅で、車で何十時間も砂漠を走ったこともあったわ。歩きにくい砂の中を歩いていると、ラクダを引いた中国人が通りがかり「乗れ」という。お金をぼられるかと思い「没有銭《めいようちぇん》」（お金がない）と言ったら、「ただでいい、ラクダに乗ってみろ」と言われ、初めてラクダに乗ったのね。三蔵法師の道をたどり、火焔山や故城を見学し、夫は絵を描きました。

その頃は日本もあまり裕福でもなかったので、たかられることも無くあまり危険は感じはなかったわ。日本人は珍しいらしく、私はフィリッピン人かと言われ、誠介はメガネをかけカメラを首にかけていたので、日本人だとすぐ分かりました。

2回目に行ったときには、飛行機で移動することができ、大分楽になっていましたね。全国的に普通話《ぷうとんふぉわ》といって、標準語が通ずるようになっていました。その後、一緒にシルクロードをたどる旅をし、誠介は敦煌や莫高窟を描きました。

日本画の秋野不矩先生は天竜のご出身で、同じ静岡人として親しくしていただきました。家にお泊りになり、芹沢銈介美術館へ行きたいとおっしゃり、ご一緒させていただいたのも、思い出に残ります。秋野先生と誠介は盛んに芸術論争をしていました。先生が京都にいらした頃のことを、京都人は言葉は優しいけれ

秋野不矩先生と誠介・允子（自宅にて）

どプライドが高く、悩んだと言うようなお話をしていらっしゃいました。優しい良い方で、普段は田舎の小母さんという感じでしたね。

誠介は2003（平成15）年11月、心臓の病気で87歳で旅立ちました。病気したことがない人だったので、自分の体については無頓着で困りました。知り合いに飲みに誘われると、お酒など駄目なのに「おう行こう」と言うような調子で、気にもしていませんでした。だから自身の病状を納得させるのに手がかかり大変でした。1990（平成2）年、静岡市教育文化功労者として、二人で表彰式に行ったことも喜んでいました。

静岡市教育文化功労者表彰式

最近のテレビなどで見ると、中国の都会は先も見えないPM2・5や汚れたスモッグで、皆困っているとのこと。中国に行きたいと思うけれど、行けないわねー。

最近の充子さん

子供には恵まれませんでしたが今は一人で気楽と言われる。90歳を過ぎたのに、好奇心や向学心は相変わらずで、色々なことに興味を持ち、判らないことがあると、すぐ電子辞書を引き、難しくてなかなか読めない漢字の、読み解きにも挑戦したりと若々しい。だけど日本人はどうして敗戦を終戦というのかしら。日本は負けたのにねえ。と考え方の違いを不思議がる。

若い人はそうではないかも知れないけど、日本人は中国を知らないから、中国人を一段低く考え馬鹿にしていると思う。けど、もっともっと中国を理解して、仲良くならなければいけないと思うの。もう戦争なんか2度としないで、お互いを理解して平等の立場でお付き合いをしてほしいわ。とにかく日中友好よ。充子さんは何度も言われた。

（２０１６年11月より話を伺いました）

《参考資料》

満洲帝国の興亡　新人物往来社　１９９７年
静岡県歴史教育研究会編『静岡県歴史年表』
　静岡新聞社　２００３年
未来をひらく歴史　東アジア３国の近現代史
　高文研　２００５年
朝日新聞　２０１２年９・26
中国女性運動史　１９１９〜４９年
中華全国婦女連合編著　中国女性史研究会編訳
　１９９４年
青島満帆　ヤフーブログ　ＵＲＬ
　http://www.qingdaojs.org/qd-nihonjinkai/gekkanqingdao/1011/page1011.html

寺平先生プロフィール

鍋倉　伸子

大正5年（1916）1月17日静岡市に生まれる。昭和10年旧制静岡中学〈現静岡高校〉卒。昭和15年京都市立絵画専門学校〈現京都市立芸術大学〉日本画科卒。京都市立絵画専門学校は京都の名門美学校だったが、充子の話にあるように、軍人の父親の理解が得にくかったようである。

　誠介の話によく出てきたのは、同期に絵画専門学校で学び、戦死した小野竹喬（1889〜1979　日本画家。戦前村上華岳、土田麦僊と共に国画創作協会設立。戦後文化勲章受章）の長男小野春男のことである。（1917〜1943　昭和15年京都市立絵画専門学校卒。昭和17年中国に出征。昭和18年狙撃され戦死。屏風絵「茄子」が無言館にある。）誠介の日本画教室生の合同展（静岡市民ギャラリー）で、小野春男のスケッチ展を同時開催したこともあった。

　誠介自身も召集され、中国での軍隊生活を送った。戦闘要員というより通信兵の任務だった。複雑かつ親密な中国の人への思いは、兵士だった誠介と、民間人の充子という違いはあっても、お互いに共感するところがあったのではないかと想像できる。

　「一九四五年八月、敗戦と同時に軍隊から解放され

図1　「中国の子供」
(1945年・江西省呉城にて)

た私達は、即、捕虜の集団として翌年五月まで、南昌、牛行、呉城、程村、星子、九江と、江西省の各地を転々と移動させられた。依然として団体生活ではあったが、戦闘は終り、もう米軍爆撃機の目標になる心配はない。私は手製の写生帖で何年ぶりかのスケッチを始めた。朴訥そのものの農民や子供達は、いつもめずらし気に周りに集まった。彼等の表情は実に穏やかで、捕虜に対する憎悪も、蔑視も、猜疑心もなく、あたかも旧知の隣人達に囲まれた様に和やかな雰囲気で写生ができた。

　当時、明日の労役は何か、次の移動地はどこか、果たして本当に帰国できるのか　―等、一切の情報は全く知らされず、ウッ屈した日々の不安がつのり、自殺者などもでる始末であった。

　しかし私は悲観的にはならなかった。死から遠ざかり、明日を考えられる　―ということだけでうれしかった。粗末なザラ紙にＨＢの鉛筆スケッチは、時を経た今、紙の変色と共に不鮮明になったが、私にとっては掛けがえのない、二十代最後のデッサンである。」

　戦後静岡に戻り、静岡精華学園、静岡大学などで美術講師を務め、退職後は静岡、清水、藤枝などのカルチャー教室で、多くの弟子に日本画を教えた。戦前は、京都市展、戦後は、創造美術（１９４８年秋野不矩・上村松篁・山本求人らが設立）、新制作日本画部に出品。県、市美術展審査員も務めた。

　１９５０年精華学園で同僚だった充子と結婚。結婚

図２　若い時の本人写真

の経緯も、何故美術団体へ出品するのをやめて無所属を通したのかも聞く機会がなかった。

充子聞き書きにあるように、東洋古美術研修のため、インド、東南アジア、中国を旅した。まだ敦煌への旅など珍しい時で、列車の「軟座」に何時間も揺られて行く不便な旅だったが、思い出深い旅で、その時の多くのスケッチを基にさまざまな大きさの本画が描かれた。

文部大臣賞、静岡県芸術祭賞、県知事賞、県教育委員長賞受賞。

静岡県教育委員会への寄贈作品

・雨日（F15号）（文部大臣賞受賞）
・西域（M50号）
・壁画A（SM）
・プルメリア（F0号）
・無題（鬼面）（F6号）
・スズメ（SM）

静岡市への寄贈作品

・追憶・敦煌（F50号）

誠介の画業の全貌が分からないのは残念だ。誠介のアトリエで教えを受けていたグループ「不同会」所属メンバーが一番近かったのだと思う。私は清水の教室「巴画会」で、教えていただいた。対象をよく見ること、よく見ると自然の摂理の絶妙さが理解できることをよく伺った覚えがある。弟子たちはよく「何を描きたいのかね？」と訊かれ

図３　スケッチ無題

て答えられず、漫然と絵に向かっていることを意識させられた。「絵から絵を描いたら駄目」とも言われた。「対象から受けた感動を大事にしなさい」ということだと思う。時々お話していただいた色々な作家とその作品批評などから、テクニック以上のことを教えられたような気がする。

1977年、静岡ガスサロン「寺平誠介素描展」の小川龍彦氏（1910～1988　版画家。静岡市立芹沢美術館初代館長）の静岡新聞批評コラムがある。「……交友四十余年、いつもの大作より、このザラ紙の鉛筆画に彼のまじめがあるように思えてならない。……」図1もそうであるが、誠介の素描は心に残るものである。

平成2年静岡市教育文化功労表彰。誠介は充子の話にあるとおり、秋野不矩（1908～2001　静岡県磐田郡二俣町生まれ。戦後、創造美術結成。京都市立美術大学・インドビスババーラティ大学で教える。1999文化勲章受章。「しずおかの女たち第5集・第6集」参照ください）との交流を大切にして、誠介が中心になって平成5年10月、秋野不矩文化功労者、日本芸術大賞受賞祝賀会を静岡で盛大に開いたことが思い出される。

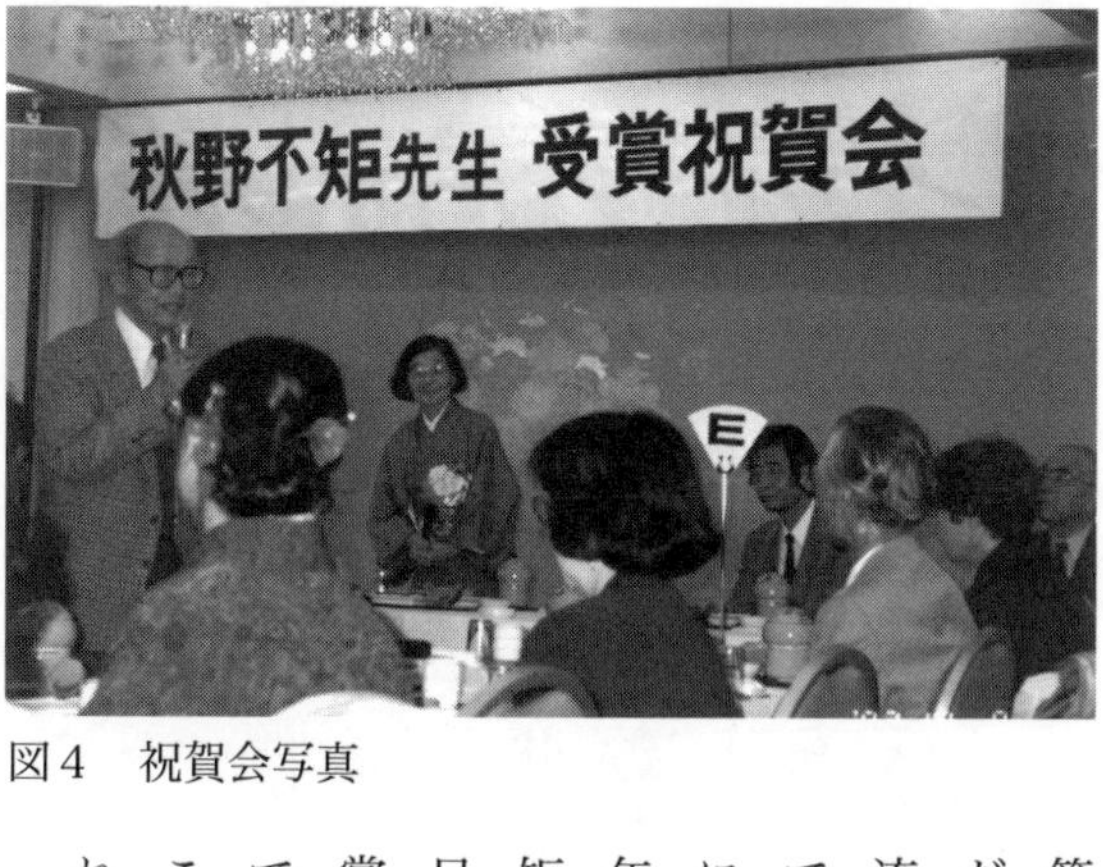

図4　祝賀会写真

誠介は高齢になっても各地の教室に通って弟子の指導を続け、平成15年（2003）11月死去。葬儀には、多くの画家仲間と弟子たちが参列した。

静岡県教育委員会への寄贈作品「雨日」は県庁別館21階富士山展望ロビーで見ることができる。

幼い姉弟で満州550キロを歩く

望月　郁江（もちづき　いくえ）1936（昭和11）年生れ　静岡市葵区在住

聞き書き　**勝又　千代子**

望月郁江さん

望月さんとの出会い

それは2016年11月4日の静岡新聞の記事からでした。同記者の大須賀伸江さんが取材し、紹介した**「10歳の逃避行、娘が取材、本に」**の大文字でした。幼い姉、弟が2人きりで満洲から引き揚げた実話です。

私は今まで残留孤児や引揚者の方の、苦難に満ちた悲惨な話を幾たびかお聞きしました。この方にお会いして話をお聞きしたいと切に思いました。大須賀さんにお願いして、その本を送って頂きました。

望月さんは葵区松野に住んでおられる。娘の泉さんが母の体験を聞き書きした、『お母ちゃんとの約束』―いっちゃんとキヨシちゃんが歩いた、満州550キロ―」(2016年10月、株式会社ペンコム)です。私はその本を読み驚嘆し信じられませんでした。日本に帰れたことが奇跡としか思えない内容でした。

郁江さんに初めてお目にかかったのは、同年12月8日の「武器はいらない・核もいらない」という趣旨で、郁江さんほか2人の方の戦争体験を語る集会でした。主催者側の水戸秀子さんに紹介していただき、「お話を聞かせてください」とお願いしたところ、なんのこだわりもためらいもなく、ごく自然に「田舎で何もないけど遊びにきてください」とにこやかにおっしゃいました。あまりにもスーッと受け止めてくださった人柄にも驚きました。それから数えきれないほどお会いしました。

敗戦までの経過は本を参考にさせていただき、戦後は郁江さんから伺ったお話です。

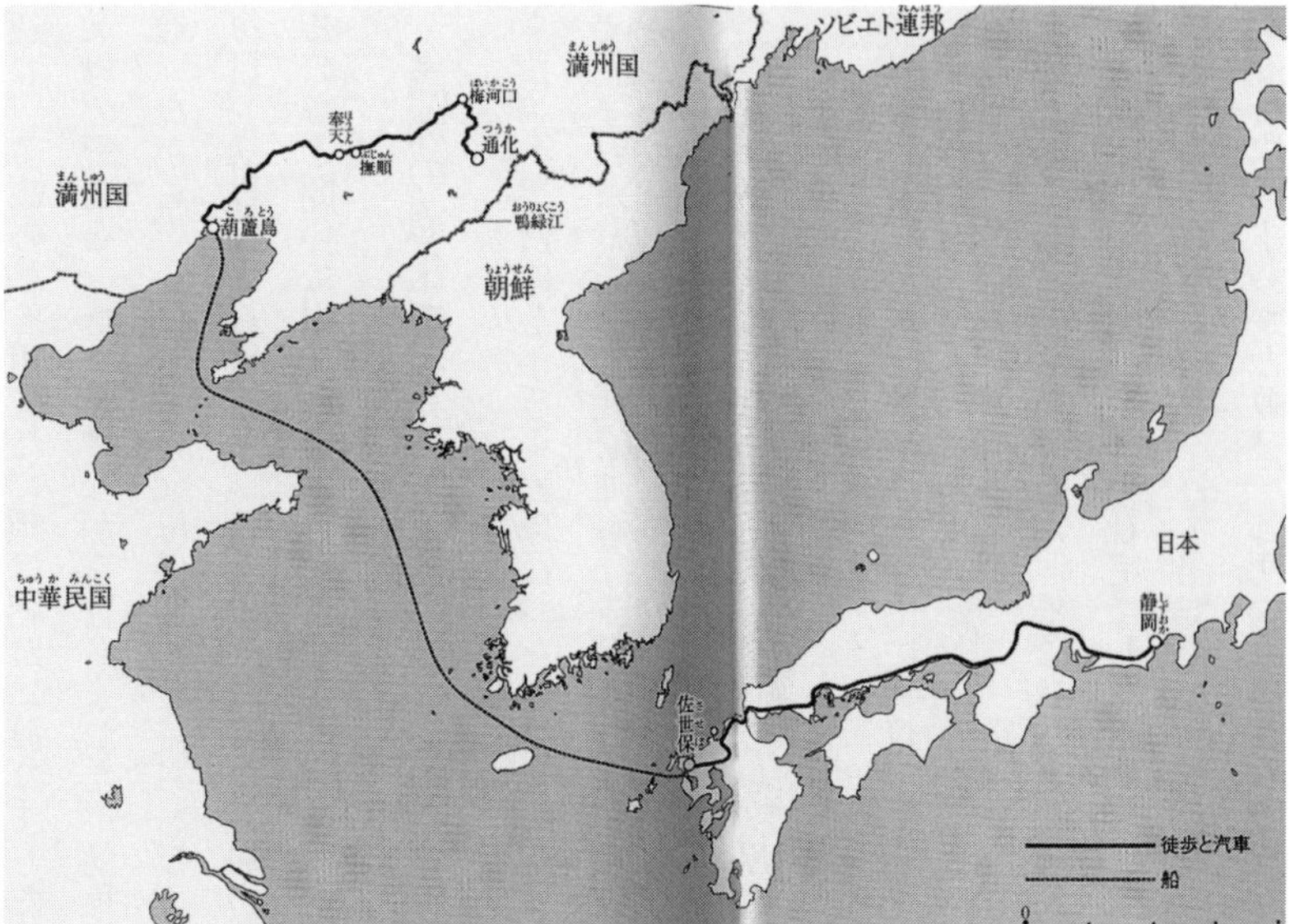

満州の通化からふるさとまでの略図

父と母の結婚

私は父青地為吉「秋田県1908（明治41）年生まれ」母加津子「静岡市1913（大正2）年生まれ」の長女として生まれました。きょうだいは6人でしたが、満州で2人亡くなりました。父の実家は秋田で格式のある立派な家でした。偉い人が来たらすぐに着替えができるよう、紋付羽織袴はいつも屏風にかけてあるような家だったそうです。クラシックが好きな人で、大学を出て設計技師として静岡県庁に勤めていました。母の実家は静岡の上落合にあり、山林業で沢山の山を持ち裕福で、市内の安東にも自宅がありました。父母とも裕福な家に育ったので、気位は高かったと思います。

父は結婚前、母宅の近くの道路工事をやっていて、母宅に宿泊しながら仕事をしていて親しくなり結婚しました。後、民間会社から、中国と朝鮮の国境を流れる鴨緑江に橋を架ける仕事を依頼され、母と妹の操を連れ、3歳の私を祖父母に預け朝鮮に渡りました。祖父母の愛情を一身に受けながら育ちました。幼稚園に通いながら、一日も早い父母の迎えを待ちわび、毎日毎日、幼稚園から帰ると「あといくつ寝たら帰ってくるの」と聞いて祖父母を困らせました。

満洲の通化市へ

私が小学校に上がる年齢になったので父母が、朝鮮で生まれた恭志《きょうし》と宏能《ひろよし》を連れ、1943（昭和18）年暮れ、迎えに帰国しました。待ちに待った父母との再会に大喜びで、お正月を皆で楽しく過ごし満州に出発しました。

長い長い旅を終えてやっと通化に到着しました。1月の満洲はオーバーを着ていても寒く、吹く風は冷たく顔が痛くなるくらいでした。そこは「通化省通化市興隆街」にある父の会社の社宅でした。

その街は日本人街で、日本語で書かれた看板の商店や飲食店がずらっと並び、郵便局も病院も銀行もありました。日本語が飛び交い、割烹着を着た小母さんたちが買い物をしているし、日本の兵隊さんが馬に乗っていて日本にいるようでした。

４月になり日本人の通う国民学校に入学しました。通学は父の使用人で中国人の小父さんが馬車（マーチョ）で送り迎えをしてくれました。小父さんに中国語で数のかぞえ方を教えてもらったり、帰りには友達とお花を摘んで髪にさしたり、楽しい毎日を過ごしました。子どもですから中国語をすぐ覚えましたが、今は忘れてしまいました。街では中国人の小父さんや小母さんが、天秤棒に籠を吊り下げ、色々なお菓子を売っていました。ある日、美味しそうで我慢が出来なくて、万頭（蒸しパン）を買おうとしたら父に見つかってしまい「そんなものは日本人の食うものではない。毛唐（敵国の外国人に対する差別語）の食うもんだ」と大目玉でした。

通化の街の様子

中国人の小父さんや小母さんの物売り

翌年、２年生になり妹の操は１年生になりました。１９４４（昭和19）年、末弟の成生《しげお》が生まれ、弟が３人になりました。近所に住む赤井さんは忙しい我が家を、いつも手助けしてくれていました。子どもに恵まれなかったので、操を養女に貰いたいと思っていたようです。

日本が負けた　我が家が襲われた

１９４５年に入りましたが、通化では変化もなくいつものように暮らし、父も招集されず仕事をしていました。８月15日、朝から大人たちは何やらそわそわして落ち着きません。お昼ご飯の頃、赤井さんたちも見え、父が子どもたちを集め、ラジオの前に正座させました。ラジオから男の人の声がしましたが、子どもたちにはさっぱり分かりません。父母や赤井さん夫婦は体を固くして無言でした。しばらくして父が呻くように「日本が負けた」と言いました。「神国日本」は必ず勝つと皆信じていたのに、日本が負けるなんて。

この日を境に日本人と中国人は立場が逆になり、中国人の今迄の不満が一気に爆発し、日本人に向けられました。マーチョの小父さんも８月15日から来なくなり、あちこちに暴動が起こり、日本人が襲われたり略奪されたりが始まり、外に出られなくなりました。父も仕事がなくなり、銀行や郵便局も閉められ、お金を引き出すこともできません。別の仕事を探し、家にある着物や鍋釜、布団などの生活用品を売り、お金に換えて生きなければならなくなりました。母の着物も次第に少なくなりました。

日本に早く帰りたいとみんな思っていましたが、ラジオを没収されてしまい、情報は何もなく不安の日々でした。いつでも帰れるようにと、大事なものを風呂敷やリュックに詰め、床下や天井裏に隠しました。お金は枕に入れ着物の襟にも縫い込みました。

ある日、父も母も日雇いの仕事に出かけ、下の子の面倒を見ていました。「ばん！」という大きな音がして玄関の戸が開き、中国人の兵隊たちが、靴のまま上がりこんできました。突然のことで子どもたちは声も出ず、部屋の隅にかたまり、がたがた震えていました。兵隊たちは手当たり次第、家中の箪笥の中や畳をひっくり返し、探しはじめました。そして箪笥や家具、勉強机まで表にほうりだし、運悪く床下に隠した風呂敷包みも見つかり、全部持って行ってしまいました。兵隊たちが去っていっても、皆かたまったまま震えていました。１歳半の成生ちゃんがふにゃあふにゃあと泣きだし、みな正気になりました。しばらくして母が仕事から帰ってきましたが、一目見て分かりました。気が狂ったように子どもたちの名を呼び、見つけるとへたへたとその場に座り込んでしまいました。

名前もなく妹は死んだ

その年１９４５年11月、母は６人目の三女を産みました。母体も弱っていましたし、早産でおっぱいを吸う力もなく、その晩ひっそりと亡くなりました。翌朝、父が裏庭で荼毘にふして、小さな骨を小さな骨壺に入れました。そのあと母は具合が悪くなり、布団から起きられなくなりました。９歳の私が炊事、洗濯、そして子守もやるようになりました。

もう食べるものも手に入らなくなり、高粱とトウモロコシのお粥ばかりでした。いつも空腹で「白いご飯をお茶碗に山盛り一杯食べたいなあ」が望みでした。幸い一家は社宅にそのまま住めたので良かったですが、満州の北部にいた人たちは、ソ連軍の侵入で命からがら南を目ざして、大挙して避難してきました。通化は交通の要所でしたから、避難民であふれかえっていました。

守ってくれる軍隊は真っ先に汽車で避難し、男は根こそぎ召集されたので、女、子ども、老人ばかりでした。ソ連の追撃を受けながら、捕まえられる前に自殺せよと、青酸カリや鎌を渡されました。殆どの人が着の身着のままで、麻袋をかぶっている人もいました。女の人たちは身を守るために、頭を坊主狩りにし男の格好をしていました。赤ちゃんは泣くと敵に見つかるから殺すように言われ、弱り切った母親は、わが子の口を塞ぎ、やむなく中国人に託しました。親を亡くした子どもも一杯いました。日増しに亡くなる人が増え、埋めるところも無いくらいです。野良犬や狼に掘り返され、可哀そうな姿でした。

通化事件に巻き込まれて　弟の死

１９４６（昭和21）年になりましたが、お正月どころではありません。引き揚げの情報もラジオも無いので、どうなっているのか全然分かりません。食べ物も高粱のお粥で、いくら煮ても柔らかくならないので、すぐお腹を壊します。

２月３日、この日は中国の春節でした。朝早く急に表が騒がしくなり、玄関の戸が乱暴に開かれ、中国の兵隊が何人も靴のまま上がりこんできました。みんなは母にしがみついて、震えているばかりです。兵隊が父に向かって大声で怒鳴りました。そのまま引きずって行こうとするので、母が「やめてください！」と悲鳴を上げ、父が兵隊の手を振りほどこうとすると、寝間着をはぎ取り、抵抗すると銃で殴りつけました。そのまま褌一枚で後ろ手に縛られ、零下20度の外に連れて行かれてしまいました。恐る恐る表を覗いてみると、大勢の男の人たちが縛られてゾロゾロと連れて行かれています。街の中は機関銃やピストルの音で騒然としていました。

１週間ぐらいたちましたが、相変わらず銃声の音が鳴り止まず、恐ろしくて家の中でひっそりと声も立てず過ごしました。そして突然、父が帰ってきました。汚れた服を着て顔はあざだらけで膨らんでいました。足も不自由でやっとのことで上がってきました。蜂起した仲間と間違えられた様でした。相当に痛めつけられた様子で、動くのもやっとでした。

５月になりました。弟の成生

中国の兵隊が父を

がお腹を壊し衰弱して、何も喉を通らなくなり蝋燭の火が消えるよう、すうーと声も立てず静かに2歳で亡くなりました。食べるものが無いので毎日高粱のお粥ばかりを食べさせた私が悪かったと、ずっと心が痛みました。小さな骨壺が二つになりました。

《通化事件。　１９４６年2月3日。共産軍（八路軍）に占領された通化市で、中華民国政府（蒋介石）の要請に呼応して日本人が蜂起した。その後鎮圧した共産軍と、朝鮮人民義勇軍南満州支隊によって蜂起した日本人、朝鮮人に対する逮捕、拷問、殺傷が行われた。日本人約３千人が犠牲となったと言われる》（お母ちゃんとの約束　望月泉）

帰国の知らせ　お母ちゃんと約束

9月、やっと引き揚げのニュースが入りました。しかも明後日という急な話です。母はずっと寝たきりになり、布団から起きられなくなっていました。父と赤井さん夫婦と４人で、話し合っていましたが、夕飯後、父が「日本に帰ることが出来そうだ」と言い、「みんなで一緒に帰りたいが、お母さんは起きられないからお父さんとしばらく残る。宏能（４歳）も小さいから残ってお父さんと帰る。操は赤井さんに連れて行ってもらう。郁江と恭志は仕事仲間の根本さんが引き受けてくれた。明日、汽車で葫蘆島に行き船で日本に帰れる」ということでした。「何としても頑張って、静岡で会おう」と、強く強く言いました。

母は起きられないのに、布団から起きて残り少ない着物をほどき、私のワンピースを力をふりしぼり作ってくれました。迷子になっても分かるように、２人の服に静岡の住所と名前を書いた大きな布を付けてくれました。リックサックにわずかな着替えと、残った食べ物であられや煎り大豆を作り入れてくれました。母はその晩、私と恭志を、自分の布団に入れ抱きしめながら「静岡で会おうね、必ず生きて帰るのよ、約束よ」と繰り返し言って眠りました。

出発　9月3日

1946年9月3日の朝、母は小さな巾着を私の首にかけ「お金が少し入っているから、いるときには使いなさい」と言って「根本さんから離れないよう、恭志の手を離さないよう」と言って、2人を抱きしめました。私も絶対静岡で会おうねと、約束しました。父が駅まで送ってくれ根本さんに預けました。父もこんなに小さな子を、2人で出すのがどんなに辛かったことでしょうと思います。

通化の駅から出発

3人は通化駅から、屋根なしのぎゅうぎゅう詰めの汽車に乗せられました。お便所がなく汽車が止まると、急いで降りて用をたし子どもは鍋や洗面器にしていました。

しばらくすると根本さんが、急に苦しそうに顔をゆがめ、額から脂汗を流しています。汽車がガタンと止まると、根本さんが私たち2人の頭に手を置いてじっと見つめ立ち上がり、出口に向かいました。何かわからず後姿を見ると、ズボンのお尻が真っ赤に血に染まっていました。それきり根本さんは帰ってきませんでした。

10歳の私と6歳の恭志と2人きりになってしまいました。誰も知り合いはいません。「2人でどうやって行けばいいの」恭志を抱きしめて、膝に顔をうずめるだけでした。そして550キロの長い長い困難な道のりを歩む旅となりました。

2人で荒野を歩き通した

それから1ヵ月近く、最初のころは恭志がお腹が空いたと言えば、母の用意してくれたわずかなかき餅を一個ずつ食べさせたり、恭志が疲れて歩けなくなり、お金を出して馬車に乗せてもらいました。そうしたらはぐれて死に物狂いで探したこともあり、それからは恭志の手を握りしめ歩きました。お金も少なく馬車に乗る余裕はありません。日本人の長い長い行列が絶え間なく続き、疲れてどんどん遅れ次の集団、また次の集団についていきました。恭志が疲れて座り込んで動かなくなったのを、無理やり励まし引きずるように歩きました。

ある日、馬車に乗った日本人が、行列を追い越して行きました。小さい女の子が行列に手を振っていました。見たら赤井さん夫婦と操でした。心臓が止まりそうなショックと、むなしさに動けなくなりました。

日が暮れるとそこでごろ寝し、朝になると皆に遅れないように必死でついていく。人々も段々疲れがたまり、道ばたに座り込む人が増え、赤ん坊が亡くなっても穴を掘る力も無く、草を上にかけるのが精いっぱいのお母さん。自分の死期を悟りトウモロコシ畑に消える人。その人たちは亡くなるまでどんな思いでいたのだろうと思うと、可哀そうですがどうしようもありません。亡くなる人たちが日を追うごとに増えて行き、その死体のそばで寝るしかありません。初めは怖かったがそのうち何も感じなくなりました。亡くなった人は着ているものをはぎ取られ、靴もはいていません。狼や犬に食われ、もう人の死を目の前にしても、そのまま通りすぎました。死んだらこうなる、お母ちゃんとの約束もある、何が何で

２人で荒野を歩く

も歩き続けようと、全身の力をふりしぼって歩きました。でも大人になってからも思い出しては、夜が怖く一人で表へ出られないことがありました。

どこでどう寝たのか何を食べたのか、記憶が抜けて思い出せません。道ばたの草や、畑の物を取って食べていたのかもしれません。泥水の上澄みも飲みました。中には親切な人がいて、食べ物を分けてくれたかもしれません。ひたすら歩きました。青空が見えた日、前の小父さんが「もう少しで駅があり汽車に乗せてもらえる。頑張って」と家族に話していました。

とうとう葫蘆《コロ》島に着いた　9月30日

駅に着くと屋根のない貨車があり、どの貨車もぎゅうぎゅう詰で、私たちは最後の貨車に乗れました。それは周りに囲いがなく、板敷きの貨車で振り落とされそうなものでした。子どもたちを真中に乗せ、大人が周りを囲んでくれました。知らない小父さんが「もう少しの辛抱だ、頑張れ」と励ましてくれました。どの位の時間が過ぎたか、周りのざわめきで目が覚めました。

小父さんが「葫蘆島に着いたよ。船に乗って日本に帰れるぞ。ついておいで」と言われ、港に向かいました。もう2人の服は汚れて色も分からないくらい。靴は靴ではなく底がかろうじて付いているだけになって、真っ黒い指がのぞき、爪はボロボロでした。

予防注射をやり、荷物検査もありました。リュックは汚れ物だけです。書類の手続きは小父さんが大きな名札を見ながらやってくれ、やっと船に乗ることが出来ました。通化を出てから1カ月近くたっていました。

引き揚げ船　明優丸に乗って

3千人が乗った大きな船は満員でした。2段ベットになっていて、2人はやっと上の段に席がとれました。みんな自分の場所を取られないようにと必死でした。食事は乾パンと薄い重湯です。

2日目、恭志がおもらししてしまい、下のおじさん

引き揚げ船に乗って

が怒りだしました。下の段まで垂れていたのです。困ってしまい何かないかと甲板に出てみると、人が集まり南京袋に包まれたものが、後ろの甲板からいくつも海に滑り落ちて行きました。折角日本に近づいたのに、どんなに残念だったでしょう。

甲板をうろうろしていると、一升瓶がありました。これで助かりました。夜中に恭志をおこしその中にさせるのです。４日ほど乗ったでしょうか、１９４６年10月９日、佐世保につきました。やっとやっと日本に帰れました。タラップを降りると、頭から足の先まで袖口や襟からも、ＤＤＴを散布され全身真っ白けになりました。小父さんが胸の名札を見ながら手続きをしてくれ、家に電報も打ってくれました。

３日後、それぞれの目的地に向かう汽車に乗せてもらいました。大きな汽笛の音は日本に着いたなあと、しみじみ思いました。朝になったり夜になったり幾日か過ぎ、隣のおばさんが「次が静岡だよ。支度しなさい」と教えてくれました。

懐かしい我が家に　21年10月13日
母の死を知る

静岡駅に母の弟のソウ兄ちゃんが、荷車を引いて待っていてくれました。電報が届いて迎えに来てくれたのです。もう安心と寝込んでしまいました。

懐かしい静岡、おじいちゃんとおばあちゃんの家。皆が飛び出してきました。操も父もいました。「お母ちゃんは、お母ちゃんは」と尋ねると、父は仏壇におかれた3つの骨壺を前に、別れてからのことを静かに話してくれました。

出発した日、父が家に帰ると、宏能が「お母さん起きてよ起きてよ」と話しかけています。お母さんはもう息をしていませんでした。精根尽き果ててしまったのです。33歳でした。「日本で会おうね」とあれほど約束したのに、私たちが出発したその日に亡くなったのでした。

おばあちゃんの作ってくれた真っ白いおにぎり、その美味しかったこと、久しぶりのお風呂に入り、ソウ兄ちゃんに全身の垢を洗ってもらいました。

ようやく静岡に

郁江さんの満洲からの引き揚げは終わりました。しかしその後の郁江さんの歩みは、辛いことが続きました。
「『お母ちゃんとの約束』いっちゃんとキヨシちゃんが歩いた、満州550キロ」より
文（望月　泉）絵（望月　郁江）

郁江さんの戦後　新しい母を迎えて

祖父母は暖かく迎えてくれ、優しかったが淋しい思いをしました。私は疲れが出たのか肋膜にかかり半年も寝込んでしまいました。父も幼い子ども4人を抱えどんなに大変だったことと思います。また引き揚げ者だからと言って学校で苛められ、近所からも冷たくされました。

5年生の時、新しい母が来ました。継母は母の末妹で、雪枝と言い25歳でした。私たちが中国にいたとき、母のお産に手伝いに来てくれていたので知っていました。「雪枝姉ちゃん」と呼んで親しくしていました。父はレコードで「椿姫」など聞いたり、母の誕生日に

バラの花を一本贈ったりと、ハイカラな人で雪枝さんは父にあこがれていたようでした。父とは13歳、私とも13歳違いでした。母と同じように裕福の中で育ち、女学校を出て洋裁を習ったり、和服の仕立ての学校へいったり好きなことをやっていて、何でもできた人でした。どういういきさつで我が家に来たのか当時は分かりませんでした。後年、聞いた話では、お医者さんとの結婚相手も決まっていたようでしたが、親の反対を押し切って父の所に来たということを知りました。実母は大らかで優しい人でしたが、雪枝さんは気の強い人でした。

自分の意志で来てくれたと思いますが、今考えると夫との年齢差、育児経験も無く弟妹のような子どもたちの母になったのですから、どんなに大変だったかと可哀そうに思います。戦争が無ければ母は死なず、継母の人生も違っていたと思います。何もない貧乏暮らしの所に来て、買いたいものも買えない生活でしたから、いらだちもあったと思います。勝気な人でしたから、どうしてもなじめませんでした。

中学に入ったころから継母とのいさかいや争いが絶えず、暗い日々が続きました。継母に怒鳴られ怒りが段々ひどくなると、凄い形相で私たちを罵倒し叩きました。一寸したことで殴られ争いになり、妹や弟たちは部屋の隅で震えながら泣くばかり。私はひたすら「ごめんなさい。ごめんなさい。私が悪かったです。直しますから許してください」と畳に手をついて謝り続けるだけでした。継母は何回か流産して女の子を授かりました。父も継母と子どもたちの間で、どうしていいのか分からず、お酒で紛らわすしかなかったようです。裸一貫で引き揚げ、職も無く（後、県庁に復帰）幼い子４人を抱え、下の弟は栄養失調で４歳になっても良く歩けませんでした。父は自殺をしようとして、海岸をさ迷い歩き、棒にぶっかって我に返ったようです。ずーと後に見つけた日記に書いてありました。

英和女学院に入りたい

1950（昭和25）年、家が貧しくまた当時は高校に行く人も少なかったので、とてもいけないと思っていました。（1947年、戦後の、学制変更で6・3・3・4制になる）父も継母も上の学校に行っていたので、行くのは当然と思っていたようで許してくれました。女学校は公立も私学も合格しました。家が淋しく英和に入れば心が休まるのではと思い、どうしても英和女学院に行きたくて入学しました。朝のミサの時はマリア像の前で歌もうたえず、毎日泣いていました。俵沢から英和まではかなりの道のりです。自転車で通いましたが、雨の日はびっしょりと濡れ、スカートはぐしゃぐしゃで襞もとれてしまい、風の強い日は倒れそうになりました。バス通学をしたかったのですが、経済的に無理でした。でもあのでこぼこ道も懐かしいです。

お弁当はおかずも無く、帰りには梅干しの種がお弁当箱の中でコロンコロンと音がして、悲しい思いをしました。必要なお金も貧しくて貰えず、夏休みやお休みの日にはアルバイトをして払いました。私も思春期でしたから、ひねくれていて素直になれませんでした。お母さんが生きていてくれたらと思い、布団に入ると枕がびっしょりとなるくらい泣いていました。親は絶対に死んではいけないと痛感しました。父が伊東へ転勤したときは、ゴルフのキャデイのアルバイトをしました。中学、高校の修学旅行も、下の子のことを考えると行けませんでした。

妹も自転車で通いましたが、帰ってくるとすぐ「畑をうなえ（耕せ）」と言われ、畑に行きました。妹はおとなしく口数が少ない子で、いつも部屋の隅で泣いていました。20歳で決心して家を出て、75歳まで一人で働き続け、辛い時は「あの家に帰るくらいなら、どんなことも我慢できる」と自分に言い聞かせて、頑張ってきました。80歳になりますが、どんなに苦労したかと胸が痛みます。

下の弟は引き揚げてくるまで、食べるものも無く、帰っても貧しく充分な食事もとれないので、栄養失調で体の発達が遅れていました。大きくなって左官屋になり「日本一の左官屋になる」と張り切っていましたが、継母につらく当たられ居どころがなく家を出ました。

お酒を飲む機会も多く、すさんだ生活を送るようになり、その鬱憤を皆私にぶっつけるようになって、乱暴な態度や脅かすような言葉を投げつけるようになりました。ほんとに可哀そうで、何とかしてやりたいと思いましたが、怖くて耐え切れず縁が遠くなってしまいました。

今年（2018年8月）突然、病院より弟が重い肝硬変で入院したとの連絡があり2年ぶりに、消息が分かり駆けつけました。弟は「今まで済まなかった」と詫びと感謝の言葉を言い、泣きました。「弟も戦禍をずっと抱えていた」のだと、心が痛みました。

和解はできましたが、ふっと以前の乱暴だったころの恐怖が蘇り、複雑な気持ちにもなりました。拘りもありました。あの子が悪いのではない、大きな時代の流れに押しつぶされたと涙が出ました。9月、弟はきょうだいに囲まれて、静かに安らかな顔で息を引きとりました。

《1949年、下山事件・三鷹事件・松川事件発生・古橋広之進、全米水上選手権大会で世界新記録・新中国成立・50年、レッドパージ広がる・朝鮮戦争始まる・1952年対日平和条約、日米安保条約発効》

いい人に巡り合って結婚

高校を卒業して郵便局に勤め、6千円の給料のうち3千円を家に入れました。当たり前と思っていました。23歳の時、あまりにも辛くて死にたいと思い、近所の薬屋で睡眠剤を買い大量に飲んだこともあります。

郵便局に勤めていましたが、家が秋山町に引っ越し、遠くて局まで通いきれないので辞めました。家を出たいので考えに考え、建材屋に住み込みの仕事を見つけ、経理の仕事をしました。そこで夫と知り合いました。まじめな人で会計をやっていたから分かりましたが、給料の半分を貯金していて、部屋も布団がきれいに畳まれ、押し入れもきちんと整理されていました。自然体の人でそれを見ていて「これからはホワイトカラーの時代ではない」とつくづく思いました。

一緒になるとき父に「年下で学歴も無い男と一緒になって、3年も持ちっこない」とさんざん言われました。1965（昭和40）年、29歳で結婚しました。その後、69年に建設業を立ち上げ二人で懸命にやってきました。丁度、高度成長期の最中でしたから順調に伸びて行き、子どもが生まれてからも、二人三脚でずっと一緒にやってきました。夫は誠実でまじめな人でしたから信用され、私の実家のごたごたにも一言も文句を言わず、支えてくれました。夫がいたからここまでやってこられたと、ほんとに感謝しています。

《1964年、米軍が北ベトナムを爆撃し、ベトナム戦争勃発。東海道新幹線が開業。オリンピック東京で開催。海外旅行自由化。沼津市で石油化学コンビナート進出反対運動。阿賀野川流域で第2水俣病発見。66年中国文化大革命。ビートルズ来日。70年田子の浦港ヘドロ問題）》

『静岡県歴史年表　静岡県歴史教育研究会　平成15』

娘の留学

1966（昭和41）年、長女が生まれ3歳になったころ、「これからは英語だ」と思い、習わせたいと長男をおんぶしてレッスンに通いました。その縁で4年生の時、1カ月イギリスに留学して楽しい時を過ごしました。小学校では子どもの自主性を大事にし、伸ばしてくれる福田先生に受け持たれ、それが娘の生きていく上の宝となりました。今でもお付き合いをしてい

郁江（50歳）韓国留学生、次女・泉

ます。

長女が高校1年の時、廊下にYFU（高校生国際交換留学の会、ユースフォーアンダースタンディング・根っこの会と言い文部省認可の団体）のアメリカ留学の張り紙があるのを見つけ、留学すると言って一人ですべての手続きをやり、試験に受かりアメリカに行きました。学費や滞在費は無料だったので続けられました。1年の予定でしたが、大学、大学院にも留学し、その後アメリカ人と結婚しました。韓国にも3週間、ホームステイをして、そこの友人とは仲良しでしたが、そのおばあさんが、戦中、朝鮮人に対する日本人の残酷さを忘れられず、冷たかったと娘が言っていました。痛みを抱えていたのですね。

留学を扱っている団体から、「強制ではありませんが、交換留学生なので、アメリカの子どもを夏休み期間預かってくれませんか」と問い合わせがありました。目が回るような忙しさの中で、私は戸惑いどうしたらいいかと悩み迷っていました。

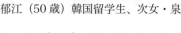

ある日、居間に座っていると、どこからか女の人の優しい凛とした声で「あなたは今幸せですか」という声が聞こえたので、思わず身を正し「はい」と答えると、「その幸福はどこから」と、それで終わりました。その声は今でも鮮明に焼きついています。

その時、ぱあーっと満洲の事を、フラッシュバックのようにいっぺんに思い出しました。死体が一杯の中、草を食べ野宿をし、生きて帰ってこられたのが奇跡のような状態の中で、誰か分からないが多くの人に助けられ、沢山の犠牲者のもとで生かされてきました。夫、子ども、自分の家、当たり前の暮らしができる今の幸せを思うと、今できること、やれることをやらせて頂くことだ、と思い承諾しました。

1983（昭和58）年から9年間、15歳から18歳のアメリカ人、フイリッピン人、韓国人……等々を、無我夢中で預かり、9年間40人位面倒を見ました。中には困った子もありましたが、今でもお母さんと言って訪ねてくれる子もいます。10年目に「望月さん今年は休んでください」と言われ終わりました。でもお蔭で3人の子どもは、居ながらにして異文化体験をして、国民性の違うことや、家族だけの生活では味わえない、貴重な体験をしました。3人ともアメリカ留学を体験しました。

しかしその間、夫が2回クレーンの事故で、足と手を骨折する大事故がありました。病院に行ったり学校に行ったり、6つの弁当作りや仕事の段取りと、よく体が続いたものだと思います。

父、継母の死

父は帰国後、県庁に勤め伊豆に転勤したりして、退職しました。妻と子どもたちの葛藤の間で、どうしていいか分からず酒におぼれる日も多く、庇ってもくれずそれが辛く悲しいことでした。何かあっても「バカヤロウ、ウルセー」と言うだけで、1994年、86歳で亡くなりました。最後の3ヵ月は日赤に入院しました。私が毎日面倒を見に行きましたが、「奥さん」と言われ、そんなに老けたかと涙が出ました。

車で毎日通いましたが、ある日、ラジオをつけたら、対談をやっていて、「ボランティアをずっとやっていて、嫌と思ったことありませんか」と聞かれた相手が、「人間はお互い知らない所で助け合っているので、嫌と思ったことはないです。人間は最後に棺桶に片足を突っ込んだとき評価は決まる」と言っていました。私は今まで自分は必死になって頑張り、色々な事をボランティアとおもい、精一杯やり自分の力でやってきたと思っていましたが、それは傲慢な考えではなかったのか。母に見守られ、いろんな人に助けられてこそ、今までやってこられたのだと思うと、お風呂に入りながら涙が止まりませんでした。

　継母は「楽寿の園」に入所しました。亡くなる1週間前にも見舞いに行きましたが、涙が出て「有難う有難う」と継母に言いました。継母からは一度も「有難う」と言われたことはありませんが、せめて最後は自分は幸せだったと思いながら終わらせたい、と思ったからです。

平和への思いを残したいと

　私たちは戦争でいやというほど死と向かい合ってきましたから、いのちの尊さを知っています。もう二度と戦争はまっぴら。戦争はダメだと言えることは経験してきたから言えます。娘の泉が「お母さんの体験したことを、戦争の記憶を、いつまでも忘れず平和の大切さを、語り継いでいかなければならない残そう」と言ってくれました。当時のことをすべて話すことは、とても辛いことでしたが「これを後世に残すことが、自分に与えられた使命なのだ。今の幸せをいつまでも続けたい」の願いで、書いてもらいました。挿絵をお母さんにと言われました。絵なんか描いたこともありませんでしたが、描きだしたら当時のこと、戦前、戦後の辛かったこと、苦しかったことを、まざまざと思いだし、苦しく悲しくて、

泉と

わんわん泣きながら描いたときもありました。泉は様々な資料を集め、子どもにも分かるようにと、優しい文章で綴った本を作ってくれました。

本を出すことで胸に抑え込んでいたものが、浄化されたようになくなりました。そして継母との関係を、ただ辛い思い出と思っていましたが、考えると炊事や洗濯、宿題の和服の仕立ても教わったし、一緒に笑ったこともありました。生みの母とは3年間一緒に過ごしましたが、何を教わったのか覚えていません。継母も姉の子どもだからしっかり育てなければとの思いもあっただろうと思うと、有難かったと感謝するようになりました。

「私の戦争が終わった」気がしました。そしたら体中が軽くなり、我慢してきたものが、拘りが無くなり笑って話せるようになりました。夫も苦しい時、私を支えてくれ、一番有難いことでした。

再び満洲の地に　平和を願って

3人の子どもたちも独立して、それぞれ自分の選んだ道を歩いています。私たちは子どもたちの希望を実現するよう、手助けしてきました。5人の孫にも恵まれました。13年前、夫とともに40年間、頑張った建設業を閉じました。そしたら途端に体調をくずし、入院してしまいました。皆がよく働いたから休めと言うことだよと言ってくれましたが、まさか自分がと考えられませんでした。お医者さんに「80歳になったら生きていることを感謝しましょう」と言われました。そのとおりだと思います。

2014年6月、泉の夫が北京への転勤が決まり、中国へ行かないかと誘われました。泉はそれを予想して大学から中国語を学んでいました。私たちと泉たち夫妻、孫と5人で68年ぶりに通化を訪れました。

旧日本人街は昔の面影は全くありませんでした。ガイドさんが住んでいたところを調べてくれたので、そのあたりを皆で散策しました。玉皇山にあるお寺で、中国式の太い長いお線香で、お祈りをしました。母、成生、名も無く亡くなった赤ちゃんに、手を合わせながら「68年経ってやっと迎えに来ることが出来ました。みんなで日本に帰りましょう」と長い間祈りました。

北朝鮮との境を流れている鴨緑江に、父も建設に携わった橋が、今も使われています。「お父ちゃんの作った橋に来ましたよ」と呼びかけました。

郁江さんの願い

「戦争のない平和への祈り」を込めて

私たちは、可愛い子ども、いとおしい孫たちのためにも「生命」の大切さ重みをもっともっと語り合い、「戦争」という二文字がもたらすことの重大さを、しっかりと伝えなければならないと思います。

多くの犠牲を体験したからこそ、戦争のない幸せを感じることができると思います。生きる権利、幸福になる権利はみな平等です。戦争は「苦しみ」「憎しみ」を生み出しますが、決して「幸せ」は与えてくれません。たくさんのかけがいのない尊い命を奪われます。人間には「話し合う」という知恵があります。武器を使わない、持たない平和な世界のために、戦争の残酷さを語り伝えて行かなければならないと、心から思います。みなが幸せを感謝できるとき、犠牲者の方々に「ありがとう」を伝えられるのではないでしょうか。

《『お母ちゃんとの約束』の英訳が出版されました。娘の泉さんと孫のダグラスさんが、悲惨な戦争の記憶が薄れつつある国内、海外に平和への祈りを語り継ぎたいと発信しました。

多民族国家の米国は、中国や韓国にルーツを持った人も多い。歴史認識にも配慮し、誰をも傷つけず、愛情を引き裂く戦争の恐ろしさを伝えたいとの願いです。》『A PROMISE TU LIVE FOR』２０１９年12月1日発行（ペンコム）

はじめに

文責　大塚佐枝美

それは2017年3月8日アイセル21で行われた国際婦人年記念のイベントでの出会いでした。最後に発言した静岡県立大の修士課程に所属するというマート三浦尚子さんのお話を伺って、大学女性協会の支部会長を務めた三浦昭子さんの、オランダにお住まいの娘さんであることに気がつきました。偶然のことに驚くと同時に、オランダについて是非ともお話を伺いたいと、日程の打ち合わせをしました。かつて、ジェトロ駐在員としてオランダ生活を経験した長坂寿久氏からオランダでは同一労働同一賃金の政策が実現されているという話を聞いたことがあります。今、日本の現政権は働き方改革を政策課題としておりその一つとして同一労働同一賃金を目指しています。オランダではどのようにして実現されるに至ったのか、またその後を知りたいと思いました。

10年前に三浦さんの『英和女学院の教師として』と題してのお話を杉山佳代子さんが伺っていました。しかしその文章は公表されることなく手元に置かれていました。

「今ヨーロッパは激動の時代で、イギリスのEU離脱があり、先の生活が全く見えない状態です」と語る尚子さん、母と娘の生き様は正に、母は何を願い、何を託してきたかが窺えるものでした。

2007.11.23

『英和女学院の教師として』

三浦　昭子（みうら　あきこ）１９３０（昭和５）年生まれ　静岡市葵区在住

聞き書き　杉山　佳代子

生まれは東京の神田

私は昭和5年6月25日東京の神田で生まれ5歳からは芝で育ちました。普通「生粋の江戸っ子は芝で、生まれ神田で育つ」と言うようですが、私はその反対でね。５人兄姉の４番目で、芝で両親は乾物類や静岡のお茶などを売る店を出していました。母は17歳の時、写真だけ見て父と結婚したそうです。

私は桜川小学校から六本木にある府立第三高女（現駒場高校）に入学しましたが、昭和20年３年生の時家族みんなで父の郷里の磐田の西貝塚に疎開しました。

ゲートルと防空壕

私たち女学生は初めスカートをはいていたのが、やがてモンペになり、最後1年間位はみんなゲートルを巻いて通学しましたね。男に代わって女がやるんだという気構えを持って生き抜くように教えられた時代でしたね。

8月、磐田の見付高女に転入の挨拶をしてから、東海精機へ鋳物の手伝いに行きました。砂を敷き詰めて型に流す作業ね。そして8月15日蛸壺という自分が入る防空壕をちょうど半分位掘ったとき「大事な知らせがあるから学校に集まるように」と言われて行くと教室がとてもガヤガヤしていました。

その時戦争が終わったことがわかったのです。今でも一番印象に残ることは鈴木先生が「これからお前ら文化国家の国民になるんだぞ」と叫んだことです。

半分掘った蛸壺へはもう戻らずそのままに……。

津田専門学校を卒業

戦争が終わりやがて見付高女を卒業したら、私は東京へ帰りたいという思いもあり、寄宿舎がある津田専門学校（現津田塾大学）を希望しました。見付高女から進学する女性はまだ少なかったのですが、勉強して昭和22年に入学することができました。物理化学科は受験科目が数学と国語の2科目でした。

学校で私は内村鑑三先生の教えである無教会の聖書研究会に参加したのがキリスト教との初めての出会いでした。昭和25年3月いよいよ卒業するという時、父が亡くなりました。

進学する時兄が大反対で、その理由は婚期を逸する可能性があるからと心配したのです。必ず結婚すると宣言して進学したので、結婚を考えながら仕事を持ち続けていきたいと願っていました。先輩が勤めていた英和女学院へ就職することができましたのも、その縁だったかもしれません。磐田に残っていた母を呼び寄せて、２人で職員寮へ入り、当時６畳間でのスタートでした。元気な母は寮の仕事を頼まれて、ボランティアで色々働いていました。

教師・妻・母として

私は英和女学院では中学生から高校生まで、最初からクラス担任をずっとしましたね。教科は中学では理科で、高校では化学担当です。

やがて佐津川先生（英和女学院に40年間勤務）のお世話で、静岡高校の教師をしていた三浦孝一との縁談がまとまり29年に結婚しました。デートは一度だけ安倍川駅へ自転車で行ったことでしょうか、夫の担当教科は西洋史でした。

夫は長男なので掛川から母を呼び、３人で城内の兵舎跡の職員住宅(現在の紅葉山公園)に入居しました。子どもは30年に長男、32年に長女、35年に次女が生まれました。母乳は昼間働いていたので、夜だけ飲ませました。夜になると不思議にお乳が張り、出るんですね。次女がよそのお母さんと比べて「どうしてお母さんは家にいないの」と言ったこともありましたね。

義母は子どもたちの面倒を大変だとも言わずに喜んで見てくれましたし、ある時「孝一、昭子さんは昼間も夜も働いているのだから、手伝ってあげなさいよ」と言ってくれたことは今でも忘れられません。進歩的な考えを持っていた義母でしたね。入院後２年目の夏休み１９７１（昭和46）年第２回欧州教育事情視察（20日間）にも参加できました。

英和女学院での礼拝

学校では化学が専門なので、クラブ活動でも化学班や天文班（気象班）に力を注ぎましたね。よく卒業生から「文化祭に自分たちで作ったポマードやバニシングクリームを売ったことが懐かしい」と今でも思い出話が出ますよ。

やがて、教科以外にも責任ある立場になり、進学指導課長として公立に負けないよう一生懸命でしたし、生徒課長の時は一人ひとり生徒からよく話を聞くようにして非行問題にも力を注ぎました。

学校では毎日礼拝がありクリスチャン教師が説教をします。修養会が毎年開かれ、かなり強く生徒に洗礼を勧めていましたね。私は無教会で洗礼も受けていないので、初めはやりませんでしたが、いつのまにか職員室の机に順番で十字架が置かれ、講堂で話をしなければならないのね。1年に3回当番が回ってきたのでそれが一番大変でしたね。

義母と実母の骨折

子ども達や家のことを引き受けてくれていた義母が転んで骨折して、静岡国立病院に入院したのです。5年間という長い入院生活の末、母はとうとう亡くなりましたが、昼は家政婦さんを付け、私は毎日学校の帰りに病院へ寄りました。家政婦さんにも色々な人がいて義母が「家政婦さんに頬を打たれたよ」と悔しそうに言うのを聞いて昼間ついてあげられない私はその時の義母の思いを今でも忘れられませんね。そのうち義母から家のことは実母に交代して行ってもらいましたがその実母もまた5、6年経った頃でしょうか、転んで骨折し静岡赤十字病院に入院しました。私は昼間働き、夜は病院へ泊まり込みの生活をしました。病院が消灯になると、テストの採点をする時は病院の点灯しているところでそっとやったりしましたね。

その母も亡くなり1981（昭和56）年3月、私は31年間勤めあげた英和女学院を退職しました。4月夫は静岡城北高等学校校長に赴任しました。

大学婦人協会の活動、そして今

退職してから昭和56年から61年まで、大学婦人協会静岡支部長として活動しました。前年、婦人に関する政策の推進のための「国内行動計画」が策定されたのを受け、静岡県でも「婦人のための静岡県計画」に向けての会議（女性団体代表者会）などによく出席しました。代表者のメンバーに川野辺静さんや芦川緑さん

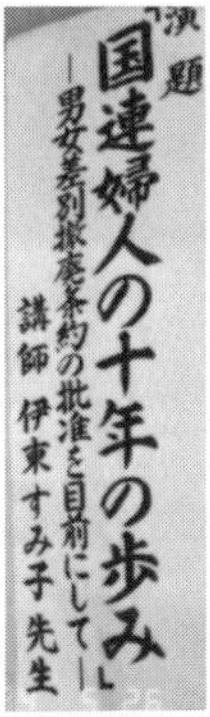

伊藤すみ子氏を迎えて講演会で挨拶する三浦さん（1984.5月）

たちがいてみんな熱心でしたね。

大学婦人協会でも女子差別撤廃条約の批准を目前にして伊東すみ子会長の公開講演会を開催したりして勉強しましたよ。私自身女子教育に永年関わってきましたが、こういう分野は初めてでひとつひとつ学ぶことが多かったですね。

藤田たきさんと（中央）三浦昭子（前列左）美尾浩子（後列左端）全国セミナー：大磯プリンスホテル（1989.9月）

また会として当初から静岡市奉仕連や県ボランティア協会等の繋がりから始めた、楽寿の園へのボランティアを現在も続けています。今私たちは5人で毎月1回、入園者の衣類のゴム替えや繕い物の針仕事などをしていますよ。周囲に声かけしながら会員数を増やし、61年に故美尾浩子さん（静岡県大教授）に支部長をバトンタッチしました。

楽寿の園奉仕（1988.6.24）

平成5年から14年まで人権擁護委員として関わってきましたが、こうして今振り返ってみますと、やはりキリスト教に支えられた人生のような気がします。「あなたの好きな賛美歌は？」と問われると私は「494番。わが行く道、いついかになるべきかな、つゆ知らねど、主のみ心なしたまわん……」と答えます（2010）。

幸せな小国オランダに住んで

マート・三浦　尚子（みうら　ひさこ）
1960（昭和35）年7月24日生まれ　オランダ在住
聞き書き　大塚　佐枝美

2007.11.23

静岡市で3人兄姉の末子に生まれました。母の話によると、3人ともお産婆さんに取り上げて貰ったとのことです。津田塾専門学校を卒業した母は父の母と同居し、共働きをしていました。当時は、義父や義母との同居は普通でしたね。

鮮明に記憶に残っていることがあります。小学校4年生の頃でした。国立病院で祖母のしもの世話をしていました。寝たきりだったので、褥瘡ができないように気を付けながら、「おばあちゃんの便が出たよ」と呼ばれると「はーい」と言って排便をトイレに捨ててくるお手伝いをしていました。すると看護婦さんから「あんたすごいわね」と言われましたが、当時の私は何がすごいのか全然わかりませんでした。今から考えるとすごいことをやっていたと思います。そういう家庭に育ちました。父も朝は子どもたちのために味噌汁を作るなど協力的でした。

母は着たきり雀で、家政婦代がかかるというので数年間、国立病院から通勤していました。鍵っ子だったので、うちのお母さんはなぜ家にいないのと言って困らせたようです。当時は専業主婦の方もかなり多かったので、友達の家に行くと美味しそうなお菓子が置いてあります。それをいいなと思って、家にはなぜお菓子がないのかと思いました。母は忙しすぎてそういうところまでは気がまわらなかったのだと思います。

安東小学校を卒業するに際して、母は子どもが3人いながら誰ひとりとしてクリスチャンの学校に行ってないということが気になったらしくて、私に「あなたクリスチャンの学校に行く気ない？」と聞いてきました。当時の私は物事をあまり深く考えない性格であったので「いいよ」と言ったらしく、「それじゃ英和を受けてちょうだい」と言われました。その頃小学校で合唱部の部長やっていました。当時英和への入学は難しかったので、先生から「受験勉強ができないぞ」と言われましたが、「頑張ります」と言ったのを覚えています。母が受験参考書を買ってきて、「あんたこれやってちょうだい」「はーい」と……母の言うまま受験し進学しました。英和だと中高一貫6年間ですね。高校2年の時に幸運にもＡＦＳの奨学金で文部省国費留学をさせて頂きました。現在は私費になっているようです。アメリカンスクールを卒業して、日本へ帰国しました。アメリカのシステムがこちらでは通用しないからもう1年やってくれということで、1年遅れて英和を卒業しました。

社会福祉学科を卒業して楽寿に就職

英語を活かして何か社会の役に立つ職業に就きたいと考え、日本女子大学・文学部・社会福祉学科に入学し、高齢者福祉、スウェーデンのこと等を勉強しました。学部生時代は、一番ケ瀬康子先生の下で仕事をさせていただいて、障害者福祉、高齢者福祉、アルツハイマー型を含む認知症の研究班にも置いていただきました。また、子どもの自閉症や発達障害についても池袋の方でボランティア活動をしました。

卒業後楽寿の園に社会福祉主事任用資格でケースワーカーとして就職しました。その頃、母は大学婦人協会の方々と楽寿へ「おむつたたみ」という奉仕活動をしに来ていました。当時私はケースワーカー主任になっていたので、母たちのところへもお礼の挨拶に行ったことを思いだしますね。

交通事故に会って

楽寿には長く勤務したかったのですが、勤務中に交通事故で、全身麻痺となり日赤病院へ運ばれました。事故時に、頭を強く打ったらしく、夜中に5人の医者が駆け付けてくれて、CTスキャン、MRIを撮りました。「際立った損傷はないが、暫く様子をみよう」担当医は「君は英語ができるから、翻訳の仕事かなんかできるだろう」と鉛筆を口にくわえさせられ字を書く練習を始めました。入院時に、「奇跡的に良くなっても車椅子の生活だろう」と宣告されました。ところが1週間後に本当に不思議なことが起きて、足の先が感じるんですよ、何も感じなかったのが。

これは後遺症なんですが、左肘を真っ直ぐにテーブルや床の上に置くことは出来ません。靭帯損傷で重いものを持たないでくださいと言われていますが、そうもいきませんね。オランダに行ってからも靭帯が時々痛むと、湿布とかで温めるようにしています。オランダは最近異常気象で体感温度がマイナス20度になることもあり、そういう時にはホカロンを貼ったりしています。

曲折した人生を送りました。奇跡的に支えられた人生だったなあと思います。

それで得たことがありました。社会福祉主事としてトレーニングは受けていたのですが、女性も寝たきりではあるけれども頭のしっかりしている方のおむつ交換時の気持ちがわかっていなかったなと深い反省をしたことは、大きな学びでもありました。私が全身麻痺で入院していた時、私自身おむつをすることに大変抵抗があったからです。それで尿が出ないいんです。日赤で、「尿がでないのは問題だから」と言われて、「管を通します」。これは早く何とか動きたい、その時に本当に高齢者で寝たきりの方々の気持ちがよくわかりました。その苦しみは今も忘れることはありません。全身麻痺という状況に陥ったからこそ、もっと広い視野で現場が見られるようになったと思います。ギブスを3ヵ月、その後1年間のリハビリ生活でしたね。重度の脱臼でした。骨折よりも重度でしたね。ギブスをはずしたら腕が直ぐに動くと思ったら何も動かない。涙を流しながらリハビリをしました。

その時に美尾先生から「あなた英語ができるから、静岡県立大学（1987年、静岡女子大学・静岡薬科大学・静岡女子短期大学が統合された）に手伝いに来てくれない？」と言われ、暫く非常勤助手として英米文学の先生方のお手伝いをさせて頂きました。靭帯が損傷しているからお年寄りの世話はできない。転職をするには何かを身に付けてからだと思いました。英語で食べていくには、英語の教員になろうと思い、まずは慶應義塾大学・通信教育過程で教職を取得してからにしようと考えました。編入後は非常勤助手をしながら、サマースクールで単位取得を心掛けました。

出会い

たまたま慶応義塾大学の図書館で出会ったのがオランダ人の夫です。一回目は彼の専門が英米文学じゃないからと別れましたが。私が新聞とか雑誌とか読んでいるとまた同じ人がいます。「何か困っているようだったら僕の友人にケンブリッジとかオックスフォード卒業の優秀な研究者がいるから教えてもらえますよ」という。紹介して頂きました。「実は私は静岡県立大学の非常勤助手をしています。研究途中に県大に遊びに来たければどうぞ」と言ったら本当に訪ねてきたんです。彼の専門は日本経済史でした。それで家に招待したところ、父と意気投合してしまったんですよ。当時彼はオランダのエラスムス・ロッテルダム大学・経済学部を卒業して、文部省の奨学金を貰って博士課程に在籍していました。

その後彼はカナダのブリティシュコロンビア大学に赴任になり、縄文時代から明治維新までの日本史を教えていました。私も同行しました。当時のブリテッシュコロンビア州は日系二世の方が多くて、お寿司屋さんが２００軒以上ありました。アメリカの妹（アメリカ留学時代ホームスティしていた家族）が遊びに来た時には、スキーに行きましたが、夫はゲレンデで試験の採点をしていました。夫にとって人生で初めて挑戦する大学の講義は、かなり大変だったことを思い出します。

オランダ人との結婚

当時のオランダは結婚する前に最低1年一緒に暮らして、うまくいくようだったら市役所、区役所に行って結婚する意思があるという届け出をするという制度になっていました。なるべく離婚をすぐにしないようにとの配慮もあったのかもしれませんね。現在のオランダではほとんど聞かなくなりましたが。オランダは同性愛結婚が世界で初法律化された国ですから、現代の若者達は結婚という形態にとらわれずに、パートナーシップ（婚姻関係と同等の権利）で十分です。インターネットで結婚も離婚もマウスのクリック1回で出来てしまう時代になりました。当時父は、「うまくいかなかった時には三浦の墓に入れてやるから帰っておいで」と言ってくれました。父のこの寛容さはすごいと思いましたね。父が一番心配していたのは戦争中、インドネシアの関係者[1]がいないかどうかということでした。その心配はないということで安心していました。

オランダで1991年5月14日に結婚しました。自分たちでプランを立て、招待状も全て手作りの結婚式でした。結婚式当日の流れを日本語、英語、オランダ語の3ヵ国語で作って配布しました。ウエディングドレスも買えなかった当時、たまたま近所のお姉さんが、155cmぐらいしかない背の低い方で「私のドレス、良かったら使ってください」と言って下さいました。(2)本当にラッキーでした。友人がホテルの鉄板焼きレストランで働いていたこともあり、そこを披露宴会場として使用させて頂きました。結婚式の費用は全部含めて約30万円で終わりました。お互い失業中でもあり、学者貧乏で最低限これぐらいやればいいんじゃないかということで、質素な結婚式にしました。

結婚式と並行して、嫁と姑の戦いが始まりました。結婚式の手袋一つとってもあれはダメ、これはダメ。全部私が探すものはダメ。ウエディングドレスの下着（パンツ）を白くとかまでチェックされましたね。当時の私の結婚生活をエッセイにし、今は亡き恩師に郵送したところ、大変驚いていましたね。オランダは、基本的にはスープの冷めない距離に別居します。一応長男との結婚でした。義理の弟が2人いるんですが、私の場合、オランダでも長男との結婚は大変でした。

出産

長女を出産した時の写真です。（残念ながら写真は添付できませんが）オランダはクラーム・ゾルフという産後ケアーのシステムが大変充実しています。母子共に健康であれば直ぐに退院させられます。私は長女を無事出産したのも束の間、約3時間後に退院させられました。母子共に健康であったからです。退院後約1週間、看護師さんや産後ケアーのヘルパーさんが援助してくれます。掃除、洗濯、ご飯の支度、また第1子（学齢児）がいる場合は、学校の送迎までしてくれます。産後直後、母親が赤ちゃんのお世話が出来ない分、夫へ沐浴の仕方やおむつ交換なども教えてくれます。本当に有り難いシステムでした。ただ一つ納得行かなかったのは、産後直後、看護師さんが「あなたは健康だから、シャワーを浴びに行ってください」と言われたことでしたね。出産直後出血も多く貧血気味だった私に、シャワー室まで歩いていけると思われたことは悲しかったです。結局、お願いして普通の椅子の下に輪が付いた略式車椅子のようなもので運んでもらいました。日本人は弱いと思われたかもしれません。日本では、病院に1週間は入院するんですよって言ったら、本当に驚かれたことでしょうね。

日本語補習授業校

これは長女の文集です。(お話し中、偶然実家に残っていた文集持参)ロッテハーグ日本語補習授業校(以下補習校)に入学。アムステルダムに引っ越した後はアムステルダム補習校へ転校。補習校は土曜日の日本の学校です。現地校というのはオランダの現地の学校のことです。オランダの小学校は宿題がゼロ、補習校は宿題が沢山ありました。オランダの現地校と補習校の両立は、本当に大変でした。今でも長女は泣きながら漢字ドリルの勉強をしたのを覚えていると言います。私はオランダ人の夫と相談し、母親は母親の母語である日本語、父親は父親の母語であるオランダ語で子どもに話しかけるという「一親一言語政策」というものを実行しました。お陰さまで、子ども2人とも日本の家族と何不自由なく日本語で会話が出来るように成長してくれました。オランダの義理の母には猛反対されましたが、決行して良かったと思っています。お金では買えない親からの最高の贈り物だと思っています。

子ども達が幼少の頃は、オランダも激動の時代を迎えていたんだと思いますね。

同性愛結婚の法律[3]が成立することになっていたので長女の時は一番悩みました。長女が小学校1年生の時ケーキ屋さんの前を通りました。ウエディング・ケーキの上には、男女、女女、男男、というコンビネーションのお人形が飾ってありました。「なんでこんなにいっぱいあるの」と聞かれて「ママの国はこういうのは不自然だと思うんだけれども、あなたの生まれた国はこういう人がいて……」どうやってそれを小学校1年生の子どもに説明しようかと一生懸命でした。色々な人がいるから、いじめたりしてはいけないんだよというのが精一杯の説明でした。どのくらい理解してくれたかわかりませんが。

オリンピック級選手を抱えて

　長女はシンクロナイズドスイミングのオランダ代表選手でした。引退後、オランダの大学（オランダの大学は学部生は3年間）にフルタイム学生として戻りました。オリンピック級の選手であったこともあって、4年間のカリキュラムで卒業することにしました。引退後フルタイムの大学生に戻ったところ、私は何でこんなに勉強が遅れているんだろうとショックを受けたらしく、悩んでいました。「オリンピック級のシンクロナイズドスイミング選手をやると、勉強が遅れるのは当然だということを認識しなければいけない」と夫と共に納得させました。

　それから娘は奮闘して3年半で卒業し、現在、神経化学・細胞生物学・生化学を専攻しており、難病とか神経系統の研究職に就いています。語学も日本人の母親からすれば羨ましいほどのオールマイティー、7ヵ国語（日本語、母語であるオランダ語、英語、ドイツ語、フランス語、スペイン語、ラテン語）が話せます。

2016年7月頃。
母（日本のお婆ちゃん）と

　中国語、韓国語にも興味があると言っています。教育制度が違うので中学1年生から全員、母国語のオランダ語、プラス英語、ドイツ語、フランス語は必ず習うんです。これはEUの言語教育政策とも関係していいます。語学が苦手だとかわいそうです。オランダの学校は厳しく、勉強しなければ、留年させられます。そういうところは、本当に厳しいですね。

オランダには小学校6年生で人生の半分を決めるようなCITO TOETS（シート・テスト）[4]という国家試験があるんですよ。このテストには賛否両論があるんですけれど、女の子の精神年齢の発達が早いので、男の子より女の子の方が高得点を得る傾向があります。だから小学校卒業時から女の子がエリートコースへ進学することになるケースが多いです。しかし、回り道もできるので、やる気があれば何年かかっても上のコースへ進学することは可能です。オランダ国籍であれば（現在の法律が改正されなければ）、30歳まで奨学金（日本の大学の授業料よりはるかに安い）が出るはずです。

日本の数多くある大学に相当するのが高等職業教育機関（HBO）というのです。大学（WO）という名前がついているのはおおざっぱにいって全て国立大学13、ひとつの私立大学が存在します。以上のように、教育システムがかなり違うので、比較することは難しいですね。

いい例があります。日本で小学校教員になるためには、大学へいかなければなりません。オランダは違います。日本の教育制度の高校1年から2年生くらいで、小学校教員養成コースを選択します。そして小学校教員養成学校に行きます。本当にスペシャリストを養成するためのオランダの教育制度です。以前、大卒者は小学校教員にはなれませんでした。現在、小学校教員不足で大卒でも小学校教員になれるよう、法律を改

長女が大学卒業時

正しました。

長女は中学校からエリートコースまっしぐら、そしてオリンピック級のシンクロナイズド・スイミングオランダ代表としても頑張ってきました。文武両道といわれるかもしれませんが、これも家族の協力があったからこそ出来たことです。長女が家族への感謝の気持ちを忘れずに、今後も難病の研究者として頑張って欲しいと心から願っています。

順風満帆の人生なんて無いと思って

ご存知のようにオランダは、ワークシェアリングを全国的に行ったことで知られていますね。

オランダ・モデルは「ポルダー（開拓地）・モデル」とも呼ばれ、パートタイムと常勤雇用との時間あたり賃金と社会保険の差をなくし、一種のワークシェアリングを全国的に行ったことで知られる。雇用を改善し、不況・失業を克服するために労、使、政府の代表が協議して、労働側、使用者側それぞれ不利な政策をも含む政策パッケージを作成し、これに労、使、政府の代表が合意して実行した。ワークシェアリングは欧米で導入が進んでいるが、中でも、オランダはワークシェアリングに最も成功した国と言われる。現在では失業率は１～２％という脅威の実績。

また、フルタイムの社員とパートタイムの社員の差別を禁止する法律があり、パートタイムでも待遇が悪くならないようなシステムを作らないと、なかなかパートタイムになろうという人は現れない。

かつては「オランダ病」と揶揄されたほど経済活力の点で問題の多い国だったオランダが、いまや「オランダの奇跡」「ＥＵの優等生」と呼ばれて、世界の注目を浴びている。膨大な財政赤字と高失業率を克服した「賃上げ無き雇用創出」はなぜ可能になったのか。その独特な社会・経済システムを分析し、「奇跡」の秘密を解明。そこには、政府＝ＮＧＯ

＝企業という「奇跡」を生んだしなやかな連携があった。

長坂寿久「オランダモデル」２０００

オランダモデルというのは日本でいう正規雇用、パートタイム、正規雇用を選ぶかパートを選ぶか、本人の自由なんです。社会保障にはなにも問題がありません。最近の若い女性はフルタイムの仕事を避けるという傾向があります。これは２０１７年1月31日の記事をちょっと読ませて頂きます。「あらゆる面で男女平等が尊重され、同一労働同一賃金も保障されているオランダだが、女性はパートタイムで働くことを好む傾向が強い。さらに経済的に自立している人やキャリアの見通しがある人も少ないことが社会文化計画局（ＳＣＰ）の調査で判明した。学校や大学では女性のほうが男性より成績がいいのはオランダも例外ではない。しかし卒業後は自立の道を選ぶ人が男性より格段に低いという驚くべき結果が出ている。18歳から25歳の女性の3分の2がパートタイムで働いている。男性は4分の1以下。経済的な自立には月額でいうと９２０ユーロ稼がなければならないが、多くの女性はこの域に達していない。ちなみにオランダでは他の欧州各国と同様パートタイムでもフルタイムと同様な労働条件と社会保障が保障されている。26歳から35歳の女性はパートタイムを選ぶことが多い。一つには育児という理由もあるが、実際には子どもの有無に関わらずフルタイムを選ばない女性が多い。その賃金が男性よりも低いというわけでもなく30歳までは女性は同等あるいは男性以上の賃金を稼いでいる。単に仕事だけに忙殺されたくないというのが大きな理由のようだ。（ＳＣＰ調査結果）（ポートフォリオ・バザール・オランダニュース）[5] ２０１７・1・31

私達も暫くの間、ワークシェアリングの生活をしていました。理想的な生活でした。しかし、突然夫が生死の境を彷徨《さまよ》う病に襲われ、大きな手術をしました。

当時、私はライデン大学で非常勤講師（日本語学科）をしていました。2年契約で更新するはずでしたが、諦めました。幼い子ども達2人のことを考え、家にいる時間を増やし夫の健康状態が回復するのを待ちました。その後、夫の職場に近いところに引越しをし、日本語補習授業校とオランダの現地校の同時転校となりました。夫の健康状態も安定し、私も再就職を心がけました。日系企業に再就職しました。昇進寸前まで行きましたが、丁度その頃、長女が難病の疑いがあると医師に告げられ、オランダ中の病院を駆け回ることになりました。結局、欠勤が多くなることから、辞表を提出しました。以上のように、幼い子どもがいる時代は、なかなか上手くいかないものですね。産んだ以上、親としての責任を果たすことが最大の優先事項ですから。そこで夜間の日本語講座（日本でいう大学市民講座のようなもの）を10年くらい続けましたね。今振り返れば、当時の選択肢は間違っていなかったと思っています。仕事と母親業の両立は、異国にいても、いつの時代も難しいものだと痛感していました。

日蘭の往復と母との生活と学位取得

今振り返ってみると、家族、特にオランダ人の夫・子ども達の協力なしでは、学位論文を修了することは不可能でした。長年の海外生活から、懐かしい日本の生活、しかも大学院で社会人大学院生として研究者の傍ら、母の介助とも両立させ、学位を取得できたことは、私の人生の中で大きな挑戦でした。

一時帰国では分からなかった日本の変化に、逆カルチャーショックを受けたことも忘れられません。現代の日本人大学生の考え方や行動など、色々と考えさせられました。日本で母を介助しながら過ごした日々は、決して無駄な時間ではなかったと確信しています。

今後、私がオランダという国で、どう生きていくかが課題です。帰国後、忘れかけていたオランダ語の勉強を再開。また、ユニセフ・オランダ、WAR Childのファシリテーターとして、ボランティア（交通費・

研修費全額支給）を始めました。オランダは、約300万人もの難民（主にシリア）を抱えています。私達の税金から援助金も出ています。今、私にできることは、今までの自分史を通し、少しでもこの社会に貢献できることは何かを問うことです。もちろん、仕事もしなければなりません。この夏からオランダの大学に付属する語学学校の教員として仕事に復帰します。フリーランサーとして復帰します。つまり、パートタイマーです。亡き父や母が私に残してくれたメッセージは、自分の能力を活かして、ボランティア活動もできるような人間性を身につけていくこと、そういう人間を目指してほしいということだったように思えるのです。まだまだ私の挑戦は続きます。

まとめ

ヨーロッパの小さな国、オランダ、チューリップと水車に象徴される風光明媚な国。4分の1が水面下にあります。江戸時代にはただ一つ出島を通して交流が認められていました。世界で最初に同性婚、安楽死、大麻、売春婦が公に認められているなど、先進国でも最先端の生活を現しています。「労働時間差差別のない『均等待遇』によるパート労働の促進」による、ワークシェアリングを実現した国、1700万人（2016年）の人口で約300万人の難民を受け入れていると聞いています。ヨーロッパの中心にあって、地に着いた民主主義が根付いており、子どもの幸せ度が一番高いとされています。

学ぶところの多い国に住んでいるという三浦尚子さんとの出会いは私自身の目を世界に広げる機会になりました。ご両親の生き様、西洋史の教師であった父親、祖母の介護をし、外国へ目を向けていた昭子さんの生きざまを見ることを通して、日本女子大の社会福祉学科への進学に結び付いたと思われます。交通事故が思わぬ出会いを生み出し、人生は何が起こるかわからないということを実感されたことでしょう。

オランダ人との結婚がスムースに進んだことも理解

あるご両親の素質を受け継いでいられたのかなあと想像します。大学女性協会の会員として昭子さんと知り合った私は、全国大会の席上の発言に感心させられたり、その当時の会員増の手腕に舌をまいたものです。想いを着々と行動に移され、政治家を志した上川陽子氏を大学女性協会会員として迎え、支えられたのも、昭子さんであったことも忘れられません。

【注】

（1）インドネシアでオランダ人が日本の捕虜にされていたこともあり、恨みをかう恐れもあった。

（2）オランダ人は世界一背が高い人種である。女性の平均身長は１７１cm、男性の平均身長は１８４cm、（２０１５年、４月26日、「世界中の仰天ニュースをお届け」）

（3）２０００年12月同性結婚法が成立、２００１年４月１日同法律、施行

（4）オランダ語・算数・総合学習能力・理科・社会のテストで、マークシート式、そこで選ばれる中等教育の学校の種類は以下のように分類される。ＶＭＢＯ（４年制の中等職業専門準備学校）ＨＡＶＯ（５年制の普通中等教育学校）ＶＷＯ（６年制の大学進学準備中等教育学校）https://didoregina.exblog.jp/10806189/

（5）www.portfolio.nl/bazaar/home/show/1737

青年海外協力隊に参加して

藤井卓子（ふじい　たかこ）１９５４年（昭和29年）生まれ 静岡市葵区在住

聞き書き　稲垣　吉乃・水井　恵子

難民キャンプの赤ちゃんと。JICAの雑誌『クロスロード』の表紙になった。

はじめに

藤井卓子さんは昭和29年、静岡市清水区鳥坂（旧清水市鳥坂）でみかん農業を営むご両親の次女として生まれました。「働かざるもの食うべからず」というお母さんの子育ては大変厳しく、卓子さんとお姉さんには、家事の手伝いが毎日用意されていました。お母さんの希望で進学したミッションスクールで、藤井さんは「使命を持って生きる」という教育をうけました。このことが後に青年海外協力隊に参加する理由の一つになりました。青年海外協力隊は１９６５年に開発途上国の経済や社会の発展・復興に貢献する事を目的に創設されたＪＩＣＡ（独立行政法人国際協力機構）が運営する日本最大の国際協力ボランティア制度です。２０１５年までに延べ４万人が参加しています。藤井さんは7年間勤めた家庭科教員を退職しスリランカに隊員として赴きました。そこで出会った現地の生徒の向上心に心の底から感動したそうです。価値観を変えた出会いでした。スリランカの自然や文化、若い生徒との心はずむ日々を、２０１８年アイセル21とご自宅で伺いました。

働くことが美徳の家に育って

私の子ども時代は本当に貧しい農家でした。

当時の静岡市と清水市（現静岡市清水区）を結ぶ北街道も砂利道で舗装されておらずリヤカーが主流で田んぼには蛍が飛び交い、まさに里山の美しい風情がありました。休みの日は同級生とアルマイトの弁当箱(1)を持って山に行き、山いちごをとったり、巴川でしじみ(2)をとったり、田んぼでタニシやザリガニをバケツ一杯とったり、ということが遊びでした。今考えるとかなり危険な事もいっぱいしました。

母は夜なべもしました。農家の嫁は「おしん」と同じ、と言っていました。母は納屋の機械で作った縄を売って私たちの給食費を賄っている状態でした。納屋には大きなわらがあり、私は大きなわらの中で遊んでいたことが思い出されます。父はオート三輪車(3)を買ってお茶やみかんの仲買の仕事も農作業が終わった夜まで母と二人でやっていました。みかん狩りの季節になる冬期には新潟や東北地方から季節労働者が男女６人くらいやって来ました。他の季節は父も日雇いに出て、農家の仕事は母が一手に担っていました。母は働いてくれる住み込みの職人さんをとても大切にしました。人は皆平等という考えをもっていて、姉や私に働いてくれている人と同じ食事をとるということを徹底した人でした。一緒に年に何度か旅行にも行きました。冬の間だけの契約の職人さんたちが1年間静岡に住みたいということがあり、それで父はサッシの会社を起業したんです。当時長野の諏訪あたりにキャノンや富士通など大きな精密機器の工場ができて、父は東京にある日本建鐵《にほんけんてつ》という会社の下請けの仕事をしていました。早朝から毎日、長野の現場に出かけていました。今の静岡県庁舎や日本生命の本社ビルのサッシもすべて父が手がけた仕事です。私が小学校に上がる頃には経済的にも豊かになっていました。家の手伝いは、４歳年上の姉も同様、小学校４年生くらいまでは竈でご飯を炊いていたと聞いています。明日は試験だという前日でも、職人さんが20人くらいいましたので、夕飯の手伝いは当たり前でした。ですから私は今も働いていないと落ち着かず、止まったら死んでしまうマグロ[4]のようです。

大正15年の麻機[5]の大農家の長女として生まれた母は「女に教育はいらない」という家に育ち、女学校に行けなかったことがトラウマになっていて、自分の子どもには最高の教育をということで私も姉も、中学、高校一貫教育のプロテスタントの私立高校に行きました。大学まで10年間キリスト教の学校にいましたが、宮沢賢治の影響もあって、仏教に興味を持っていました。離婚時に近所に住む粕谷明子さんに勧められて創価学会に入りました。

京都大学出身のオーストラリア在住の日本人大学教授の書いた『日本人をやめれられますか』（杉本良夫著　朝日新聞社【朝日文庫】１９９６年）という本に共鳴しています。人類は皆同じ心を持っているという事です。青年海外協力隊で赴いたスリランカでは、日本では出会ったことが無い、努力家でとても優秀な生徒や礼節正しい人達にも多く出会いました。

現地の方々との活動の中で、私の途上国の人に対する見方が変わりました。国際市民としての自覚を持って生きるとは日本人としてではなく、一人の人間としてどう生きるかが、最も大切なことだと思っています。私は25年間、家庭科教員として、世界の平和と平等、命の大切さをテーマに教壇に立ちました。これからの超高齢社会の日本においても外国人労働者を数百万人受け入れていく時代に突入。その外国人に対して一切の差別なく、いかに共存していくか日本人として生きる大きなテーマとなっていきます。

結婚

結婚は25歳の時です。知り合った当時夫は医学部を受験する予備校生でした。京都にある学生マンションに住んでいました。今のように携帯電話がないので学生マンションの管理人室には電話があり、里の親からかかってくる電話を学生に取り次ぐのが私の大学時代のアルバイトでした。そこで知り会いました。夫は7浪してやっと京都大学の医学部に入学しました。夫が大学2年の時に結婚しました。私は静岡市の東海第一高等学校（現東海大学付属翔洋高等学校）で家庭科の教員をしていましたが、結婚を機に退職して京都に行きました。夫の家は医者の家系で曽祖父は大阪大学で小児針[6]を開発した、東洋医学の名医で100歳まで講演活動をしていました。義父も70歳まで国立病院の院長をしていました。退官後に大阪府の豊中市に小児科を開業し、そして80歳になるまで地域医療に貢献しました。私の結婚条件は開業してまもない義父の小児科を手伝うことでした。その3年間の経験はその後の子育てに大変役立ちました。義父は一人一人の子どもや、その母親に真剣に向き合い、常に勉強を怠らず誰からも尊敬される心の暖かい人でした。私は経済的理由で3年で退職し奈良の私立高校の保育科の教員として就職しました。夫は6年で大学を卒業出来ず、私は学生の夫を日本に残し青年海外協力隊に行きました。大学を卒業してすぐ私は青年海外協力隊を受験してコスタリカに行く予定でした。けれども当時治安が悪く親の反対で行けなかったことがあり、二度目の受験でした。帰国後に支度金200万円が貰えるので、夫が医者になれなくても何か起業ができると思いました。特に義父は戦時中従軍の医師として戦地に行った経験もあり、私を応援してくれました。それで行くことができたのです。

青年海外協力隊でスリランカへ

昭和60年に青年海外協力隊の家政隊員としてスリランカの北中部の古都アヌラーダプラに赴任しました。農村開発では有名なサルボダヤ運動を展開する機関である「サルボダヤ」[7]に配属されました。ドレスメイキング（洋裁）で農村の女性が収益を上げることが任務でした。赴任してみると教室もミシンもない状態でした。アメリカから派遣されるPeace Corps（通称ピスコ／アメリカ政府が運営するボランティアプログラム）の人たちは潤沢な資金と共に派遣されますが、我々は身一つでの派遣の為、行ってから予算を取り付けます。まずは空き部屋を探しインド製のミシン10台を入れてもらうまでには半年ぐらいかかったと思います。その間に手作業で出来る手芸品などを作りました。スリランカは140年のオランダ統治下の後イギリス統治下に移り長い植民地支配の中で洗練された手織りの織物があります。

ドレスメーキングスクールの開校式。サルボダヤのDr アリアラトネ（右）

オープニングセレモニー「キリバット」（ミルクライス）はお祝いに食べます。

私と同期の隊員の中に国営の織物工場に派遣さ

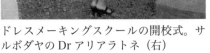

教室で生徒に教える風景

広大なサルボダヤの敷地に立つ教室

れた隊員もいました。

私が驚いたのは、生徒たちの有能さです。近隣の村からやってきた15歳や16歳の女性たちです。

Xmas バザー。カウンターパートのワーサラスリーエさん（右）

ドレスメイキングをするのに型紙もないので、日本にいる母から型紙のついた洋裁の本を5冊スリランカに送ってもらいました。それを生徒たちは5冊丸ごと電球の下で鉛筆で写し取るのです。あくなき努力をするすごい向上心に驚きました。

素晴らしい生徒たちでした。彼女たちとあの時出会ったことで、発展途上国への私の認識が変わりまし

教室で作ったワンピースや小物、ぬいぐるみ

た。彼女たちと作った日本人が喜びそうな甚平とか女性用ワンピースは日本人会のバザーや隊員にも人気で短期間で100万円以上を売上げたと思います。その売り上げでさらに材料を仕入れて仕事が軌道に乗りました。その後は優秀なカウンターパート(8)のワーサラスーリエさんに仕事も引き継ぎました。

　その頃はスリランカにはまだ内紛もありました。タミール人とシンハラ人の内紛です。町の中央郵便局が爆撃にあい、最後の半年は任地替えになりました。その頃は難民キャンプに栄養指導に行きました。小乗仏教の国では殺生が禁止でタンパク質が不足して、特に乳幼児の栄養失調が問題でした。

ジャングルにはアルマジロもいます

　スリランカには雨季と乾季があります。赤道直下の国ですが山地は地中海気候です。赴任地のアヌラーダプラの町も日本の夏より過ごしやすいです。湿度が低くて木陰に入ると涼しいです。動植物も多様性に富んでいて、日本にいないハチドリやオウムが窓辺に現れます。アルマジロもあたりにいます。巨大なトカゲや、巨大なヘビ、時には猛毒を持つコブラも。ある時、ジャングルの小道を家族が鍋や釜を持って歩いているんです。「どこいくの」というと「引っ

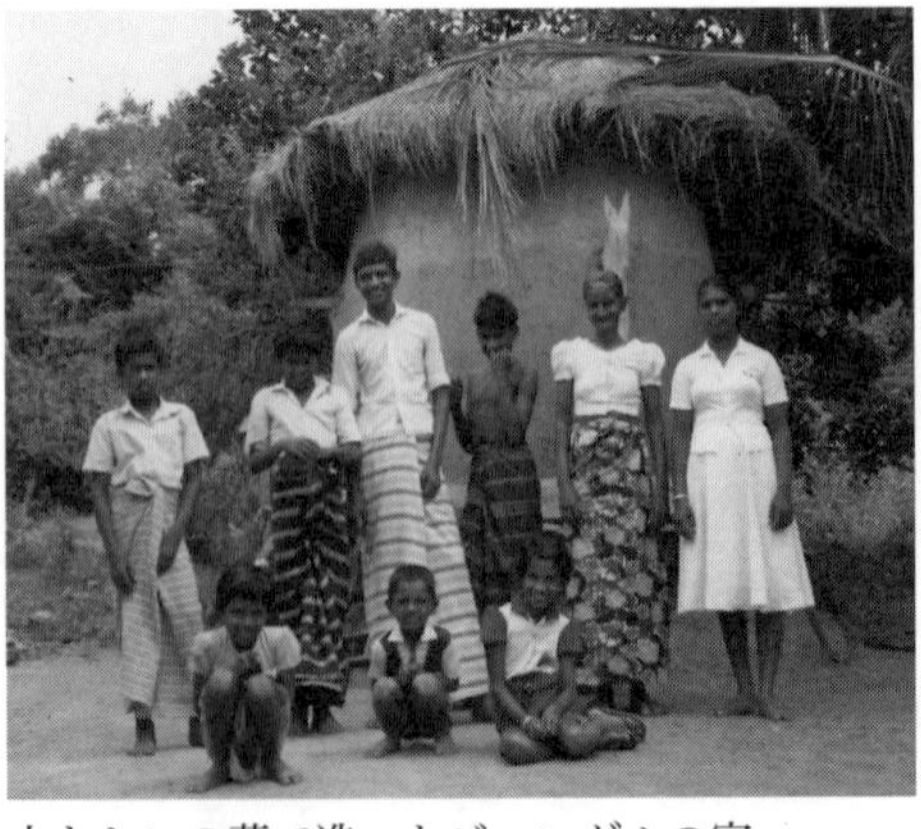

土とヤシの葉で造ったジャングルの家

越し」って言うんです。だいたいジャングルでは２～３日で家が建つんです。土を固めた家です。屋根は椰子の葉っぱです。

月に一度の満月の日は国民の休日です。生徒は月に一度各村に帰ります。私は毎月それぞれの生徒の故郷のジャングルの村に行くのが行事になっていました。とても奥深い村を訪れた時、生徒に尋ねました。「どこからどこまでがあなたの家なの？」と、「好きなだけ全部」と答えるのです。境界がないんです。耕した分だけ全部です。

稲作隊員の藤巻君の家に行く川にかかる橋。私と亜紀さん（奥）

満月の夜は、光り輝く月がジャングルを照らし、幻想的な風景に、時を忘れます。

スリランカの女性は一日中料理を作っています。夜は米を挽きます。次の朝に使うインディアッパという主食の食べ物で朝の定番です。朝も早く起きて、練り上げたものを蒸籠に心太のように練り出して、10枚ほど重ねて蒸すんです。朝食が終わったら、昼の準備、昼が終わったら夜の準備です。手間暇かけて一日中食事を作ります。ミーキリという水牛のヨーグルトも美味しいです。私の住んでいたアヌラーダプラはスリランカで最も古い都のあった町です。１９８２年ユネスコの世界遺産に「聖地　アヌラーダプラ」として登録されています。紀元前4世紀に王都として開かれ、２５００年前からの都で、町全体が遺跡です。灌漑用に造られた、湖のような大きなタンクがいくつもあります。とても美しい町です。その湖でとれるタンクフィッシュも美味しいです。

熱帯では農業に季節が無いようで、二毛作、三毛作もできます。庭にはマンゴーやパパイヤ、パイナップルなど果物も豊富です。スリランカはたいへん自然豊かで、食べ者は豊富です。

当時スリランカには70人の隊員がいましたが、男性の隊員は栄養失調になったり、デング熱にかかったり、大変でした。女性の隊員は元気です。自己管理能力が高いのです。

同期の隊員で私と同じ「サルボダヤ」に派遣された藤巻秀岳君は、稲作隊員で任地がジャングルの中でした。ガスも水道も電気も無い所だったので、月に一度亜紀さん

藤巻君（左）、亜紀さん（右）と私（中央）

という、養鶏隊員と美味しいものを作ってピクニックに行きました。彼は今新潟の新発田市の市役所に勤務しています。私より半年早く任地に入った上野亜紀さんは、難民キャンプの家族に鶏を配り、現金収入を得るお手伝いをしていました。今北海道に入植して有機栽培の野菜を作っています。一年後に「サルボダヤ」に赴任した、折茂和子さんは看護師で、「サルボダヤ」のいわゆる貧しい村を回っていました。とにかく栄養不足で主に乳幼児の体重

和子さん（左）と亜紀さん（右）はインド製の自転車でジャングルの村へ仕事に。私のクラスで造ったワンピースを着て。

測定でした。皮膚病も多く、衛生面の相談指導、等々です。毎日、自転車で炎天下の中近隣の村に出かけて村人たちの健康管理をしていました。今でも現役の看護師として群馬で活躍しています。

静岡市にある「ティーボム」というフェアトレードのお店をやっている、今井菜穂子さんは青年海外協力隊の後輩です。彼女はスリランカに11年。ミャンマーとサモアに調査員として２年。オーストラリアの大学院で経営経済を学び、卒業論文のテーマは「フェアトレード」です。現在も途上国との橋渡しをされています。

日本が青年海外協力隊を世界に送り出すのは、日本のＯＤＡ(9)が世界に貢献している事を知らせる事が一つの目的です。しかしながら現在は事業仕訳の影響で予算が削減され、生活費も賄えない状態にあるようです。

離婚と子育て

昭和62年スリランカから帰国しました。その後出産しました。奈良の高校の保育科での教員生活で学んだことが子育てには役に立ちました。

私の勤務していた、奈良の白藤高等学校の保育科では、生徒の教育実習も長期にわたりました。実習生を受け入れる保育園の保育にかける情熱と愛情は素晴らしく、公立の保育園のレベルもかなり高いものでした。集団保育の実践を目の当たりにして、乳幼児教育の大切さを知りました。赤ん坊はテレパシーで赤ん坊同士で会話したり、子ども同士のルールの中で育つことの意味を知ったのです。

私の子育ては「自立」がテーマ。愛情の言葉かけ「世界で一番愛してる」とレム睡眠の中で語りつづけること、１日20冊の絵本の読み聞かせと右脳教育。私の思いつく限りのメニューを用意することでした。日本では中学受験、高校受験にエネルギーを掛けますが、数倍大切なのが０歳から小学校入学までにあるのです。

プロ意識のある保育士の先生や、母と叔母、同僚、地域の方々、友人のお陰で、母子家庭の私でも子育てが出来たことに心から感謝しています。娘が小学校を卒業する日、クラスに帰って「お母さんにお礼を言いましょう」と担任の先生が言いました。皆「お母さんありがとうございました」と言いましたが、娘は「ママに育てられた覚えがない」と言いました。まさにその通りで、本当に多くの方々の愛情で娘は育ちました。

夫の借金が元で、裁判離婚しましたが、調停から一年もかかり大変なストレスでした。

養育費は月に15万円と決定しました。とてもよい条件でしたが、3年後に5万円になり、生活は苦しくなりました。アメリカでは罰則が厳しく、勝手に養育費が減額になったりする事はないと聞きますが、日本では支払ってもらえない事があたりまえのように起こります。離婚の理由は、夫は人には親切、子供好き、仕事も好き、私に対しても暴言や暴力はなく、優しかったのです。しかしお金にルーズで、散財癖がありました。

家庭科教師として

離婚して静岡に帰ってきました。私立高校に1年、その後県立高校の常勤講師になりました。その時出会った井上みちこ先生は今でいうジェンダー教育(10)に真剣に取り組んでおられ、月に一度の勉強会を開き静岡の家庭科教育に貢献されていました。男女共修の家庭科は1947年から提唱されていますが、高校で実践されたのは最近の事で、受験校では未だに家庭科の授業が殆ど行われていないところもあります。婚姻という単元(11)では、授業の前にアンケート調査をします。その中に「あなたはどういう人をパートナーにしますか?」という問いに男子生徒は「三つ指ついて『行ってらっしゃい』と言ってくれる専業主婦が良い」という答えが返ってきます。私が「もしも男性が何かの出来事で働けなくなった時、一緒に苦楽を共にしてくれる強い女性、しかも経済的に自立していることは大切ですね。」というと男子生徒は授業が終わる頃には

「キャリアをもった経済的に自立した女性と結婚したい。」と言います。家庭科教育のおかげで少しずつ家事も家族全員の仕事という、ライフスタイルに変わってきていると思います。

フリースクールを立ち上げて

45歳になった時、母に介護が必要になりました。私は母の面倒を見たかったので、教師を退職して家の庭に通信制高校のサポートスクール「ＮＰＯ法人コスモスクール未来」を設立しました。生徒30人に教員免許を持つ教師が15人。経営的にはプラスマイナスゼロでした。私の目的は「生徒が卒業単位を取る」という事です。生徒に対しては日々カウンセリングです。私はいろんなサークルでカウンセリングを学びました。その中で、「あざれあ」の電話相談の方たちのカウンセリング勉強会で「問題解決技法」という方法で良い結果が出ているということでした。でも設立当時からコスモスクールでやっていることと全く同じだったんです。過去は全く聞きません。今と未来だけを聞きます。「今何したい？」「今日できることは何？」「今日はこの問題一つ解く」そうして力がついてくると、どんどん人って変わってきます。レポート一枚できた。今度は試験受けて合格できた。そういうふうに自信が付いてくる。はじめはものも言わなかった子どもがどんどん明るくなってきます。協力隊のザンビアＯＢの天野恭子さんは陶芸家です。コスモスクールの週に一度の体験学習では、先生の個性豊かな授業で生徒のこころを癒してくれます。

私は３年間係ったのですが、設立から協力してくれた従妹の松本恵子が、校長として、引き継いでくれました。今では、松本や関わってくれた多くの先生方のお陰で社会に大きく貢献できる団体になりました。

会社は家族

娘が中学３年生になった時、夢は医者になる事だと聞き、娘の夢をかなえるためには、経済的に起業するしかないと思いました。色んな職業を考えましたが、その時出会った企業が販売会社を募集していました。一年間で100店の代理店を作る目標と、一ヵ月に1000万の売り上げの組織を作る為、夜中まで働いて、その権利を取りました。その会社は「株式会社IPSコスメティックス」です。企業理念はエネルギー理論で、量子物理学者の井上浩一が立ち上げました。「人は奇跡で生まれた。だから人には無限の可能性がある。そのことをすべての人に伝えたい。僕は企業を立ち上げたつもりはない。IPS家族を作りたい」このような、日本にはまだ無い、新しい企業の形を作っていく会社です。

私も80歳、100歳になった時IPSの大きな家族を作りたいと思っています。

曽祖父は100歳まで、祖父も80歳まで働いた。その姿を見て美しいと思いました。ですから、私も死ぬその日まで働きたいと思います。

おわりに

明治維新より150年を迎え、時代は新憲法施行後誕生した団塊世代も高齢者となっている今、子が親となり子が親となって歴史は作られてきました。どの時代においても子どもの為にと母はしなやかにたくましく生き抜いてきました。藤井さんは20代の頃から今でも変わらず、弱者の味方になり世界平和に向かって活躍されてきました。彼女の誕生の頃の日本は「貧乏人は麦を食え」という時代。その後の高度経済成長期のただなかに女性教師となり、離婚後一人娘さんの医師になりたい希望実現の為、教職を捨て現在の仕事に励んでこられ、その責任も果たして現在実業家として精進しています。若い頃からエネルギッシュに弱者の応援をされてきた生粋の静岡生まれの方。右手で教職体験者としてなすべき責任を果たした後、時に左手で実業家として一刀両断なさる姿をみて、どこからこの自信は湧いてくるのかしらと感心してきました。世界平和を子に伝え、孫に残したい水の星、地球。森と海のために、彼女のお母様から指導を受けた素晴らしい活動力に期待しております。平成の扉が閉じる風を感じながら。

【注】

（1）昭和初期から使われているアルミを加工した弁当箱。特に高度経済成長期に人気で広く使われた。

（2）静岡市の北部麻機地区を流源に静岡市を流れ清水港に注ぐ2級河川。昭和30年代までは魚やしじみを取る流域の人々の暮らしと共にあった。

（3）前輪が1つ後輪が２つの貨物用の三輪自動車の呼称。昭和20年代から30年代に多く使われていた。

（4）海流に乗り泳ぎつづける回遊魚であるマグロは、泳ぎながら酸素を大量に取り入れているため、止まると死んでしまう。活動的なことのたとえ。

（5）静岡市葵区南東部。みかん、茶を中心とした農業が営まれてきた地域。

（6）小児を対象とする特殊な鍼（はり）法。

（7）飢餓、病をなくすことを目指して農村開発や教育（サルボダヤ運動）を展開する機関、団体の総称。スリランカの教師で仏教徒のA、Tアリアラトネが始めた。

（8）赴任した青年海外協力隊員につく通訳および助手。（配属された先の配慮による）

（9）政府開発援助。開発途上国の開発課題の解決と持続成長に資する協力援助。

（10）ジェンダー問題として、妻は家庭に入り夫は会社で働くなど、性別役割分業の問題がある。それを学校教育が見直してゆこうという取り組み。

（11）教育目的のために、教材や学習活動を組織したカリキュラムの構成単位。学習単元。

《参考文献》

『平成26年版開発協力白書 日本の国際協力』
編集／外務省　２０１7年
『持続する情熱―青年海外協力隊50年の軌跡』
監修／独立行政法人国際協力機構　２０１５年

第４章　書いて写して表現して

４コマ漫画　を
描いてみよう！！
４コマ
講師　・　ごとう　和　（漫画家だよ）

東日本大震災支援活動としての「４コマ漫画教室」チラシから

必携品は辞書とワープロ――両河内のお茶を日本一から世界へ

片平　千代子（かたひら　ちよこ）１９３１（昭和６）年～２０１８（平成30）年

聞き書き　大塚　佐枝美

夫との思い出「柿の命日」を読む千代子さん
(2018.4.13)

はじめに

聖一国師が足久保の地に茶の種をまいたのは鎌倉時代のことである。以来江戸時代には将軍家のご用達となり、開国されると共に、主要輸出品として外貨獲得の手段ともなった。静岡県は茶の生産量、消費量共に日本一である。２０１３年に世界農業遺産に登録された茶草場農法に見るように、静岡県内には各地に茶産地と言われるところが様々あり、茶の種類、製造方法、から消費の仕方に至るまで、絶え間のない研究、努力が積み重ねられてきた。

ここに1冊の冊子と2冊のエッセイ集がある。『土とペンと女―花を咲かせる土となれ』五色豆の会―30周年記念誌(1)と『ねぎの花』(2)『りんどうの手紙』(3)。農家の主婦であった片平千代子さんの書かれた文集である。彼女を知ったのは、15年ぐらい前になろうか、勤労感謝の日に行われていたお茶会に参加して、おいしい茶の入れ方を数値化することにより、必ずおいしく飲めるお茶の入れ方を学んだ。今もまざまざと思い出す。集まった人々の御接待に追われている千代子さんに、いつの日かお話を伺いたいと心に秘めたまま15年が経過した。やっと念願を果たしたのは筍が芽を出し、草木の萌えいずる春の午後であった。

生い立ち

千代子は静岡市内から12キロはあるだろうか、安倍川沿いの安倍郡賎機村（静岡市葵区）牛妻の尾入勝太郎とすぎの長女として1931(昭和6)年に生まれた。茶の工場もやるお茶農家だったが、おみかんと植林と小作料で生活をしていた。一方で父は文学を愛し俳句を楽しむ人でもあった。長兄は4歳で夭折し、千代子が8歳、弟が3歳の時父と母は離婚した。生母は妹を連れて家を出、千代子は継母に育てられた。生母が家を出るとき「私はこの家の子だからここにいる」と宣言した。

弟が病気になったのは、それから5年経った19年1月末、脳膜炎と診断され一時は危篤になったものの、奇跡的に回復し、退院してきた。祖父母や父や継母に存分に愛されてはいたが、再度病気が悪化し「お母ちゃん　お母ちゃん」熱に浮かされて叫びつつ、継母に看取られながらも病気は悪化する一方で食事がとれなく、口もきけなくなり、まもなく天に召されていった。この悲しい思い出を『こすずめ』と題して、後に中学3年生のとき雙葉学園『交友会誌』に書いた。

叔父のこと

その当時、父の弟（叔父・新次郎）が同居していた。「小学校の4年生の時だったと思う。叔父が一冊の国語辞典をくれた。そして『お前には身近に教えてくれる人がいない。辞書をひけ、辞書は何でも教えてくれる』と言った。それなりに気を使って育ててくれた継母には申し訳ないと思うが、それが私と辞書を結びつけるきっかけとなった。（中略）ことばと字はおもしろいものだとその辞書ばかり眺めていた思い出がある。辞書を便りにかなり難しい本を読み、クラスの誰よりも物知りであると自負していた。将来は先生か童話作家になりたいと思っていた」と文章に書いた。今や私の辞書は7冊を増え、中には雙葉学園の国語の教師であった鶴殿昌子先生から頂いた小学館発行の大字判の国語辞典もある。

そして叔父は「文章を書きなさい。本読みなさい」と助言してくれた。自然を愛する人で『自然と人生』や『千曲川のスケッチ』などを読んでくれた。「一生懸命努力すれば必ず実現できる」と希望を持つことの大切さを教えてくれた。この叔父は戦争のために職業軍人になってしまった。方々を転勤して歩き、結婚した叔母と林口で暮らしていたこともある。一緒に住むようになった叔母のところに日記のように毎日便りがあった。千代子あてのものを探すのが楽しみだった。それが週に一度になり、月に一度になり、2月23日の「わが隊は明朝沖縄へ向かう。御身の平安と生まれくる我らが子に幸多かれと祈る」との手紙を最後に便りは途絶えた。後で江頭隊長から連絡があり、昭和20年の6月22日に亡くなっていたことがわかった。いつも22日になると千恵子おばさんのところに「叔父さんのご命日ね」と言って電話かける。叔母が「私はおじさんの3倍も生きたわ」と言う。共に暮らしたのは、半年も満たないで叔母は23歳から未亡人になった。女の子だったら名前は優子、男だったら浩太郎ってつけなさいと手紙をよこした。優子は20年7月に生まれた。だけど6月に亡くなっているので女が生まれたか男が生まれたかは知らない。叔父からの手紙は1冊にまとめられ、叔母は手紙を支えに生きてきた。かけがえのない分身として生まれた優子を静鉄に勤めながら大学まで進学させた。

雙葉の頃―認められた

牛妻で育って賤機中小学校は6年間、それから女学校へ入学したのは1944（昭和19）年のこと。駿府城跡地にある雙葉女学校は牛妻から12㌔、はじめは寄宿をしていたが、後は自転車で、牛妻からの1時間を4人の友人と通学した。それは楽しものだった。（学園では13年頃から軍需品の裁縫などの勤労奉仕が行われていたが、上級生は昭和19年には三菱重工の工場で飛行機用エンジンの製作に従事したとある）。

「生母は器量よしの妹ばかりを可愛がっていた。彼女が妹を連れて離婚した後、（中略）習字は下手、音痴、運動会はいつもびりに近い小学校の思い出はあまり明るくない。劣等感の固まりのような私が褒められる喜びを知ったのは、女学校1年生の時であった。寄宿生だった私は聖母マリヤを讃える5月、聖堂で行われる朝の祈りの時を報せる鐘をならすのが私の役目だった。ある朝、その鐘がどこにもないのである。必死に探した後、おそるおそる舎監のシスターの前に出てお詫びをすると『一所懸命探しましたね、立派ですよ』と誉めて下さったのである。物をなくして誉められる、初めての不思議な体験だった。結果よりも努力を尊ぶという校風が心の中にしっかり刻みこまれた。

2年になって日比花子先生との出会いがあった。初めて提出した作文に『本をたくさん読んでいますね、素直な文です』と批評してくださった。素直という言葉が嬉しくて私は作文が楽しみになった。原稿用紙の余白に赤インクで書かれた誉め言葉が何よりの励みになった。先生との交換日記をつけたこともある。終戦直後の物心ともに貧しい時代、我が家ではその皺寄せを私ひとりで受け入れているような辛い少女期だった。」

はじめてのエッセイ集『ねぎの花』（自費出版・2001）の序文に日比花子先生は「人との出会いの神秘に、私はしみじみとその恵みをありがたいと思う。

（中略）生徒たちの提出する作文の中で飾り気のない素直な、しかし物事を鋭く見つめる、そしてどこか心を打つ文章に出会った」との文章を寄せて下さった。

「学校が戦災にあったのは6月19日の夜であった。満天をこがす炎、その中にばらまかれる焼夷弾は細長い火の玉のように見えた。12キロも離れた自宅からの印象であるけれど、それは恐れを通り越させる異様な体験で心から消えることはない。（中略）私が学校にたどり着いたのはその日から3日が過ぎていた。煉瓦作りの地下室は瓦礫の山になり、二階にあった寄宿舎のトイレの排水管が残っていた。（中略）やがて短い夏休み（8月10日〜20日）の間に終戦になった。2学期が始まり間借りしていた水落の報徳高女に登校すると、朝礼で校長さまが『今日から本当のことが言えるようになりました』というご挨拶をなさった。永い間敵国フランスに関わりのある学園という精神的な弾圧の中で校長という地位にあったご苦労の大きさは、私たちにはしのぶすべもない。それだけに心にしみた。そしてまた三菱工場の工員寮が私たちの仮校舎にかわった。伝馬町の通りを抜けて春日町の踏切を渡る―そしてまっすぐ歩いて5分―それが私たちの通学路になった。（中略）木の粗末な長椅子を机の代わりに使い、押し入れの戸が裏返されて墨汁が塗られて黒板に変わった。（後略）」と「戦争の思い出」と題して80周年記念誌（1983）[4]に書いた。

結婚

成人式の頃継母は知り合いから農家の長男という見合いの話を持ってきた。継母の子ども女ばかり、「私はこの家の子だから」と言い切っていた千代子はこの家から出て行くことは考えていなかった。父は驚き、怒った。諦めてくれと懇願されても千代子の心は動かなかった。このことがあってから継母との溝が深くなっていき、生母の再婚先に身を寄せた。

相手の叔母が妹の先生だったという人から布沢の農家の嫁にと望まれた。布沢というところは清水市の中心部から20キロ、山々の間を興津川の支流である布沢川が流れる。かつては初代が駿河和紙の仲買をやっていたところから「紙や」と呼ばれてきた。布沢では50軒の内、４割は片平といい、全部親戚の人であった。「お前みたいな赤の他人が行ったら勤まるわけはない」と言って父は最後まで反対した。

見合いの席で第一声が「農業が何より好きです」との言葉だった。農業未経験の千代子は農家の長男という彼の身上書に迷っていた。ただ夫なる人よりもその家庭にあこがれての結婚だった。両親姉妹の揃っている普通の家族に大きな魅力を感じたのだ。

ある日、友人が新聞への投稿を依頼してきた。ハガキだったので祖父の目に留まってしまった。「新嫁が目立つことをするとあらを探されるから」と反対されてしまった。外出をとみに嫌う。みんな消極的だった。

本を読んではいけないと言われた。それを文集に書いたことがある。その頃、お茶もみかんも筍もやっていた。野良の昼休みに本を読もうと思うと、母から「雇どの人と話し合えるようにならなくちゃいけない。人の前で字を読むことなんかしない方がいいよ」と言われた。その頃は男ドンというのが一人いて、雇いどの人が３人いた。みんなが寝てしまってから新聞を切り抜いた、それをポケットに入れておいて暇があるとそれを読んだ。随分スクラップができた。

「雨の日は野良にでないでしょうね」。婚約時代に聞いたことがあった。「出ないよ」という短い言葉を信じてしまった。初めて体験した雨の日の農作業の辛さは想像を超えるものだった。「私のことを騙したね」と……。農家へ行けば雨の降る日は本が読めるのだと思っていた。そしたら長い柄の鎌が待っていた。

赤ん坊をおぶって里帰りすると母校に英会話やフランス語を学びに通っている友人たちに会った。彼女たちの姿はまぶしいほど幸せに見え、若くして山の中へ嫁いでしまったことを後悔した。このままでは自分だけが取り残されてしまうと焦りを感じ、自分にできる勉強はないか模索し始めた。ところがこの家では、物をもらうと礼状を書く役だった優しい母が「今度からお前がやってくれないか」と言う。それで書き始めた。それが評判よくって「あの家の嫁さんは文章が上手だ」そして、結婚してから5、6年経ったある日、父が「手書きあれども文書きなし、と言うけれどもよかったなーっ」と言った。「これでお父様が認めてくださったなあ」と思った。初めは「書いてはいけない」と言われた。「恐ろしいところだ」こんなところに「なんでお嫁に来たのか」と思った。義母が助けてくれたと思った。

その頃、新生活学校講座の受講生として義母に代わって婦人会に出席した。しかし外出を「ひまつくらし」と呼び、とみに嫌う舅の眼の中で講座に出席することは精神的に苦痛が多く、欠席しがちだった。婦人会に「婦人学級」が新設され、生活改善運動という旗印に向かって活動が始められていた。昭和30年代婦人会会長の望月ひささんと親しくなった。彼女は学級のまとめや発表の場を与えてくれた。千代子にとって楽しみでしかなかった作文が仲間の役に立つ。嬉しかった。そして第3者の共感を呼ぶ文章にしなければという学習の場にもなった。新婦だった千代子が発表者として壇上にあがることについて、昔気質な義父を説得してくれた。そうして『私は我が家の礼状がかり』と題して報告した。

また、『地下足袋の履き比べ』という調査を行い、3種のメーカーの製品を夫と息子に片方ずつ履かせて比較テストを行い、その強度を調べた。データを集めメーカーに提言した。「提言は正確なデータがあってこそ説得力がある」「提言は文書で送ることに確実性がある」「部員の提言が生きるところに本当の購買活動がある」ということを学んだ。

農業記録―ミカンの時代

結婚したころはみかんの全盛時代だった。両親から家計を譲られたのは昭和31年だった。その頃は茶が主幹作物で、筍、ミカン、栗、小作料がこれを援け、不足した分は杉や檜の立木を売って補うという戦前の地主の名残の残る経営形態だった。常雇は3人。第1次計画として、年間収入で1年間まかなえる自立経営になろうと、植林は大口の臨時支出にあて貯金とみなそうと決めた。その具体策として、ミカン園の開発に着手すること、ミカン園が成木になるまでの収入源としての茶の自園自製に踏み切ることにした。

昭和33年から5年をかけてミカン園1・4ヘクタールの畑を富士見園と名付けた。夫は柑橘生産部長だった。視察研修を兼ねた全国柑橘生産者大会が毎年各地で行われていた。必ず参加した夫の和歌山、熊本、愛媛などの青果会社の活気あるみやげ話は私を酔わせた。両河内は山梨県の県境に近く山の中腹に栽培される「無理作り地帯」であった。豊かになるためにはミカン作り以外にないとされていた。北限地域にも境を広げ、平地の田畑が見る見るうちにミカン畑になった。「果樹振興法」(5)という法律が協力にバックアップしていた。ミカン園転換事業の補助金を得てミカン園は2・4ヘクタールにまで広げられた。

その頃私の苦労の種は雑草との戦いだった。雑誌『柑橘』に連載されていた「ミカン園の草」で救われた。それは興津の国立果樹試験場の広瀬和栄氏の執筆されたものだった。草に対する新しい知識は除草の楽しさを教えてくれた。「これがオランダ耳菜草、こっちはやえむぐらときじむしろ」など名前とその語源を教えながら息子たちに草取りを手伝わせた。(中略)

昭和36年61歳の舅が中風で倒れ療養の身になった。夫が41歳、私が34歳の時に普及所の指導によって書かれた「生活設計書」が残っている。第二次計画として子どもの教育、家庭環境の整備を軸にして書かれている。営農面での目標はその頃の農協指導部のキャッチフレイズだった「重点作業の重点実施日の励行」を挙げている。夫の前年度までの営農簿記を参考にしながら、その年の天候をもかんがみ、防除や施肥、収穫の日程を決めた事を懐かしく思い出す。生活目標には被服費節約、交際費再検討、教育費重点など今も変わらぬ問題が取り上げられている。43年に老人部屋改築、46年に母屋新築など、すべて計画通りに進んだ。

しかし教育費最大期と名付けた47年から10年間その最初の年（長男大学進学、次男高校入学）にミカン不況の波が訪れた。この時期を乗り切るためにミカンを育ててきたのではないか、そのミカンが生産費を割る安値とは、どんなに努力しても農業は私たちの手の届かぬ所の大きな力に左右されてしまう。私の心は揺れた。大学受験を前にした長男に「これからの農業は並大抵のものではないと思う。お前ももしやりたい事があったら大学は他の学部を選んだらどうか」と言った。夫と私のできる範囲の経営にし、昔のように植林に頼る暮らしに戻ってもいいと考えざるを得ない心境だった。しかし彼からはこんな答えが返ってきた。

「僕は小さいときからお父さんのような百姓になろうと思って大きくなったので今更そんなこと言われても困る」と。その真剣な顔を見ながら一時の迷いとはいえ思慮のない親甲斐のない発言をしてしまったことを後悔した。「百姓がいやになると困るから長男は農学校に進ませるべきだ」という農村の風潮に逆らって、中学は静岡市の私学へ、高校は公立の進学校へ、親元を離して下宿させていた。就農すれば勉強の機会は少なくなるから、学生時代は広く一般教養を身につけさせたいと考えていた。農業以外の空気も充分すって後を継ぐと、自分で決める青年になって欲しいと願っていた。営農では大きな番狂わせがあったが、子育ては成功だった。私たちはこの息子に誇りを持って譲れる道をもう一度考えなければと話し合った。

彼の農大合格発表の日、舅は帰らぬ人となった。

長男の大学4年間は、文字通り苦闘の連続だった。2日の休暇が続けば必ず帰省して野良に出た長男、家事を一手に引き受けて留守をしてくれた姑、奨学生になれるよう勉強に必死だった次男、家族が一丸になって切り抜けたと言っても過言ではない。4万キロ近いミカンを夫とふたりで収穫し終えた年があった。未明、灯りを頼りにミカン園に登る。駿河湾からの日の出を見る。雲が赤く染まり、海が輝き、そしてその光がミカンの実に映えるころあたりが明るくなる。そんな光景は新鮮で感動的で重労働を忘れさせた。

婦人会の部長となって

本格的に婦人部の活動を始めたのは１９７７（昭和52）年46歳の時だった。清水市農協婦人部両河内支部のまとめの係になった。当時本部には石川マンさんという素晴らしい部長がおられ３２００名の部員の要として地域の農業に密着した活動が活発にすすめられた。両河内支部は３００人、部長にならって次のような活動計画をたてた。

①勉強するグループを育てよう
②茶産地にふさわしくお茶を美味しく入れられるお母さんになろう
③部員の提言から出た自主的な販売活動をしよう
④お父さんに総合健診をすすめよう

両河内地区に献上茶の指定があったのは53年のことである。高級茶の産地としての意識の高揚を目的とし、他にもさまざまな研修がもたれ、婦人部もその恩恵に浴することができた。

まず前から行われていた営農講座が茶に焦点を絞って充実されていった。茶の栽培―防除、施肥、整枝、育苗―について茶業試験場の一流の先生を招き受講することができた。みかん産業の衰退により、経営のウェイトは茶にかかってきたが、当時は在来種が多くやぶきたは30％にも満たなかった。石川部長の陣頭指揮のもと技術の研修をかねて茶のさし穂（苗）づくりをした。クレモラ（遮光用の黒い網）を張り巡らした畑の中で奉仕作業、毎年30万本のやぶきた種の苗を作った。平成7年度の県の品評会で優秀産地賞をいただくことができた。

ミカンから茶園に

「2ヵ月のミカン切る日は海よりの日の出を拝む峡に生くれど」歌会初の御題にちなんでこんなつたない歌

が日記に残されている。（中略）長男の卒業を前に、夫は農地の交換分合[6]を進め始めた。全園小型のトラクターで耕せる畑にし、茶専業農家として生きる道を開くのだ。「ファームＵＦＯ」、「勝志園」、「穂育園」という3カ所が、交換分合によって出来上がった我が家の代表的な茶園である。

「ファームＵＦＯ」は、隣接したミカン園を杉林と交換してもらい60アールにまとまったヤブキタ園。夫と息子の名前「勇」と「豊」を合わせて音読みにした。折からピンクレディーの「ＵＦＯ」がヒットしていたので横文字にした。村で一番暖かな山の中腹にあり、今の我が家のドル箱的存在になっている。（中略）「穂育園」は、息子の結婚を記念し保母であった嫁にちなんでこう呼ばれるようになった。境を接する4名の人たちの好意で交換分合がなり1ヘクタールにまとまっている。

野良でもできる勉強の場をとＮＨＫの婦人学級に加入し農協の野外放送に耳を傾けたこと、ＰＴＡで新仮名づかいを修得したこと、生活改良普及員を中心に瓶詰めなど保存食作りに没頭した歳月、公民館で夫と共に詩吟を習ったことや英会話も3年余り、華道も録音ボランテイアもと列記していくと、気持ちよく参加させてくれた家族に感謝の気持ちでいっぱいになる。「茶のさし木（育苗）と「手塩の会」と名付けて活動している婦人部ＯＢの保存食作りは千代子のライフワークになりそうだ。

千代子の最も幸せだと思うひとときは、夕食後の家族の団欒である。夫婦親子の垣根を超えて友達同士のように話し合える我が家風を大切にしたいと考えている。

「果樹振興法に輸入規制がなかったことが残念だったなあ！世界の市場を相手にしなければならないことを考えなかったのかなあ」と夫。「政府だけが悪いじゃあないよ、農業の曲がり角という警鐘がなった時、流行ばかり追わないで地域にあった農産物に力を入れよう、もっと土を耕そうという農業の原点に帰らなかっ

富士山を望む片平さん一家の茶畑。左から千代子さん、勇さん、諒くん、翼くん、次郎君、真理子さん、豊さん(『家の光』1995．5.1)

た百姓も悪い」と息子は父をチクリとやる。続いて大学の先輩や青年部の仲間がそれぞれの地域で特産物と取り組み成果を上げている実例をあげる。そして「これだけの土地を譲られたのだから」と姑にも声をかけ、「おれはめいっぱい百姓で生きていく。坊主たちふたりも百姓にさせる。こんな夢が描けるのも農道を作ってくれたおやじさんのおかげ」と父親に花を持たせることを忘れない。

千代子は振り返って言う「私が農家へきて大変だったでしょう。大変な私を救ってくれたというのが生活改善グループだった。運動があって良かったなと思う。歌も踊りも下手だけど司会だけはできる。地区の婦人部、そこ生活改良普及員の人が来て、『言うべきことははっきりと言いましょう』先輩に落合きみえさんという方がいて、主人のことを『あなたと言いましょう』と言って有名になったことがあるよ。私は夫のことを呼び捨てにする。本人にはちゃんと〈さん〉をつけますけど人前で話す時は呼び捨てです。だから子どもだか夫だかわからない。それからお勝手の改善とか、味噌汁を飲みましょう、放送を聞いて勉強しましょうといって、県大会まで出ました。」

嫁姑の問題は終わりのないドラマ

姑はね本当にしとやかな、上品ないい姑だった。「私みたいなのが来ちゃって、そして真理子みたいなのが来て、嫁姑の問題ではいつも講演に歩いた。『仲良く過ごすには？』嫁のことを書いては賞金をもらってきた」と言う。

一番初めはジェームズ三木氏の「僕の澪標時代」と題する講演会に参加した際、「講師は『解決の難しい対立』を探すことがドラマ作りを成功させる大きなポイントになると言った。としたら嫁と姑の生活はドラマではないか、終わりのないドラマである。それが見ごたえのあるものにするか安っぽいメロドラマに終わらせるかは役者である私たちの肩にかかっていると考えたら、いつもは煩わしいと思う人間関係が何となく楽しいものに思えてきた」それを「終わりのないドラマ」と題して昭和62年度東海大学ふれあい教養感想文を書いて賞をもらった。

一番たくさんもらったのはね「履かない地下足袋」という題で、あの人（嫁）が農作業しなかったのよ。毎日新聞で最優秀賞になって、一番それがたくさんの賞金だった。みんなを連れて箱根へ遊びに行った。30万円もらっちゃった。びっくりした。とにかく嫁のことを書くと賞金もらうの。面白いお嫁さんで

姑、猫も交えて、片平家全員集合（『家の光』1995.5）

しょ。

真理子は元保母だった。お茶インストラクターとして、小学校の生徒にお茶の入れ方を教えている。60歳を超えた。「お茶に心をのせて」という豊好園のモットーどおり『豊好園通信』で茶園管理の様子や緑茶の知識、おいしいお茶の入れ方などを書いてきた。

１９９１（平成３）年には全国茶品評会で煎茶部門１等になった。それを記念して、11月23日勤労感謝の日にお祝いをかねてお茶会するようになった。

『母と生活』から『五色豆の会』の仲間たち

平成元年は我が家にとって忘れられない年だった。県道を走行していた夫の車に沿線の立木がくずれ落ちてきた。車は大破し、運転していた夫は意識不明の重傷を負い、病院に搬送された。幸いな事には病院で３カ月、自宅療養半年で完全に回復した。その間の「よしこさん」の話題はミステリーじみた話でドラマ化され、後に演じられた。

書いてみようかなと思って渋皮煮のことを書いたものを『母と生活』に「手塩にかける」という題で投稿してあった。入選したとの知らせを夫の病院先で知った。入選者の中に農家の主婦が５名いた。この人たちと仲間になって、『五色豆の会』を作った。それがずっと30年続いている。

「文章を書く友達がいるということはとても良い。初めは５人から始まって、本が読みたくても本が読めなかった。皆さんご存知ですか私はこれを大事にしているんだけど、『愛情は降る星のごとく』尾崎秀実の書いたこれを大事にしている。娘の頃のベストセラーだった。嫁に来るとき行李にいっぱい本を持ってきた。お義父様やお義母様がびっくりしただろうと思う。こんな本を読むようなヨメコが来て困ったものだと思ったに違いない。

今、また始めたんですけどね、早朝執筆と言っているんだけど、米寿記念に作らなきゃと思って、早朝、4時半頃、頭が一番冴えている。本を読んだり書いたりする。誰にも邪魔されないし、ここの家は嫁さんがこれをしなきゃいけないっていうものはなかった。ありがたいなぁと思っていた。朝起きるとお父様がかまどの火を焚いている。『お父様すみません』と言うと、『俺は寝れないからいいだよ』と。いい家風だなあと思った。」

『ねぎの花』これは初めに作った文集、自分でワープロ打ったんですよ。その中の一文「葱の花」というのは母との思い出を書いたものである。

「実母がまだ再婚していなかった頃、母が住んでいるという町に訪ねて行った。やっと見つけた母の家で彼女の第一声は『なんだね、その頭は。いつ床屋にいった』と伸びた私の頭をなじることだった。連れて出た妹がいかに幸せであるかを力説した。会いに来るんじゃなかった、と唇をかむと、叔父が『姉さんは情のこわい女だなあ』と口をはさんだ。すると母は思い出したように『お昼でも食べていきな』と言った。丸いちゃぶ台が農家の暮らしの私には珍しかった。煮物と開きと味噌汁、茶碗が妹と同じなのが嬉しかった。食事半ばに母は台所に立ち、小皿に葱を刻んで持ってきて『お父ちゃんにかくれて食べたっけねえ』と言った。(葱を刻んでかつお節をかける)簡単なこの小鉢物が父は嫌いだった。特に女は風変わりなものを食べてはいけないと固く禁じていた。しかし母には好物だった。何かの都合で昼食が遅くなるとき、台所の隅でそっと食べていた。その姿を見つけると私は必ず傍に行き、横からちょっとつまみ食いをした。母と私の秘密だっ

た。なつかしい味が口いっぱいに広がった。訪ねてよかったと思った。……物心ついてから両親の不仲を見て育った私は、それが離婚という不幸な結末になったときにもさして驚かなかった。父の不倫が直接の原因になったので母には世間の同情が集まったが、贖罪の日々を送っている父の方が好きだった。……母と私のそんな葛藤を小説に書いてみたいと思っていた。

しかしそれが実現しないうちに母は逝ってしまった。肝臓癌であった。昏睡状態になった母は今までに見たこともない優しい顔をしていた。ふと赤ん坊だった私を母はこんな表情であやしてくれたのかと思った。そうに違いない、初めて授かった女の子だものと思った時涙が出てきた。『お母さんごめんなさい』と心の中で繰り返していた。」

その後、孫が出版文化会へ就職したので柘植さんの指導で孫が作ってくれたのが『りんどうの手紙』。これは２０１２（平成24）年のこと。でもみんなが「『葱の花』が一番いいわ」と言う。迷い迷い作ったんだけどね。来年の４月に米寿になるの。それを記念して作ろうと思って打ちためてあるの。翼が「おばあちゃんまた作ってあげるよ」っていうものだから、もう一人漫画を書く孫がいて、「挿絵は僕が書くよ」と言う。

おととし脳梗塞をして、一晩で文字が書けなくなった。ワープロは打てた。書式を変えるとかそういうのはできなくて、家族から「他に楽しみがないから文書書きなさい」と言われて書き始め、やっと書いたのが、今年『県民文芸』に入った。「募集要項をよく見て書けば良かったのですけどね、長さは20枚だったのですよ。だけど私10枚しか書けなくて、入選だけで入賞ではなかったのです。まだ文章を書けるのだと思いました。」

夫のこと

夫は94歳で亡くなった。それを『柿の命日』と題して書いた。「今日は水曜日デイサービスですよ」と私はいつものように声をかけた。「分かっているよ」と夫は答えた。いつものような元気がなかった。「どうかしたの」という私の問いに「今日は休む」とだけ言った。多分ホームで面白くないことがあったんだろうと思った。4人姉妹の中の一人息子の彼は、卒寿過ぎても理解に苦しむような幼さがあった。坊ちゃんじいちゃんというのが昨今の彼の呼び名だった。先日も帰宅後もうデイサービスにはには行かないと駄々をこねた。その日は彼の楽しみにしているカラオケの日だった。上機嫌でカラオケの歌を歌っていると「下手な歌を歌うな、いい加減にしなよ」と言う声がかかったと言う。「無作法な連中のいるところにはもう行かない」と言う。「あなたが好きな歌でも、毎回同じ歌を聞かなければいけない相手のことも考えなければ」となだめてみても機嫌は直らない。「今朝は吐き気がする」と言う。「柿の食べ過ぎね」と私は笑った。柿は夫の大好物だった。便秘がちな体調を案じ柿はあまり与えないのが我が家の家訓だった。その日、息子夫婦は出かけていて留守だった。夫は家族の目の少ないのを幸いに裏庭の石垣をよじ登りという冒険を犯して柿を取ってきた。テレビを見ながら食べてしまったのだ。あの時注意すべきだったという後悔が今も今も残っているが、好きな柿を夢中で食べている姿を子どものように嬉々として柿を口に運ぶ。家族のいない気安さと共に、彼の体に柿が合わないと言うことを忘れさせてしまった。夫は吐き気がすると言って、午後になっても吐き気が治らないので嫁の車で診療所へ向かった。我が家の家族医として親しい先生はすぐに各種の検査を済ませ、早急に必要な治療はないけれ

とびっきりの笑顔で

ど無理をしないようにと言っていつものような日常生活のアドバイスをしてくれた。「大きな病院で検査してもらいますか」、という先生に夫は「風呂に入って寝たい」と言う。私たちは柿の話を笑い話にして診療所を後にした。それから家に着くまでの10分の間に夫は心臓の発作を起こしたのであろうか車から降りられなくなっていた。孫と娘の息子の手を借りて、かけつけた先生に最後の脈を取ってもらった。死亡診断書には慢性心筋梗塞急性増悪と言う長い名前がついていた。親しい人の手によって、仏間が整えられ、花が飾られ香の匂いが立ち込められていた。目まぐるしい時の流れの中で別れとはこんなにあっけないものであろうかと思いながら夫の枕元に座り、人々の注文を受けていた。昨日までデイサービスを楽しみに、畑の見回りもしていたのに。「大往生だね」と誰もが言った。94歳という誕生日を過ぎたばかりで、旅だって行った。まさに天寿を全うしたと言えるだろう。悲しんではいけない。夫の野辺送りをしようと思った。葬儀は内輪にという夫の意思にも関わらず別れの参列者は会場に溢れていた。そして私も今未亡人と言われる身になった。夫とともに死ぬべきか、未だ死なずに生きている。その言葉の意味だと言う。共に死ぬべきなのにと呟くと友達が二人のたくさんの思い出を捨てないように長生きすることと励ましてくれた。告別式の謝辞は我が言葉で述べたいと思い、ワープロに向かった。

告別の辞

気持ちにはっきりケジメをつけさせた。彼の言葉が聞こえてきた。その思いを謝辞の冒頭に記した。

「何よりも農業が好きというあなたの言葉に憧れて、あなたの妻になってから65年の歳月が流れました。お別れにあたり心からあなたにありがとうと言いたいのです。どちらかといえば理系でスズキが好き、スポーツ観戦を楽しみにしていたあなたにとって、文学少女の気持ちの抜けない私は歯がゆい存在だったと思います。その私を農家の嫁に根気よく育ててくれたことへの感謝、みかんの全盛期だった新婚の頃はつるはしをふるってみかん園の開墾に精出したこと。目標の1000本目の苗を小学6年生の長男と植えたことも忘れられない思い出、そのみかんが減反政策に遭い伐採を余儀なくされたのは年号が平成に変わった頃だった。それからは適地適作でなければと作物は茶に代わり成長した息子を応援する立場になったこと。いつも土の上に立って同じ思いの歳月を大切にして、余生を楽しく支えてくれる家族や仲間を大切にして感謝して過ごしたいと思う。」

ウィニフレッドのこと、

ウィニフレッドとの思い出は何かありますか？　とお聞きすると……

「学校の方をおやめになった時、私お手紙書いたの。その頃英語でもう書けなくて次男に頼んだのよ。次男がとっても上手に書いてくれたの。私の言う通りに書いてくれた。喜んでお礼状をくれた。interesting 面白い手紙だった。シスターは私が子どもの頃は『ミスオユリ』と言いました。『尾入』という代わりに『オユリ』と言った。『オユリ』は小さいゆりを意味しますを意味しましたから私がとても嬉しかった。と言ってやったらお手紙下さった。どこかにあるかもしれない。私英語大好きだったの。3年4年ぐらい前までは大人の英会話やっていた。もうだめですけどね。NHKの大人の英会話、昔はね町を歩いて外人がいるとそばへ行って話しかけて、バスに乗ると必ず隣に座って話しかけた。懐かしい。中学校の時は英語がとても好きだった。ウィニフレッドはとても良い方だった。中河内に教えて頂いたおばあさんがいた。その方に私が『ウィニフレッドがお目にかかりたい』と言ってたわよと言ったら、『こんなおばあさんになったから嫌だ』とおっしゃる。そしたらウィニフレッドが『私もおばあさんだから来てください』って言うの。それが実現しないうちに亡くなっちゃった。ウィニフレッドにはポエムを教えていただいた。今もダフォディル[8]とかあの頃みんなで楽しかったねっていうのソルタリーリバー[9]、なつかしい。

子ども達とよくやったね英語のしりとり、だもんで子どもが英語が嫌いになっちゃった。私たちは学生の頃よく英語のしりとりやったのよ。

シンガポールへ行った時におだてられて、あなたの英語は美しいと言われて、ブラウス４枚も買っちゃったもん。」

嫁の真理子さんは語る

以下は真理子さんの話である。

私は作文大嫌い。ところが婦人会の役をやっていた時に、成人式両河内だけの成人式をやっていた。同窓会みたいで子ども達が１００％ぐらい全員集まるんですよ。そのことを静岡市になってひとつになったじゃないですか、ここではそれを残していたい。新聞に書けと言われて、お母さんが書いてくれた文章を見ながら、全然違う文を私は書いて静岡新聞に投稿した。お義母さんがやっきりしてね「私は毎日新聞に出す」と。私は１０００円だったけれどは毎日新聞は２０００円だった。両方掲載された。

家を継いだのは次男です。長男が出版文化会、田舎の中学で長男の方は上から数えた方が早かった。次男の方は下から数えた方が早かった。困っちゃってどうしようかなと思って頭を悩ましたんです。農大出の父親が、母校へ連れていった。「大学は楽しそうだから大学行きたい」「大学に行くためには高校に行かなくっちゃ」それで必死になって頑張った。私が数学を教えて、お父さんが英語を教えたの、みんなはテレビを見ないで我慢したね。1月から3月まで3ヵ月、勉強やる気になればできるんだよね。終わりから数えた方が早い子が、やっと先生から静農の推薦を頂いて、たまたま静岡県の後援会長さんが清水の方だったんです。それで推薦いただいた。入学式の日に「お母さん卒業できなくてもいいか」、「一生懸命やってね卒業できないなら仕方がないよ。遊んでて卒業できないんだったらお金返してね」と言った。そしたらなんとか卒業証書もらって来た。領収書を頂きました。後をついでくれて、同居してくれるお嫁さんを連れてきてくれて、こんなにありがたいことはない。

「農家の行く末」

ここはお婿さんが多いです。ますおさん。娘が親と一緒に住む。息子は外へでる。お婿さんは農業やらないでサラリーマン、農業では子育てができない。20年ぐらい前に子育てをする人たちが農業から離れました。今、子育ての終わった人たちが農業をやってきたんだけどここへ来て、畑に肥料を買うため、自分の年金がくわれちゃうからやめる、この村で農業やってる人は5、6人、農家は本当に寂しいですね。お茶の値段が下がってきたから余計に、両河内のお茶というのは急なところで作るので体力がいるんですが、量的に出る量が少ないんですよ。牧之原の人達に比べると、深蒸しのお茶というのはある程度伸ばして深蒸しにするものだから一反歩あたり800㌔位とるんです。私たちのところでは400㌔位、量的に半分しか取れなくて値段も半分ぐらいなんですよ。あちらは早いじゃないですか、こちらは遅いでし、相場でいくと、4分の1ぐらいしかないわけです。専業でやっていくのが本当に大変。我家たまたま残ったんです。それは30年ぐらいまでに共同工場から独立してせっかく作るんだから小売りしなよと言われて、それで小売りを始めた。小売りというのは自分で決めた値段で売るものだから世の中の相場が下がってきても1000円のお茶は1000円で売ることができる。それで何とか残れたんですよ。でもここへ来て毎日お茶を飲む人が減ってきたものだから、一番茶の時に1年間の飲み茶を買う人がいなくなってきた。おばあちゃんが亡くなると息子たちはいらないですから、毎日お茶を飲むと人が減ってきて急須のない家が増えてるんです。冷蔵庫からペットのお茶を出す。ペットのお茶というのは秋冬番といって秋にとるお茶なんですよ。最近は秋冬番の値段が300円ぐらいかな。ずっとそのくらいで落ち着いているものだから捨てないで作ろうかということになったんですけどね。秋冬番では生活するのが大変です。

「両河内は俺が守っていく」

次郎は「僕がこの産地を守る」と。売り口をしっかり探しているんですよ。話をしながら営業をやっているんです。10年以上経つのかな。チェコの方がお茶祭りの時に来て、「かぶせ」のお茶とか「玉露」がないかと言うんですよ。家には「かぶせ」のお茶があったので、普通外国の人が「かぶせ」のお茶なんてわからないじゃないですか、そういうお茶が好きで家の畑まで見に来て、来年から買うからと言って少しずつ買ってくれるんですけど、その方とメールでやり取りをする。今はチェコに2件あってニューヨークに1件あってマサチューセッツ州と。ロンドンの方は奥さんが日本人なので日本語が分かる、少しずつですけれども、子ども達には「英語だけはやっとけよ」と言ってます。でもいい息子ができてよかったですよ。この時代に「この地域は俺が守っていく」という。

「雲海の茶園を」

お茶自体に物語をつけて売り込むんですね、うちの茶園には結構霧が出るんですよ。霧の上から富士山が見える。それで『雲海の茶園で、畑を見て歩くツアー』を計画。朝6時半頃集合して、山へ登ってみる。山でお茶を飲んで家へ来て、朝ごはんを食べて……、周りの方がお茶を止めていくそれを引き受けて増やしていくということもやっています。うちは3町6反ぐらいだったんだけど今6町歩ぐらいある。夫の方が音を上げていますよ。会社のものとしてやって行くとか言って、うちの畑も会社のものになっている。2017年『Discover Japan』(10) の編集者の人が来たんですけどその前の年の秋に世界お茶まつりが静岡であって、その写真のここへ行きたいということでこんな企画ができたんです。雑誌に掲載された。「天空の茶園へ」標高350mに位置する両河内は春と秋の早朝、興津川から立ち上がる川霧が雲海となって茶畑を覆う。この地で茶樹の栽培から製造販売まで手掛ける「豊好園」では20種類を超える品種を育てている。

雲海の茶園（『Discover Japan』2017.6月）

終わりに

孟宗竹は孝行の徳により寒中に筍を得て母親に食べさせた孟宗という名の少年に由来するとか。この地の筍も特産品として蔵珠寺の養雲和尚が京都より移したものであり、えぐみのない、やわらかい筍でした。

「いろんなことがあったけれども面白かった私の人生。おばあさんが楽しんでるから子ども達も楽しい。そういうのが引き継がれていく」といっていた千代子さんは私たち訪ねた10日の後に夫のもとに旅立たれました。文を読み書きすることは、しっかりと受け継がれていく、科学的に判断し、絶えず向上させたいという心意気、毎朝のように山に登り、茶の芽の伸びようを確かめるという長男の豊さん。茶を愛する心は、親から子へ孫へと引き継がれていく。『茶に心をのせて』を商品名にしていることからも、千代子さんの悲しかった、苦しかった半生が、何を喜びとし、何が人を豊かにしてくれるかを教えてくれたに違いない。「両河内のお茶を守る」という若い、末頼もしい後継者を得て、ほこほこと温かい気持ちにさせていただいた貴重な出会いのひとときでした。

【注】

(1) 五色豆の会『土とペンと女―花を咲かせる土となれ』(２０１８月) 50頁　30周年記念誌

(2) 片平千代子『ねぎの花』(２００１)

(3) 片平千代子『りんどうの手紙』(２０１２)

(4)『静岡雙葉学園八十年記念誌』(１９８３)

(5) 果樹農業振興特別措置法 (１９６１・３・30)

(6) 土地の利用を増進するために、土地の交換・分割・合併をすること。

(7)「我が家のモットーは５×５」『家の光』(１９９５・５月)

(8)「The Daffodils」という William Wordsworth の詩は、英国浪漫派時代の有名な作品。湖畔のラッパ水仙の群生を観て詠った詩。

(9) 同じく Willam Wordsworth の詩「麦を刈る乙女」「The Solitary Reaper」は１８０３年スコットランドに遊んだ際に作ったものとされる。麦刈りの労働にいそしむ娘の姿と彼女が歌う物語に、自然の中にたくましくに生きる人間を感じ、詩心をそそられたのであろう。

(10)「天空の茶園へ」『Discover Japan』(２０１７・６月) 50頁

一人の27年　二人の47年　ふるさとの心育てて

清水　喜久栄（しみず　きくえ）１９３７（昭和12）年生まれ　静岡市清水区在住

聞き書き　**大塚　佐枝美**

清水喜久栄さん

はじめに

用宗の海岸のかたわらに小さな絵本の図書館がある。「遊本館」は、子どもだけでなく、大人にも子どもの本に親しんでもらおうと、公私ともに読書運動に邁進してきた清水喜久栄氏の夫の故清水達也（館長）が、１９９４（平成６）年６月に静岡県静岡市駿河区用宗《もちむね》の海辺に開館した私設資料館である。

夫亡き後も、喜久栄（現代表）さんは長年の夢であった遊本館の継続のために、本を楽しむ場所、交流する場所でもあるようにと、遊本館友の会を作り、今も図書館を守って活動をしている。紹介者である佐々倉祐子氏と共に訪ねた私たちに、本に埋もれて、人の出会いと楽しさを澄んだお声で、小さいお体にほとばしるように熱く語られた。

祖母きくと3人の息子

曽祖父酒井善次郎は、清水区の美濃輪（現次郎長通りの赤い鳥居近くで、代々大工の棟梁の家系に嘉永3年に生まれている。妻土屋ふでは矢通りの出で、嘉永5年に生まれ。一女・二男に恵まれた。

明治維新で横浜が建築ラッシュの時代になると、親しい医師・石本家二代目に、家を買い取ってもらい横浜に移った。

正確な年は不明だが、職人姿の善次郎が生後間もない長男喜久（明治13年生まれ、祖父になる）を抱いた銀板写真が残っていた。たぶん横浜で撮った写真であろうか？　小金を得て清水に戻り、新地と呼ばれていた赤い鳥居の先の松井町に家を建て、得た小金は明治銀行に貯蓄していた。

祖父の喜久は、親たちが背中合わせで住んでいた美濃輪神社の三女・酒井きく（明治15年生まれ）と結婚、二女三男を設けた。

時代は世界恐慌に突入して明治銀行が倒産し、息子の学費や娘の嫁入り支度にと後生大事にしていた貯金を失った。きくは「少しでも役立てたい」と薪や練炭の類の小商いを始めた。

家業を継ぐ長男光太郎（父）は、早稲田の講義録で建築の勉強をしたが、次男貞次郎（叔父）は東京の大学に行きたいと家出した。日大に入学し、兄光太郎が学資として全収入を仕送りした。卒業後、役所に勤めたが、給料に不満だったようで渡満した。官費により学費無料の「建国大学[1]」に入学し、卒業すると国境警備隊長の職を得る。職が決まると、すぐに結婚話になった。1週間できまり渡満していった。

帰国後は状況が一変。意欲的だった貞次郎は信用金庫の平行員で終わり、嫁さんが商才を発揮して、清水の相生町の3館並んだ映画館の前で喫茶店を開き、その後、静岡の駅南でビジネスホテルを開業した。貞次郎の信用金庫が駐車場に欲しいと乞われると、さらに駅南に広い土地を求めてアパート経営を始めた。

子どもがなく、私を養女にと望んでいたが、気楽な身分で、定年後は若い頃の小和田教授の今川研究会に入り、平澤ライディングクラブに通って乗馬を楽しんでいた。帰りに草薙の家に寄り、不意に来ては仕事の邪魔をした。

父は建築の仕事から自警消防団員に所属していた。静岡大火（昭和15年）に駆けつけた。静岡大火のことは、渡辺茂男が、『寺町三丁目十一番地』（福音館書店（1969）で書いているが、父の口ぐせは、「一つ目の半鐘で起床、二つ目の半鐘で着替え、三つ目の半鐘で家を出る。消防自動車に乗り遅れない」だった。

昭和13年5月5日喜久栄と光太郎

父の自慢は、清水東高（当時の旧制庵原中学校）の運動場への入り口の土地が、当時の商工大臣の縁ある屋敷の設計の公募に応募して選ばれ、一族が仕事を請け負うことになったことである。末弟清治は、「その屋敷のおかげで中学（旧制）に行かせて貰え、兄貴に感謝する」と言っていた。けれど自慢の屋敷は、戦時下の焼夷弾で焼失してしまった。

幼い頃、父は、日本軽金属三保工場の徴用工だった。終戦直前の7月、敵機が工場めがけて爆弾を落とした。下からも応戦したが、敵機は急上昇して高射砲は届かなかった。土煙が工場を包んだ。そのとき、隣にいた人は片腕が吹っ飛んだというが、父は無事だった。

昭和16年夏、叔父の清治は海軍に入営することになり、軍艦が出港するというので、両親は4歳の私と1歳の弟を連れて横須賀港に見送りに行った。

初めて汽車に乗った私は、丹那トンネルに入ったとき「夜になったの」と聞いたことや軍艦三笠に乗ったとき、「大きな大砲」と言ったことも覚えている。当時の女の子も大砲を知っていたのだ。

清治に言わせると、3回軍艦が沈没したが、生き残れたのは「中学時代に水泳部だったからだ」と言う。

亡くなったときに軍隊仲間が、棺を海軍旗で覆ったのが印象的だった。そして海軍仲間の結束の固さを感じたのだった。祖母のきくは子どもたちの無事を祈って、「お百度参り」に励んでいた。それが効を奏したのか、息子たちは全員無事だった。しかし、きくは私が母のおなかにいた、昭和11年に亡くなった。

復員した清治は、光太郎の仕事を手伝っていたが、筋向かいの端切れ屋のご主人に、「お宅に見える大柄な女性はどういう人？」「姪だよ。婿にならないか？」の会話がきっかけで、婿になり、役場勤務という職まで得ることになった。端切れ屋の娘K子さんは、私と1歳違い、2人でよく清治宅へ遊びに行った。

清治からは、父から教わらなかった酒井家の歴史を教えられた。

誕生と生い立ち

妻「きく」を亡くした祖父は、最初の内孫の私を「喜久栄」と命名した。子守役に石本家に一生奉公するつもりでいた「はる」を呼び寄せた。

善次郎が自宅を売ったとき、乞われて石本家に奉公にあがっていた末の妹はるは、三代目が向島に「結核療養所」（のちの市立病院の敷地）を作り、初代医師会会長に就任すると、家政婦頭として重要な立場になっていた。私ははるを「ばあばあ」と呼んでいたが、石本家のお嬢さんたちを育てたように大事に育てられた。

祖父の喜久は銭湯が好きだった。私は祖父の死まで一緒に男湯に入っていた。祖父は左腕に彫物をしていた。とぐろを巻いた大蛇に巻かれた「おろち丸」が、口に巻物をくわえ忍を結ぶ図は白い腕に藍色が美しかった。日焼けしないように夏も長袖を着ていた。父は「彫物をしているのはやくざだ」と嫌っていたが、孫の私は「きれい」と眺めていた。歌舞伎で有名な演目の図柄は、今でも私の目に焼きついている。

秋葉神社のお祭に行ったとき、海ほおずきを買ってもらった。麦わらの籠にいろいろな種類が入っていた。舌でおさえるとキュウッキュウッと鳴るのが嬉しかった。今は海ほおずきを見ることはできなくなった。

祖父は贈られた酒を飲んで腸出血をおこして急死した。当時、酒は貴重品で大勢の酒好きが命を落とした時代だった。「喜久栄が嫁に行くまでは元気でいる」と言っていた祖父だったが……。

父は軍需工場が閉鎖されたが、残るように勧められた。戦時下で妻久美子の配給所の仕事を手助けしていたので、戦後の食糧難の時代に食糧を集め、売ることに関心を持ったようだ。妻の実家のミカンが売れたのを手始めに、青森のリンゴを貨車で運ぶことに専心した。

屋号は「大喜久」をそのまま使っていたので、「大喜久さんの貨車が、駅に入った」と情報が流れると、小売業者が集まってきたのだった。手伝う男衆が4、5人いた。その時代、仕入れは前払だった。集めても集めても足りない需要に、新規の相手を探した末、青森県の県会議員の娘婿という人物に出会い、その肩書を信用したのが失敗だった。代金は送ったのに、リンゴは届かなかった。税金が納められなくて家中に督促状が貼られた。税関係は民事裁判を起こして、損失が認められた。裁判の結果は支配人の責任になり、小金は全て失い、一からの再出発になった。

母は小売業に励み、父は缶詰会社の専属ミカン仲買人になり、県内の農協を回ることになった。幼い頃の記憶にある店は「乾物屋」。海苔、干鱈、するめ、鰹節、味噌、食塩、砂糖等々を商っていた。醤油は近くの酒屋が商っていた。

隣は鮮魚店で一日干しの干物も並んでいた。ゆでた海ツボが並ぶと、匂いがたまらなく食をそそった。

冬の夕方、巴川通りに、むしろを敷いて女衆が牡蠣をむいていた。お鍋を持って買いに行ったりした。

昭和30年頃まで、巴川の港橋と三保の塚間を結ぶ渡船があり、牡蠣むき場の近くに渡船が止まった。巴川製紙へ運ぶ筏流しがあり、商船大学の競泳ボートが見られた。

7月の盆の16日の夜は、「大瀬大明神」と書かれた灯篭が。巴川を下っていく光景が幻想的だった。

清水の地震と震災

近くにあった清水国民小学校に入学した1944（昭和19）年12月7日、清水に地震[2]（東南海地震）があった。その日の5時間目の授業が始まる直前で、みんな教室に入っていた時に、地震がおきた。1年生はお昼で帰るのだけど、先生が熱心な方で、お弁当持ちだった。みんなが教室を飛び出して行く中、私ははじき飛ばされ、最後になった。ガラスは割れ、戸棚はひっくり返り、机は散乱し、歩けなくて、這って廊下まで出ていった。ところが近所の6年生が、運動場へ出て行く途中で、おぶって出ていってくれた。母親は配給所をやっていて、留守だった。母親は南矢部の出身で、その兄（伯父）が、学校へ様子を見に来た。先生の「腰を抜かしたのでしょう」との言葉で、それはおかしいと伯父が私をおぶって、巴町の病院に連れて行ったところ、左足を2ヵ所骨折していた。そのまま、母の在所に連れて行かれたので、自分の家がどうなったのか、全然知らない。うちの離れが在所の近く（南矢部）の畑に立っていた。一族はみんな大工だったせいか、解体してそれを持っていって建てたらしい。南矢部から空襲や艦砲射撃も、日本軽金属が爆撃されたのも見ることができた。

読書の思い出

幼年時代には絵本が無かった。ただ1冊あった絵本は、『ミズノタビ』。山に降った雨が川に流れ、赤十字病院の横を流れる。傷痍軍人たちが治療をしている。川は次第に太くなり、海に流れ、水蒸気になって空にのぼって行く……
西條八十の童謡集。ペローの『長靴をはいた猫』等々。

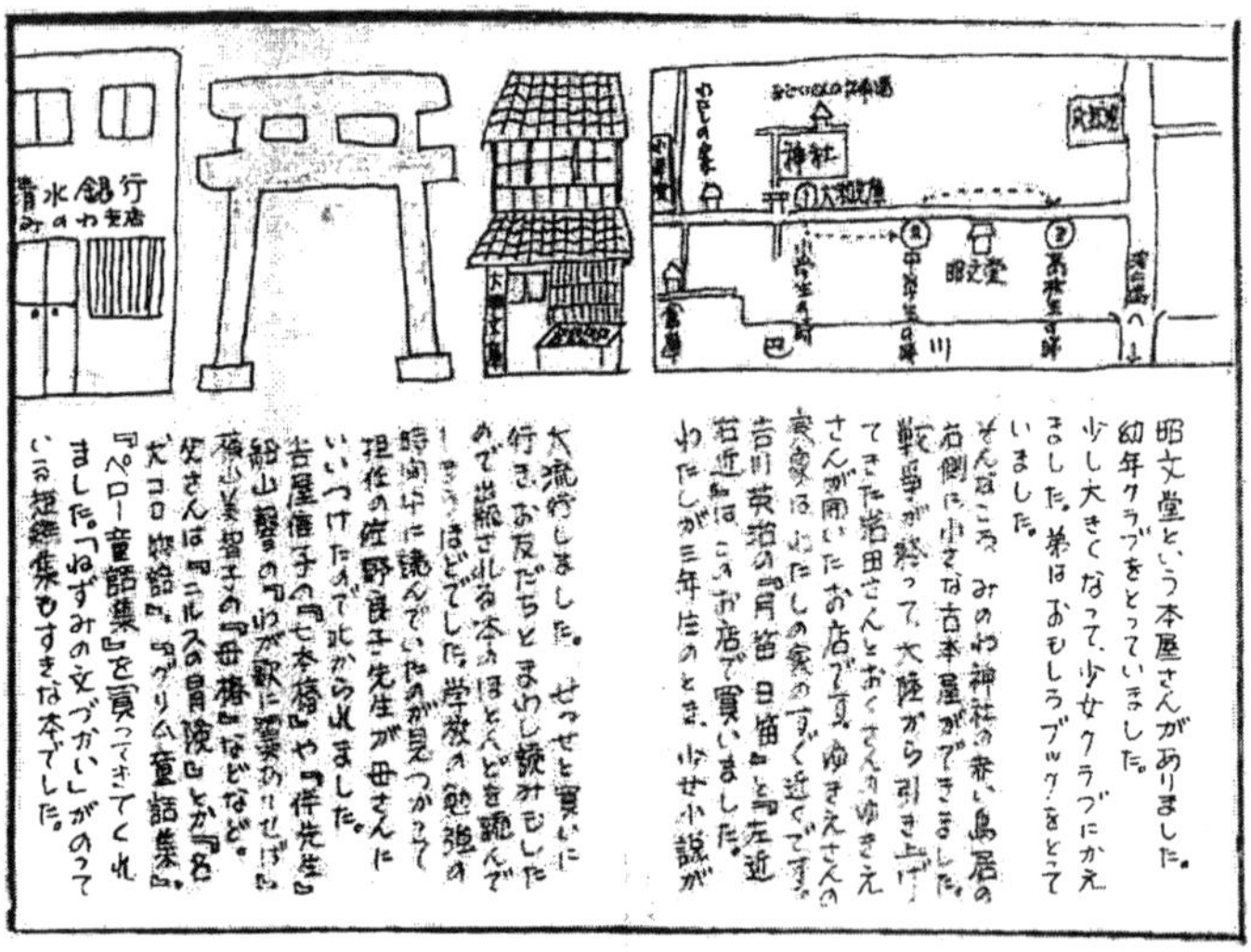

おさな日記№.1－終戦前後の子どもの暮らし　しみずきくえ

戦後間もなく与えられたのは『ニルスのふしぎな旅』。豊かさに驕り、神の怒りにふれて海底に沈められた町が、百年に一時間だけ海上に現れるのを目撃したニルスが、助ける手がかりがあったのに、小人になったニルスには、落ちていたコインは大きすぎた。失った機会を嘆くニルスの姿が耐えられなかった。それが私の金銭感覚の原点になっているようだ。大江健三郎も子ども時代に読んでいるが、彼はどこに心を惹かれたのだろうか。

その頃、清水の図書館は、戦災で焼失して清水幼稚園（本町）の講堂に間借りしていた。通園場所で行きやすかった。佐々木邦の『次男坊』を借りて読んだ。少女小説にも夢中だった。小遣いを持って昭文堂に走ったものだった。

低学年で読んだ短編童話集は、書名の記憶にないが、楽しい童話が満載だった。高学年での短編童話集では、「ネズミのおとしぶみ」が印象深い。後に知ったのだが井原西鶴の文が原作だった。

小出省吾の作品は種々与えられた。小出省吾は父と同年齢、郷土の作家として関心を寄せていたのかも知れない。

佐藤紅緑の『ああ玉杯に花うけて』は、後年、古本屋で出会って手に入れた。吉川英治の『月笛日笛』は、赤い鳥居の横にあった古本の大和文庫で出会い、車座という言葉を知った。後年、再読したいと思い、国会図書館にあるのを知り、受付で手続きをしたのが、手に届いたときには帰らなければならない時間になっていたので借りて読むことができず残念だった。『右近左近』は、静岡県立中央図書館の吉川英治全集に収められているので再読できた。

中学校への通学路に貸本屋があり、寄り道をしては新刊を借りた。石原洋次郎の本が多く出版され、映画化されていた。『若い人』は人気だった。友だちと映画を見に行ったときなどは何回も見ていた。今と違い途中からでも入ったり出たりできた。

高校時代のこと

高校に進学するとき、母は「静岡城北高校に受験させたい」と、担任の野村先生に相談したらしいが、先生からは「清水の東高に」と勧められた。自分は清水西に行くつもりでいた。先輩に東へ行った人はいなかったし、母久美子の従妹は清水西から「御茶ノ水女子大学」に進学していたし、当時は米屋の娘が東大に入ったと評判になっていた。先生は越境入学の上、あまりの遠距離通学を心配したのだろう。私は、すんなり清水東を受験することになった。

１年の担当は化学の有原先生、初めてのテストの成績に気落ちをしていると、「いい成績だな」と言ってくれた。考えてみれば、中学の上位が集まっているのだからと気を取り直した。

そしてまた２学期、当時部活は1年生だけ所属すればよかったので文芸部に入った。作品を提出することになり、「高山樗牛の墓を訪う」というエッセイを提出した。それが県立高校の作品集の最初の頁に掲載されたのだ。その作品集が有原先生から渡された時には驚いた。国語の成績が、その後ずっと高評価だった。

また、文芸部の先輩（静大生）たちが、文芸部にやって来て、サルトルやカミュの話に熱中するのにも驚いたし、高杉一郎教授の訳書『レマン湖の畔』を知った。

先輩のひとりから、「ケッセルの『昼顔』を読んでごらん」と言われて、まじめに受け取って読んだ作品の内容に驚いた。昼は医者の貞淑な妻、夜は奔放な女という設定であった。その彼は中村弘、ペンネームを黒沢収といい、達也とは同じ詩人会に入っていた。10年以上を経て、清水達也と一緒に再会できた時には、お互いにその偶然に驚いた。

2年の担任は数学の金指先生。父が面接したとき、「お茶の水女子大学を目指したらどうか」と言われたと母久美子に告げたところ、母の態度が豹変した。

当時、お茶の水大出の従妹の子を、多忙ながら保育園に通う子を預かっていたのだ。両親とも学校図書館に関係していたので、夜遅く迎えに来て、眠っている子を抱きかかえて帰るのを見ていたから、「あのような暮らしはさせたくない」と言っていたからだ。

母には夢があったようだ。城北高に通わせて、薬科大学に行かせて、医者と結婚させたかったのだ。

母は医者の娘だった祖母を尊敬していた。村の人に頼まれて代筆をしたり、相談相手になったりする姿が、幼い目に焼き付いていたのかも知れなかった。婿取りの母親と違った印象が強烈だったようだ。「結婚しないで生きる」と言ったことにも拍車をかけたに違いない。

夢を父の事業の拡大に転換させた母は、学資の出資を惜しみ始めた。また、その頃から体調が芳しくなかったのかも。「目の前にいると手伝って貰いたくなる。勉強がしたかったら家にいるな」と言いだしたのだ。

幸い東高は定時制があり、図書館は定時制の終了時間まで開いていた。夕食を食べずに図書館で過ごし、帰宅して夕食を食べる日が多くなった。ついに3年生の9月に急性膵臓炎を患った。

父は文学青年だった。幼いときから本を沢山与えてくれたが、エンターテーメント系で、『婦人公論』は読むな」と言われていた。母は、「本を読む女は、嫁の貰い手がない」と言い続けていた。

私は、国語の担任の井本先生から、2年生の夏休みに提出した「読書ノート」に、「驚くべき読書量」と書かれるほど世界文学全集などの読書に熱中していた。

私はひとりで生きる道を模索していた。

3年の担任は英語の先生。相性が最悪だったが級友には恵まれていた。女子は廊下側1列で、前の席次には和田春樹。教頭の息子で教員宿舎に住んでいた。超優秀。東大に入学し、教授から、名誉教授になり、ロシア問題でテレビに出演したり、慰安婦問題では紙面を埋め尽くしたりした。皆で教員宿舎に行ったことなど忘れがたい思い出である。

3年のとき、新聞に先生の身長問題が掲載された。自身Sサイズでは、生徒の中に埋もれてしまうと思っていたので追い打ちをかけられた。一応、地元大学の文系を受験したが失敗。自分のお金が欲しかったので、会社に勤めた。

幸い親しい市会議員が、日本水産清水工場の誘致に関わっていたので、工場の労務係に採用された。女工さんの給料計算をしたり、労働監督署、健康保険組合、失業保険事務所を回ったり……と多忙な日々だったが、給与計算にイギリス製の機械を使うことや、南極捕鯨に半年も乗船する人、北洋の鮭鱒船団に乗船してきた人の話を聞くのは楽しかった。

あるとき、「世が世なら、会うことのできない人！」といわれて、本社から出張してきた人を見に…それは姫路城主の子孫だった。

その頃、波止場に「五万石」という出前を届けてくれる食堂があり、社員同士で出かけるという楽しい日々もあったが、3年目の9月にまたもや急性膵臓炎になり、1週間、飲めず食べずの状態になった。

急性膵臓炎は暴飲暴食が原因だというが、そうでないのに患うのは食事の時間が不規則のためではないかと考え、夕食は夕食の時間に、夜食は食べないと決めて実行した。出社すると仕事はまるまる残っていて大忙しの日が続いた。3年で退職した。その後は一度も患っていない。

中学校の図書室には、日本文学全集が並んでいたので片端から読みあさった。熱中したのは島崎藤村だが、思い出の作品は田山花袋の「田舎教師」。行田に行ってみたかった。翻訳作品では「風と共に去りぬ」と「城砦」。「風と……」とは古本屋で」買い、ずっと持っているけれど、『城砦』は、クラスメートとのH君から借りて読んだ。その後、紆余曲折を経て今は書棚に並んでいる。

中学生時代、若い国語の女教師たちと話し合ったとき、「風と……」の後で、化粧が話題になった。「成人しても化粧はしたくない」と言うと、一人の先生が「社会人になれば、化粧をしないわけにはいかない」と言ったのが心に残っている。

母は、高校を卒業すると同時に化粧品を買い求めた。商店街に店を持つ母は、顧客に町内や両隣の町にも化粧品店があるので、買う必要があったためかもしれないが。本を読むことは嫌ったが、化粧やお洒落には、お金を惜しまない人だった。初めて買ったパンプスは赤だった。2足目は空色だった。それに合う服を作ってくれた。これは少し嬉しかったが……。

勤務時代の読書は、ヘミングウェイ。当時映画が次々に上映されていた。『日はまた昇る』『武器よさらば』『誰がために鐘は鳴る』『老人と海』等々。短編では『キリマンジャロの雪』も好きな作品だった。

母が右半身不随になって、数年は読書も映画も無縁となった。

達也との出会い

母の体が不随になったのは45歳のとき。妹は小学校6年の夏休み。父は子ども会の会長をしていて、バスを連ねて日帰り旅行に出かけた。

同伴した母は、翌朝、しゃべり方が飴玉をしゃぶっているようだったので、疲れたのかも？　と休んでいるうちに意識が亡くなり、２週間ほど眠り続けた。

意識が戻ったときには右半身が動かなく言葉を忘れていた。父は、医師の助言を得て、手もみマッサージと電気マッサージを一日交替で呼び、言葉は父が指導していた。当時は中伊豆にリハビリ病院があるだけで、回復の見込みは芳しくないようにみえ、子どもたちが見えるところで暮らすことを希望した。

父は事業拡大の夢を諦め、資金を長屋建設に回して母の介護生活に入る。私と弟は、母の店を引き継いだ。

弟は23歳で結婚し、私は義妹にバトンタッチするため、商家の暮らしを引き継いで貰う準備を始めた。

いよいよ自分の道を歩けることができると思っていた。父が私の貯金にプラスして、長屋の隣に貸家を建てて家賃を仕送りしてくれるという。親友も東京に住んでいたので準備はできていた。


そのとき母の従妹夫妻から「今度、図書館に転任してきた人、貴女にぴったり」と伝えられた。歓迎会場で撮ってきた写真を見せられた。

誘いにつられてゴールデンウィークあけに、彼と葵文庫の近くの喫茶店でコーヒーを飲み、七間町の映画街に行き、『ロング・シップス』という映画を見た。バイキング船が幸福の鐘を探しに行く映画だった。

それから間もなく、私は、友だちが申し込んでくれた「葵文庫」の夜の読書会に行くことになっていたので、その話をすると読書会の会場に係でないのに達也が座っていた。しかも私を誘った友だちが、「あの人、知っているわよ。私の友だちが振った人よ」というのだ。

読書会が終わった後、達也と駿府公園を歩いた。しばらくは、あちこちデートをした。三保の松原で小さな漁船群が連なって走るのを見た。金谷の大代では、無限の井戸を見た。楽しい時間だったが……私の設計は？　と思うと不安になった。すると周りの人たちは、「夏を越してはスエル……」と、結婚式の準備を始めた。

詩人会の幹事の布施常彦が清水税務署に勤め、次郎長通りの中ほどの金物店に下宿していたことや、私の店の事情もあり、達也は清水で下宿先を探した。

出会って2ヵ月、葵文庫からは住まいは遠かったが新築の貸家はあり、式場は美濃輪稲荷神社、隣の魚屋の仕出しを取り寄せて社務所での披露宴をした。

とにかく周りが協力的、あっという間に結婚式が整ってしまった。熱い季節、神社でウェディングドレスの挙式になった。1964(昭和39)年、27歳だった。

達也の生い立ち

達也の父は、金谷の2代目の医者、母は信州上田近くの青木村出身の看護師。東京の病院で知合い、東京で暮らしていたが、家を継ぐために生まれたばかりの長男を連れて金谷の五和に戻って来た。そこで生まれたのが次男の達也。命名は祖父だという。
父親は一人っ子のためか三男三女を作り、いずれは兄弟で総合病院を作ることを夢見ていた。ところが末子が母親のお腹にいたときに、父が心臓発作のために急死した。達也は旧制中学校時代のことである。長男は医者になるため上京し、文系志望の達也は家に残った。
「一家の柱を失い、6人の子どもをかかえて、母は、途方に暮れたに違いない。次々に少なくなかった土地を手放し、財産も、あらかた生活のために消えた。そんな生活の中でも、母は決して僕らには、困った顔を見せなかった。苦しい家計をやりくりして、母は、長男には医家を継いでもらおうと、大学へやったが、僕を大学へやる学資まではなかった。そう、ぼくに告げる母の顔は、悲しそうにゆがんでいた。父の死後、はじめてみせた母の顔だった」『お母さんの日記帳』(1988)130頁
「終戦の時が小学校6年生だった。周辺に子どもの向

けの本は手に入らなかった時代、疎開してきた友人が持っていた『子どもの天文学』にすっかり魅せられ、天文学者になるとひそかに決めていた。しかし先生から聞かれると『戦車兵になります』と答えていた」

『遥かな日々』（１９９５）26頁

「人生について思い悩むようになった僕は、いつか、芥川龍之介や太宰治の小説を読みふけるようになった。高校時代からは詩作をはじめ、文学にのめりこんでいった。高校を卒業すると、ぼくは職に就いた。小学校の教員だった。（中略）教員になったぼくは、子どもたちに読書の素晴らしさを伝えようとつとめ、読書運動に熱中した」『お母さんの日記帳』（１９８８）１３１頁

結婚後、男性教員は親密で次郎長通りの場末にあった貸家に足を運んでくれた。集まっては麻雀を楽しんだ。賞金は缶詰。麻雀の後は宴会で日本酒２本を平らげた。肴は持参のトトロ汁。

あるとき、台所の戸口から藁づつを放り投げた。戸口の外は道だったから、私は走って拾い集めた。忘れられない思い出になっている。貸家での楽しかった思い出は水神さんの祭りの夜。６月15日は達也の誕生日であり、ボーナスの日である。当時は現金で支給された。好物の枝豆を準備しておけば、寄り道の好きな人がまっすぐ帰ってくる。２階の窓から花火を眺めながらビールと枝豆で楽しく過ごした。12回続いた。

困ったのは飲んだらタクシーで帰る人で、次郎長通りのはずれから静岡まで、店での私の給料はタクシー代で終わってしまう。静岡に近いところに転居したかった。

茶の間ひととき運動

達也の図書館での仕事は「茶の間ひととき運動」と称し小学3年生を対象に、親子で1日20分本を読み合う運動をすすめることだった。

鹿児島県立図書館長の椋鳩十先生が１９６０年、提

唱した「母子二十分読書運動」で、その成果が新聞紙上をにぎわしていた。静岡県立図書館の「茶の間ひとき読書」運動は、それに刺激されて誕生した。この運動を取り上げた当時の岡本滋氏は「民主主義の基本というものは、国民がそれぞれ正しい判断力をもつことにあるのではないか（略）社会教育の推進上一番大きな壁になるのは、社会の最小単位であるところの家庭にあるんではないか、家庭に社会教育を持ち込むにはどうしたらよいかを考えた結果が『お茶の間ひととき読書』であった」と記している。（『母と子の対話のための読書〈茶の間ひととき読書〉運動の記録』（1969））

その実験校として県内の6校が選ばれ、そのうちの1校として金谷町五和西小学校も選ばれ4年生を担任していた清水達也も実験校として参加実施した。

その結果、県立図書館[3]が県内の運動にするための担当者として呼ばれたのだった。

また母親たちが読書会活動にも熱心な時代で、本を積んだバスを走らせていたので、バスに同乗して県内の母親読書会の指導にも当っていた。

「茶の間ひととき読書」に参加していた先生や母親から、子どもの本を勉強したいとの声が上がり、達也の上司湯山三樹徳課長が始めたのが「静岡子ども本の家」の雑誌であり、創刊号の巻頭言で、「静岡県子どもの本研究会会長」として、決意を述べている（昭和44年4月）。達也は事務局長になった。2号の巻頭言では、児童文学者小出省吾が、「雨あめ　ふれふれ―アメリカ児童図書館の思い出―」を述べている。6号で後に女性史研究に足跡を残し、「水曜文庫」という家庭文庫を開いていた市原正恵は、「静岡子どもの本を読む会[4]」の活動／市立図書館の協力を得て」。9号に「私とアレルギー・ブックリスト」を寄稿している。清水真砂子さんも当時は、静岡県子どもの本研究会会員、「児童文学やぶにらみ」や、「最近の子どもの本・あれこれ」等を寄稿している。

6号は「故湯山先生を偲ぶ」が掲載され、石橋義彦

静岡県の昔話　清水達也再話

しずおか
民話絵本

海野忠良　高橋喜久春　岩田斉　清水達也他３名が弔文を寄せている。志半ばで急逝した会長の後を石橋氏が続けるが、「静岡子どもの本の家」は13号の巻頭言で、「休刊のご挨拶」を述べ休刊になった。

　低迷期を経て、清水達也を会長、久保律二を副会長に「静岡県子どもの本研究会」は、清水達也の死（２０１１）まで、40年近く続いて解散した

　清水達也の「茶の間でどうぞ　子どもの本」が毎週日曜日に静岡新聞に28年掲載された。担当は寺田行健氏。原稿を新聞社や自宅（静岡市駿河区池田）に届けたのだった。

　達也は県内の昔話『しっぺい太郎』『まぼろしの花』などを聞き取りして、児童書を１００冊余執筆し出版している。そのうちに児童書、特に出版社からの献本等が集まってくるようになり、研究会員が集まって研究するところが欲しいという声があがるようになった。当時静岡県立図書館には児童書の資料室がなく、児童書もなかった。その声は切実だった。私は達也の

用宗にある遊本館

児童書執筆原稿料を貯金し、場所探しも始めた。達也が還暦になる正月（１９９３年）。車を持たない暮らしをしていたので、ＪＲで用宗海岸に初日を見に行った。そして現在のこの土地に出会った。しかも用宗の地は鳩十先生の縁の地であることを知る。後年、先生の長男久保田喬彦氏の書『父椋鳩十物語』に書かれている。知るきっかけになったのは、椋先生の故郷、信州伊那谷喬木村の椋記念館を研究会の人たちと訪れたときに、職員の方から「みなみの手帳」に連載中の用宗のくだりを見せられたのだ。

　知らずに選んだ地が、椋先生が婚約旅行や家族旅行で訪れた地であったことを知って驚いた。椋先生の生存中だったら、先生もにんまりなさったかな？　と感慨深い。次男の瑶二さんと交流があり、孫の美花さんへと続いている。

　遊本館は達也が還暦の年に建て翌年の１９９４年に開館した。友の会を作り、児童文学サークル「遊星の会」「清水達也の作品を読む会」などを開催し、事務局を娘の奈緒子と担当し、『遊本館だより』を季刊に発行。92号になる。

　研究会は２００２年４月23日、文部科学大臣遠山敦子から表彰された。会長、副会長、事務局長が、東京のオリンピック青少年総合センターでの表彰式に出席した。

達也の青春

　大代分校の先生たちの思い出は深いが、川根の都と言われる家山小時代は、子どもたちとの関係が密だった。娘の奈緒子が幼児だったころ、高校生なっていた３人の女生徒が訪ねてきた。その一人は、現在も後援会員として、遊本館を支援してくれている。

達也が亡くなったときに催した「偲ぶ会」には、大勢の教え子たちが集い、七回忌に当たる「思い出の会」にも半数の教え子が来てくれた。そして「先生は、家山のことを本に書いている」と言ってなつかしがった。だが、来てくれた教え子が全員家山を離れていたのには複雑な心境だった。達也の案内で、家族は何回も、静岡県子どもの本研究会のノンフィクション部会の人たちも、家山散策を楽しんできた。

さいとうのりこさんをお招きしての「作家を囲む会」
(2016年6月25日開催)

家山小教員時代は、詩を書く先生で、子どもたちにも書かせていたことが、同人誌『青銅文学』の近況報告欄に載っている。

寺山修司が、達也が参加した頃に同人に名を連ねている。彼と会ったときの話も聞いたことがある。発行人は樫村幹夫氏で、札幌南高校生だったときに加清純子（1年先輩）らと始めた同人誌だが、純子が高校卒業を目前にして、雪の阿寒湖畔で自殺し、樫村らは退学処分になり、上京した樫村は再び『青銅文学』を始め、清水達也や寺山修司が参加したのだ。渡辺淳一が、同級生だった加清純子との関係を書いたのが「阿寒に果つ」（1971年より、『婦人公論』に連載）である。それが出版されたときに、達也から『青銅文学』のことを聞いた。

亡くなったあと、書斎を整理して青銅文学の合本3冊を見つけ、大事に保管されていた『新潮』1967（昭和42年3月号）に、樫村幹夫氏の「若い訣別の譜」

が掲載されていた。『青銅文学』を廃刊する文だった。そのときは寺山も清水も、多忙な30代になって、同人を辞して久しかった。

私が、樫村氏の消息を調べ始めて、行きついたのが、北海道文学館の副館長谷口孝男氏で、奇しくも企画展のために加清純子の青銅文学掲載作品を調べているときだった。谷口氏から情報を受けたり、与えたりして企画展は2017年3月〜6月に開催された。

達也は1955（昭和30）年、榛原郡金谷町時代に『PAO』[5]を創刊し6号（2号には樫村幹夫も投稿している）まで出版、1959（昭和34）年には静岡県詩人会が結成され、静岡県文学連盟が発足、文芸誌『文芸静岡』が創刊された。創刊号の詩部門の編集には布施常彦があたり、達也も作品を載せている。1960（昭和35）年には布施常彦等と同人誌『狼』を発行するなど、[6]詩作にも携わっていた。達也は1966年には詩集『空の碑銘』（1966）を出版している。

図書館を離れて

やっと移った草薙は2年で三島に転勤になる。小島館長が「清水君は、ずっと図書館だ」と言ったのに。小島館長が退職したら、すぐに転勤とは？

片道1時間のJR通勤。良かったのは佐藤早苗先生と一緒に通勤していたことだ。先生は『科学の絵本』を10冊程出版し、後年、遊本館運営委員長として活躍してくれた。

心配だったのは、勤務は三島研究所なのに、給料が振り込まれてくるのは三島の錦田中学校。次の転任先が三島だったら？ 長時間通勤で作品も書けない。4年通って退職した。

恩師の有原先生は、県の教育長になっていたので達也と会合で会っていた。私が同窓会で会うと、「清水君は忙しい人だから、ゴーストライターをしてやれ」というが、私は清書をしたり、ワープロを打ったり、原稿を郵送したり、急ぎは届けたり…するだけだった。

初めてのワープロは、ロアルド・ダールの『魔女がいっぱい』(評論社　昭和62年刊)で、当時はフロッピーが一枚15000円だったのも忘れがたい思い出である。

イギリス旅行

1965（昭和40）年生まれの一人娘奈緒子は常葉大卒業後イギリスに留学した。1年間滞在していたときは、旅行に行くことは考えなかった。それが60代になったころ、奈緒子から「行くなら何処がいい？」と聞かれた。「行くならアフィントンね。トム・ブラウンの生まれた村」「そこ、私も行きたい！　ミレニアムを記念して、トム・ブラウン記念館が出来たようよ」

行き方は、トマス・ヒューズの『トム・ブラウンの学校生活』にくわしい。と、言っても百年以上も昔の行き方だけど。記念館は、ボランテァによって週末だけ開かれていた。アフィントンには、グレイトウエスタンレールの駅スインドンから、土曜日だけ出るバスに乗ってアフィントンに行けることを知る。達也も承知してくれ、パスポートを作り……と大忙しの日々が始まった。初めての飛行機は9時間。初めてのイギリスの旅は気にいってしまった。

2回目は、ロアルド・ダールが暮らした村ミッセンデンを訪ねる旅。この旅は10年後、思いがけなくコスモピアの依頼で、『ロアルド・ダールが英語で楽しく読める本』の執筆協力者になり、『ロアルド・ダール紀行』として、『こちらゆかいな窓ふき会社』と共に掲載されることになった。3回目は、奈緒子の訳書

ロアルド・ダール作
清水達也・鶴見敏訳

ロアルド・ダール作
清水達也・清水奈緒子訳

『ぼくがウィリアムと名づけたわけ』の舞台と著者(リンダ・ケンプトン)を訪ねる旅。4回目は、奈緒子訳絵本『砂のうま』の舞台、トリスタンとイゾルデの物語の旅。

そして、最初の旅で知った第18代桂冠詩人ジョン・ベチャマンが付いて回った。

20日間の母娘旅を認めた達也に感謝している。

5回目は、奈緒子が一年間暮らしたケント州に行く予定でいたが、いろいろあり、日程が決まらなかった。というのも、奈緒子が第57回産経児童出版文化賞翻訳作品賞『ササフラス・スプシングスの七不思議』(評論社)を授賞することになり、受賞日と重なったのだ。

2人旅は、いつも6月上旬中旬と決まっていた。6月のイギリスはジューンブライドと言うだけに、いつも素晴らしい旅となった。旅は達也の入院、没で終わりとなる。

夢はかなった

用宗にはおもしろい人たちがいる。今ね、用宗文学散歩を作ろうと思っている。与謝野晶子や椋鳩十先生も関係があるのよ、椋鳩十物語にちゃんと出ている。夏木静子、銀のさじの中勘助、小川国男も書いているのよ。私は清水文学散歩ではなくて用宗文学散歩を書きたいと思っている。資料を集めてあるのよ。ただ忙しいだけ。体いくつあっても足りないくらい。

こちら献本が多くてね。夫が生きているころに比べればずーっとすくなくなり、つきあいも出版社は減っているけれど、読み切れないぐらい、送られてくる。

夫は子どもに本を読ませるのが仕事だったので、私は本に囲まれた生活がいいなあと思っていた。今は本を読むのに追われている「夢はかなうというけれど、本当に夢はかなったなあ」と思っている。達也の七周忌を記念してCDブック『ふるさとの心育てて』を完成させた。

まとめ

夫である清水達也氏は静岡新聞に28年間にわたって『茶の間でどうぞ､子どもの本』を連載して来られた。「埋もれかけている民話を語り継いで行こう！　長い間、代々語り継がれてきた郷土の文化遺産である民話を次代を担う子どもたちになじみ深くよりわかりやすい形で語り伝えていくことを！」これが清水達也氏の一生を捧げた目標であったとか……その伴侶となって「夢がかなった」と語る喜久栄さん、１９９４（平成６）年から長女の奈緒子さんと共に遊本館だよりを季刊発行し、本を読むことを通じて、世界を学び、新しきを知り、その夢を広げていけるよう、ふるさとの心育てと願いつつ……。奈緒子さんは翻訳家として『リラの踊り場』『画用紙の中のぼくの馬』『本当の家族のように』『あるがままに受け入れて』（文研出版）『ストライブ』など児童書の翻訳は40冊に及ぶ。（２０１６・８・14）

【注】

（1）１９３７年、満州国の首都・新京（長春）にあった国務院直轄の国立大学。
（2）昭和《しょうわ》東南海地震《とうなんかいじしん》は、１９４４年（昭和19年）12月7日午後1時36分から、紀伊半島東部の熊野灘、三重県尾鷲市沖約20㎞（北緯33度8分、東経１３６度6分）から浜名湖沖まで破壊が進行した（震源としては「熊野灘」）M７・９のプレート境界型巨大地震。県内死者２９６名
（3）当時、静岡県立葵文庫は元青葉小学校の所にあった。１９６９（昭和44）年現在地に移転し、静岡県立中央図書館と名称を変更する。
（4）１９７２（昭和47）静岡市内の家庭文庫の連絡会として発足。図書館と連携し毎年講座を開催し現在も継続されている。
（5）静岡県詩人会『１９６1年版・静岡県年刊詩集』（１９６1）１５1頁
（6）静岡近代文学研究会『静岡県と作家たち』（１９９６）２４５―２４６頁

父、「柳田芙美緒」の写真を守って後世に……

柳田　夕映（やなぎだ　ゆうえ）1948（昭和23）年生まれ　静岡市葵区在住

聞き書き　尾崎　朝子

柳田夕映さん。

はじめに

静岡鉄道の、柚木駅から徒歩6分くらいのところに護国神社（静岡市葵区柚木）はある。護国記念館旧将校集会所の中に柳田芙美緒写真室はある。

2018年7月15日、私たち7、8人は、柳田芙美緒写真室に見学に行った。俳句仲間の柳田夕映さんから、旧盆に護国神社で開催される慰霊展の一環として開かれる、柳田芙美緒写真展のお知らせをいただいたからだ。夕映さんのお父様、柳田芙美緒氏（1909～86年）は、旧陸軍歩兵第34連隊の従軍カメラマンとして、兵士の生活や銃後の人々の写真を約10年間撮り続けた人である。

そこで私達は、写真やパネルや資料やDVDなど一連のものを観せていただいた。夕映さんは私達素人に、展示物などについて、かみ砕いて解説をしてくださった。身近な人の肉親が従軍写真家として、戦地での戦争の実像や銃後の人びとに焦点を当て撮っている具体的な写真を目の当たりにして、いろんな意味で驚いた。日露戦争時代の従軍記者「田山花袋」の、『第二軍従征日記』を読んだことがあるが、花袋の文章と柳田芙美緒氏の撮った写真がリンクして、リアルで迫力があった。この場所で夕映さんは、芙美緒氏の残された大切な写真やパネルや資料を守りつつ、個展を開き活動をしていた。多くの資料を守りつづけ、展示し、お父様の戦争の記憶を語り続けてこられたのだ。柳田芙美緒氏のことに関しては、村瀬隆彦（「静岡連隊を撮し続けた写真家柳田芙美緒」『近代静岡の先駆者』）や、保坂正康（「柳田芙美緒とその写真」『戦友』）や（静岡新聞社編『静岡連隊物語―柳田芙美緒が書き残した戦争』）があり、詳細に書かれている。

ここでは、柳田芙美緒氏の三女として戦後に生まれた柳田夕映さんに、お父様との関わりや、護国記念館（つつじ会館）の建物で2万点という遺品を守り活動し続けてこられたその実相や、1年ごと戦争が遠くなっていく中での、これからのことなどについて聞き取りをし遺すものである。護国記念館やアイセル21や、其の他で夕映さんと親族からの5、6回の聞き取りをした。
※次頁は、教科書に掲載された写真と、静岡の銃後の人びと、女性と子どもの写真。

護国記念館旧将校集会所。柳田芙美緒写真室。

昭和10年12月13日午後2時、駿府城内を出る満州派遣の横山部隊初年兵。

昭和12年12月18日午後2時、上海戦の遺骨が家族に渡された。

一針々々心を込めて縫う千人針は、戦線銃後を繋ぐ愛の絆であれかしと。

哀れにも切ない母情の姿して、出征部隊を送る静岡駅頭の愛国婦人会。

小銃も無く廃品同様の装備で帰って来た部隊を、出迎える静岡市民。
昭和 16 年 11 月。
招魂社参道。

ガ島の英霊を迎える人の中に、此んな哀しい姿も見掛けられた。此の光景は、涙なくして見られない。

父、柳田芙美緒のこと

静岡連隊付き写真師だった父、柳田芙美緒（本名・柳田二三男）は、1909（明治42）年焼津市に生まれ、幼い頃に父を亡くし、父親を知らずに育ちました。父の母親（柳田タカ）は、小間物屋をしながら息子2人と娘1人の3人の子どもを育て、昭和2年に他界します。文学青年だった父は18歳の頃、表現者としてサロンを開いていました。西益津公民館で、兄（本名・柳田一）がバイオリンを弾くのに合わせ、詩人として、石川啄木や島崎藤村の詩の朗読をしたり唱《うた》を合唱したりして交流の場を広げます。20歳で静岡連隊に2年の兵役で入営しました。ところが、兄が結核で長期療養となり家を守るものがいなくなり翌年1年で帰休します。

月の砂漠の作詞者で挿絵画家としても著名な加藤まさを先生が、子どもの頃には藤枝にいらして友好関係にありましたので、今後の自身の将来を思いあぐねて当時東京で活躍されていたまさを先生の家を訪問します。数年書生として手厚いおもてなしを受けながら、写真技術に関する学びも受けさせていただいていたのです。この頃からでしょうか、表現の対象を文学から写真に移していったのでしょうね、父は。

その後療養中の兄が他界し、故郷に戻り田畑を売り、軍の払い下げのハーレーダビットソンを購入し、寂寥感のなかに放浪しつつも疑問を持ち安穏としていられず、戦友たちへの思いも深くその車を乗り回し、軍（静岡歩兵第34連隊）の中庭に入り、連隊本部の副官の前に連れていかれたのですよ。その副官は、写真に熟知している掛川に住んでいる方で、川住義次という方でした。川住氏から自宅に遊びに来いと言われ、掛川に行き話をするうちに、川住氏は写真に精通しておられる方だということが解りました。父は東京で写真の技術も修得していたものですから、写真技術を知っているならば写真師になれと言われ、川住氏の私物の写真機材を渡されたのです。アグファ、エペム、組み立て写真機などを渡されそれで連隊付きの写真師になったのです。1933（昭和8）年頃のことで父、25歳でしたね。

父は、自然体で自身の思いを込めた写真を撮りながらも、軍の指令に従い、出征する兵士や整列した兵士の写真を撮っていましたが、心が変わっていくのです。『戦友』[1]に〈いつからか、私は、命令されたまま写真を撮るのに倦いた。自分自身の目で見たものを撮影したいと思うようになった。そして、兵士の身になって、戦闘を見つめたくなった。兵士たちは、私がレンズを向けると、必ず威を正す。だが、そこには虚勢があり、望郷の目が輝く。私はそれを見逃したくない、それを故郷に伝えたいと思うようになった〉と書かれていますが――。それで、検閲を受けずに軍用列車に飛び乗って戦地に赴いてしまったのです。京都の真鶴で降ろされてしまうのですが、たまたま軍船に乗り遅れてしまった兵士だと間違われて軍用船に送ってもらい乗りこみました。着いた先の外地で検閲を受けて軍属になったのです。ここから父は、静岡歩兵第34連隊付きの「軍属」待遇の従軍カメラマンになるのです。大尉並みの待遇でした。そしてこのまま転戦していき、満州にまで進軍し、昭和16年頃まで、日本と外地を10往復くらいもしながら、軍関係の写真を撮っていたのです。

聖母幼稚園の園長
デヴィス・ヨゼフ様は慈愛の人

私の家は、昭和15年当時まで呉服町の田中屋付近にありましたが、静岡大火で焼失してしまいました。そのあと苦難の末、浅間町1丁目の静岡高校正面近くに再建しました。当時は、社員やお手伝いさんと家族と住み20名近い大所帯だったそうです。でも、昭和20年の空襲により、無念にもまた焼失してしまったのです。

　重なる苦難に父は、家族を故郷の焼津の家に疎開させ自分たちはバラックを建てて写真館の仕事をし続けてきました。戦後5年を経て、戦友たちの好意により更に土地を借りて、空襲で焼失した家を忘れることがないように、庭続きに「静岡ニュース社」として再度会社を復興しました。新生静岡の想いを新たにして、公園や空き地で映画上映をし、人々の心を和ませ、苦難を労《ねぎら》い、駅前掲示板に「静岡ニュース」を張り出し戦後の復興に尽力し続けたのです。

静岡ニュース社。生まれ育った家。

　私は、昭和23年5月17日、静岡市浅間町1丁目8番地で父柳田芙美緒（新間二三男）と母（新間まさゑ）の間に、5人兄姉の3女として生まれました。長兄真理は、1939（昭和14）年6月に4歳で亡くなりました。

　名前は父がつけてくれました。夕方に生まれたからということで、夕映《ゆうえ》になったのでしょう。父の思い描く夕方は、美しい夕映えの景色だったのでしょう。私は最近までそう思っていたのです。けれども父の遺した文章を理解するようになってからは、哀しい思いがしてなりません。父の書いた「行軍記」を読みますと、戦友の流した血涙を感じさせるような夕映えの想いが募るからです。父のことばに、次のような、詩のような散文のようなことばがあるのです。

　陽が出た　と誰かが言う／陽が　出ている／朝陽なのか　わからない／夕陽なのか　わからない……。食料も、水さえも得られぬ果てなき行軍の日々に、闇の中で倒れ、息絶え、その中でも目を覚ました者のみが生かされる。海へ、戦友の流した血の流れが夕陽で茜色に染まっているのに、なおも果てなき行軍は続く。

朝陽か夕陽かも朧気で、理解できない状態――そのような情景が浮かび私は涙せずにはおれません。

夕映《ゆうばえ》と我を名づけし茜空変わらず染めし空しき戦後　（夕映）

家族そろって。左から兄、姉、夕映３歳、母、姉。撮影父。

幼稚園は聖母幼稚園でした。小学校は城内小学校で、安東中学校、そして城北高校と進みました。聖母幼稚園の園長先生は、外国人の神父様でした。素晴らしい神父様でした。そのデヴィス・ヨゼフ神父様は、お教えが博愛主義でそのうえ慈愛の方でした。純白のマリア様の像が園の建物の外にあるのです。マリア様に見守られ、幼稚園の行きかえりにひざまずいて祈るとき、いたずらの数々を反省しながらも、内緒にしてくださいと心に誓っていました。私は、マリア様と園長先生たちに見守られながら育ちました。

父は、聖母幼稚園の写真を撮っていました。日常、カメラを手に笑顔で走り回って撮影していた父を身近にしていて、私はいつの間にか自然に手伝うようになり、カメラの番人になりました。中学・高校の頃の休日には、カバン持ちの助手になり、出撮《でうつ》(2)のために共に走り回っていました。

デヴィス・ヨゼフ神父様と父が幼稚園の中で、笑顔で会話している姿はとっても頼もしく、ともに身長が180センチ以上なので、子ども心にもまるで外国の映画を見ているように感じたものです。

お濠でザリやタニを獲る少女時代

敗戦後は、静岡市辺りで写真を撮ろうという人はいませんでした。父が軍関係者だったこともあり、父の真意を知らない世間の人々には、当然父を理解してもらえるはずもないのでした。

当時は、物資もありませんでした。私の家も困窮していました。当時、お濠の土手は低く、底の水は浅かったのね。そこで、小学校の帰りに泥鰌《どじょう》やザリガニを捕ったりして帰りました。お釜で蒸して食べたのですが、ザリガニは美味しかったですよ。ザリガニっていうから良くないけれど、私たちは「海老よりカニより美味しいはずと……海老ガニ」と呼んでいました。海老もカニも食べたことはなかったのに、海老ガニなんて呼んで……。海老ガニは大御馳走でした。

生活が困難な時代とはいえ、私にとっては城内がテリトリーで、聖母幼稚園、城内小学校と言えば外濠内濠は泳げなくとも私の食料調達場所でした。私の通学袋の中には、いつもザリもタニ（タニシ）も少々入っていましたから、学校で逃げ出されてしまい追いかけまわすこともありました。じゅず玉も取れました。じゅず玉は糸に通して、首飾りどころか！　ザリを釣るよき竿代わりでした。登下校は、幼心に、家族を養う気持ちで最大の人生を賭けた修行の場所だったと思います。今思えば、私が子どもで恥かしさを余り感ぜずに、むしろパパさんやママさんがきっと喜んでくれると張り切っていたのだと、しみじみ思います。私は両親を

姉、夕映２歳、母。

パパさんママさんと呼んでいましたが、さんをとってパパ、ママとはさすがに恥ずかしく、さん付けでした。失敗話は唯一つ、銀杏の実をたくさん採って帰り、それで大かぶれして

病院に行き、逆にお金をたくさん使ってしまったことです。

それからお向かいの、農家のお祖母さんのお手伝いはさせられていました。というのも、南瓜の花を摘んではチョンチョンと他の花につけ、受粉させるのを見るのが面白く遊んでいたら、「全部やったら野菜をお土産にくれる」と言われ大喜びし大騒ぎして頑張りました。お祖母さんが家で休んでいる間に全部やってあげました。けれども汗だくで泥だらけの私は、大声で怒鳴られて１時間も畑に正座させられました。南瓜の雌花も全部取ってしまって、畑は緑一色になっていたからです。その日から一生奉公しますと、農家見習の小学生になりました。けれども困窮していた我が家にとっては最大の収入源となりました。しいなといって、末成り《うらな》の育ちそこないの野菜は全て、私の取り分として、ブラウスに詰め込み、そしてスカートにくるみ、スカートをたくし上げました。その上もっと小さい椎名《しいな》がついている芋の蔓をころころと首飾りにして、私の取り分はお土産に持って帰りました。割烹着姿の母が、後ろ向きになって涙を拭きながら、泥だらけの私を抱きしめてくれました。

父と太宰治

父との思い出に、太宰治の本のことが思い出されます。父は苦難の人生を送ったのです。父は、その苦しみというものを誰にも言いませんでした。戦争の体験の苦しみも言わなかったし……。父親を知らずに育った父は、母を早くに失い、教師だった兄も入院し長い療養生活の後他界してしまい「わびしき年輪」にも書かれていますが、自殺未遂もしたことがあるのです。父は詩心を胸に秘めながらも、戦争の時代に翻弄された中で、「生き方用意」、「死に方用意」に困惑し、苦難の人生を送らねばならなかったのでしょう。

父のささやかな本棚の中に、太宰治のものはありませんでした。本棚といっても、静岡大火と空襲で焼け出されたので、小説に関らず本などは勿論、あまりありませんでした。父は私には何も言いませんでした が、本当は若い頃から太宰の本に傾倒していたと私は感じていました。おかしなことに、父は、太宰を読みたがっていた私に太宰を読ませないようにしていたのです。なぜ、父は私に太宰を読ませたくなかったのかとずっと考えてきました。父は、自分が詩人でしょう！もともとが――。娘の私が詩心を持っているということを解っていたので、それに傾倒してしまうとその道に行ってしまい、陰鬱に悩んでしまうのではないかと思っていたようです。それで父は、太宰治を私に勧めなかったのだと思うのです。私には、平凡な人生を歩んでほしいと思っていたのでしょう。

今、私が詩とか短歌を学びまして、今になってよく解るのですが、父と似ていて同じだと思うのです。父の言っていたことが良く解るのです。あまりにも父と感性が似すぎていたのです。父と太宰は同年生まれです。生き方用意は違っていても、死に対する人生の幕引きは常に感じており、父は、太宰の人生観に自己の人生を重ねていたと思われます。

私は、父を全ての師として、自流の短歌や詩心を守ってやってきました。私の心のなかで父は大きなウエイトを占めていて、いつも背後に感じられてなりません。

――本の話になった時、すぐに夕映さんから太宰治の名が出た。〈太宰治の文学は、どんな小説でも、君よ、あなたよ、読者よと、直接作者が呼び掛けてくる潜在的な二人称の文体で書かれている。この文体に接すると、読者はまるで自分一人に話しかけられているような心の秘密を打ち明けられているような気持になり太宰に特別な親近感を覚える(3)〉のだという。太宰と同じ明治42年生まれの柳田芙美緒は、太宰の文学に親近感をもち惹かれていったのだろうか。太宰治は戦争に行かなかったが(4)、行かないなりに苦しみ(5)や絶望(6)の生活を重ねている。戦争に行った者も行かなかった者も、苦しみはあったのだ。柳田芙美緒は、兵士として戦地に行き直接戦った訳ではないが、従軍写真家として、兵士たちとは違う意味で戦争に関わり、苦しみを味わってしまったのだ。

奥野健男は〈太宰治の文学は、知識、教養、或は娯楽のために読むのではなく、自分の人生の切実な問題として、自分の人生観を根本から変えてしまう、自分の生き死に、にもかかわるという熱烈で真剣な読まれ方をしているのである〉。そして〈多くの青年たちが太宰治と共に精神的に一体化し、生き死にを賭けていたひとつの時代が確実にあった。〉というがその時代に柳田芙美緒は生きたのだ。――

父の本当の戦後

――柳田芙美緒の大切にしていたフィルムは、昭和20年6月の静岡空襲で焼失したとずっと思われていたが……。夕映さんは1958（昭和33）年頃、10歳のときそのフィルムやネガが入っているトランクを、焼け跡の家に黙って入り見つけた。その時のことを、国語の授業で作文に書いた。そのプロセスを伺う――

10歳の頃、私は学校で国語の時間に作文を書いたのです。私は子ども心に、近づいてはいけないと言われ続けた家を、空襲ドームと秘かに呼んでいました。その静岡空襲で焼け落ちた古い家の中から、私は父の大切なフィルムが入ったトランクを見つけたのです。その時のことを国語の時間に書きました。次のような作文で、それが、先生から5重丸を貰ったのです。その作文を父の机の上において隠れて様子を窺っていました。父がその作文を見つけたのですよ。

――その時のことを、柳田芙美緒も次のように書いている。――

〈静岡の大火で丸焼けになり、復興するとまた空襲で徹底的に焼かれた。痴呆のような虚脱の生活が始まった。小学校へ通っている末っ子『夕映くん』が、一文の作文を学校へ出したらしく、5重丸が

付けられて机の上に置いてあった〉
（「旅路の記録」『柳田芙美緒写真集』より）

『私の家』
〈私の家の庭はとても広く　庭のすみの方に小さい家が　ぽこんと　さびしそうに立っている。屋根は　所どころに　黒く大きなやけあながある。この家は　前に　すんだ家だけど　火事になってやけた　古い家です。でも私は　時どき中に入ってみる。（中略）ぼうくうごうの　底の方のさばけたような　てつのとらんくを明けたら　おとうさんのせんそうじだいの　友だちの写真がいっぱい　はいっていた。私は　写真を　そっと1まい1まいひろげて　ほしてみた。そしたら写真にうつっている人の顔が　わらっているようだ。　だんだん　めくっていくと　せんしゃや大ほうがよこだおしに　たおれている　その下に人の足が出ていた　おとうさんは　よくうつしていられたなと　思った。おそろしくなって、なんだかおってくるような気がして　古い家をとび出し新しい家ににげかえった〉

（出典・前出と同じ）

父はその私の作文を見て、素足で一目散に焼けた家に飛び込んで行ったのです。ものすごい叫び声をあげ、ワーワー泣いて……ものすごい慟哭の声でした。私は写真のことと解っていましたが、それを知らない母は、理解できず、とうとう父は狂乱してしまったのかと心配をしていました。私は、焼け跡の家には入ってはいけないと言われていましたのに、入ったので大変不安になりました。

次の朝、父は自分の生きるよすがが見つかった！このために自分は生かされてきたのだ。これを復元するために、この為に生きねばならないから、父がいることを忘れてくれ……と。今後は、この写真類を復元することで命を落としてもいい……と言ったのです。
それから父は3年間くらい、2階の書斎にこもっては、無言で暗室と書斎との行き来に日を過ごすのです。

――この時のことを、夕映さんは後年、短歌を創って残している。夕映さんはそのトランクが見つかった時の一連のことを、タイトル「夕寂挽歌」（せきじゃくばんか）として詠っている。「夕方の寂しさに今は亡き人を偲ぶこと」だと夕映さんが語る「夕寂挽歌」。一部抜粋――

『夕寂挽歌』
従軍のカメラマンなりわが父はあまたのフィルム
消失すなり
奥底に有りしトランク引っ張りて力任せに蹴り押
し寄せて
不思議にも重き中身をこわごわと確かめたきて
そっと覗きし
勢ぞろい幾百人の優しき眼何か言いたげ兵士の姿
重なりし中に戦車の横倒し足のみ見えて驚き落と
す
悲鳴上げトランク閉めてよじ登り手あたり次第掴
み上がりし
兵士の眼心に残りて作文に書きて褒められ机の上
置く
嗚咽せし焼失せりとあきらめしトランクありて父
抱しめし
紅の眼で家族を呼びて土下座せし写真の復元誓い
し父よ
（夕映）

それからですね、父は、1962（昭和37）年に『静岡連隊写真集』を発行したのです。この冊子は、じっと戦争をかみしめてきた父の、男の血と涙の結晶なのです。発行後父は、終戦後の過酷な環境の中で、発行した本を持参して、帰還した戦友たちと亡き戦友への慰霊を生涯の責務と定めたのです。写真集の発刊もそうですが、護国記念館の成り立ちについても、当時の政財界の関係者各位の意志と責任感の強さと恩情の深さを物語っていることと思われてなりません。

なぜ、柳田芙美緒写真室が護国神社内にあるのか

歩兵第34連隊は、静岡駿府城城址に明治29年から30年にかけて富国強兵の下に設営されました。戦後、第34連隊の兵舎は、静岡大火と空襲によって焼失した学校の代用として使われていました。作家の三木卓先生も、この兵舎で中学・高校の4年間を過ごされたそうです。

昭和30年、静岡国体が開催されることになり、兵舎の建物は取り壊すことになったのです。

①父は、将校集会所だけは、残すべきだと提唱しました。将校集会所だけは、護国神社の杜に残すべきだと政財界の方々にご協力の寄付を募って東奔西走しました。その結果寄付が集まり、将校集会所の保存が可能となり建物が残ることになりました。将校集会所は護国神社の中に移築し「護国記念館」になったのです。残念ながら、建物をどうやって移築したのかについては、明確な証言が残っていません。

②また、昭和36年に父は歩兵第34連隊についての写真を、年代ごとに一から百までの一代絵巻にして創りそれを寄贈しました。写真には、将来、1日でも長く現存されることを願い、写真に油彩着色をして当時の臨場感あふれる空、海、山野、そして風の彩を映して、絹のベールのように何十回も薄く重ねて何カ月もかけて、その時代の苦難を溶け込ませたのです。その色合いは、見る人を惹き込み共に行軍している想いに浸らせてくれます。それらは、父、という立場を捨て去るを得ないほどの苦悩の判断の亡き戦友の無念の歴史を

死守するために、書斎と暗室を行き来する生活をしながら生み出した写真です。

その写真に、写植キャプションを入れて護国神社の遺族会に寄贈したのです。昭和36年当時、洋額百点だけでもどれだけの値であったかを考えても大体わかりますが、西武百貨店にご協力をいただいたことと思います。全紙写真のカラー版の額で贈呈しました。洋額百点ですが全部借財です。現在は、静岡県遺族会所蔵にて護国神社遺品館に収蔵されています。

③そして父は、昭和37年に写真集を発刊しました。それは加藤まさをの息子、加藤嶺夫の友人の、東京都千代田区にお住いの元写真家であり青年実業家の古屋誠さんが、「戦友の霊に安らぎを与えたいという柳田さんの気持ちに打たれて…」と、採算を度外視して協力をしてくださったのです。古屋さんが1千万円を寄付してくださったことが発端となって、そして、刊行会の協力の元に発刊することが出来たのです。

父のこの①②③の功績によって、護国記念館の中で写真スタジオを開設する許可が護国神社と遺族会から出たのです。遺族や遺児の方々の、平安な人生を祈る写真師になることを条件にして、柳田スタジオを開設することが出来たのです。

父はなき戦友に対する慰霊の気持ちを込めて、結婚式の写真などを撮っていました。結婚式の佳き日の幸せを、両親や親族や友人の皆様に深く感謝を持して、平穏なる時代に生きる幸せを深く感じて健康に留意してほしいと、お話をしながら撮影するのです。集合写真も社殿前と鳥居前とスタジオと、時間のある限り場所を変えて撮影し、スナップとして35ミリのフィルム36枚撮りを披露宴会場まで映して、全部差し上げました。採算は度外視で撮影していました。帰宅後も深夜まで暗室での仕事や、仕上げの作業や事務作業があり、母と私と3人で懸命に働き続けました。私は若い時代、ひと月の間に半日の休みだけはもらえました。夜間の洋裁学校だけは行き、ひと月5千円を洋裁学校の月謝として出してもらい、友達2人の服を製作して提出し、アルバイトもしました。母方の祖母が和裁の師匠でしたので、私も洋裁が楽しくて、日常の疲労感から解放されるときでした。

西武百貨店での個展

昭和45年、西武百貨店が呉服町にオープンしました。オープン記念で、6階催事場を借り切って歩兵第34連隊の写真の父の個展を開催いたしました。

この時の「帰らざる戦友に捧ぐ」のタイトルの個展は、西武百貨店から依頼されたのです。このとき私は、個展の受付や案内の全てをしました。6階の盛大な催事には、ゲストに佐久間良子さんが来てくださいました。パネルや額入り写真は、すべて東京の西武百貨店企画室が作成したのです。このときの写真とパネルは、柳田芙美緒写真スタジオに全部寄贈して頂きました。これらがあるので現在でも私たちは、毎年夏に写真展を、慰霊祭の個展として旧盆に開催することや、一般の個展や展示会に好評を博すことが可能になり、歴史を伝声しながら身近に見ていただくことが出来るのです。心より深く感謝いたし一層大切に保存していく努力をしております。

昭和50年に26歳で結婚

父は、亡き戦友に手向け慰霊の心を持して、花や樹木を育てました。柳田スタジオの前は、蝶がたくさん来る大きな花畑でした。父がスタジオを開いている時でした。花畑の中を歩き回って立ったり座ったりする人がいて、父は花どろぼうかと思い声をかけたのです。その方はアメリカに留学前で、蝶が好きで撮影していたところだったのです。彼は、稲葉さんと言って父と仲の良い人でした。稲葉さんは2年の留学の後、帰国しました。そして私は、26歳で稲葉さんと結婚しました。稲葉夕映になったのです。

結婚して住んだ家がスタジオに近かったので、毎日スタジオに通って父の助手をしていました。釣りがだいすきな家族となりました。スタジオの休日の日々

護国神社で、父の助手をしていた頃。23歳。

は、海、山、河と走り回っていました。自然の中で過ごす幸せは子どもの頃の野生を思い出して、本領を発揮し豊漁の日々で、獲ったものを知り合いに配って帰宅したものです。

子どもは息子が一人です。残念なことに、夫は46歳の若さで事故により他界してしまいました。息子が21歳のときでしたので、人生経験を積み重ねるうえで最も大切な理解者を失ってしまったのです。でも、息子は常に父の姿を心に秘めていたのです。自然児で育った息子も、カメラアイを心に映し撮る写真家となるべく尽力し、現在父の後を継ぎ写真家になりました。カメラマン暦も25年となりました。プロとしての実像、虚像、偶像の三位一体をしっかり祖父や父親から譲り受け、審美眼を見極めた写真家として本領を発揮しています。そして、私の人生観を最も理解しておりますので感謝しています。

戦争の痛みを解ってほしい

――1962（昭和37）年に『静岡連隊写真集』を世に出した柳田芙美緒は、「写真集に収めたフィルムは4百枚だが、未整理のものがまだ3千枚もある」と、言っている(昭和37年12月18日、朝日新聞朝刊)。この、3千枚のものは、長い年月を経ているので整理できたのだろうか。それらの資料について――

父の残したものは写真だけではなく、書いたものも山ほどあるのです。タフテナーに2箱くらい。詩、散文、書簡、メモなどのこれらの資料は、文学の分野で纏めなくては……と、思っています。父の残したものを、文学的に纏めるということは、戦争の現実が解るということと、何よりも戦争の痛みが解ることに繋がるのです。父の書いたものは、他の人には読みにくいと思います。今私が努力しなくてはなりません。学術学芸員の方が読み解いて判読して清書して、写真の下にキャプションをつけてもらえれば有難いのですけれども。とくに、父の「行軍記」は、鉛筆書きで思いだし記録として〝吹き出し〟になっている部分も多くありますので、他の人では、判読できないと思います。私は、読めなくともまず全容を知り、理解します。……そして判読し、訳し、読み解きます。今それをやらなくてはいけないので頑張っていますが。休んでいても情景や字が浮かび上がったりしています。父の字の、「事《こと》」、という字はひらがなの「る」という字を崩したような字なのです。すべての漢字がそのようなので、慣れるまではなかなか解らなくて困りました。でも、最初は読めなくとも、全容が頭にあるので、その風景や姿は浮かんできます。書かれている字がわからなくとも、その場所に自分が精神的に立ち入って思案していると、父だったらこう考えるだろうな…、と解るのですね。父だから――。父の面影を捜しながら…やっています。父からの良い宿題で、心を磨いています。

生き方用意　死に方用意のこと

――柳田芙美緒の書いたものや夕映さんの語りの中に、この「生き方用意と死に方用意」の言葉が良く出てくる。〈死に方用意〉とは、映画「男たちの大和」で使われている。これは辺見じゅんのノンフィクションを映画化したもので、昭和20年に3千余名の乗組員と共に東シナ海に散った戦艦ヤマトの壮絶な運命が描かれている。ここでは「生きる」という選択肢はないので〈生き方用意〉という言葉はない。「生き方用意」「死に方用意」のことを質問すると、山崎方代《ほうだい》のことになる。夕映さんは、どの結社や流派にも所属せず、散文や短歌などの作品を創っている。歌人の山崎方代に心を寄せていると語る。方代は、口語体で、話し言葉のように作歌する歌人だ。——

方代[7]は、静岡にも2度ほど来ているんですよ。1948（昭和23）年に「工人」を創刊していて、静岡で工人創刊記念大会を開催しています。1950（昭和25）年には、漂泊の旅にでているのです。山梨、静岡、名古屋、大阪、京都、奈良などの歌人や、歌仲間を訪ねるのです。方代が静岡に来た時には、「布半《ぬのはん》」というお店で援助を受けており、ご主人の長倉智恵雄さんは最大の理解者だったのでしょう。智恵雄さんと方代さんの、二人の仲が良かったことが覗える、『野葡萄』に智恵雄さんの次のような短歌があります。

若き日に我は来りて方代と酒飲み歌をあやつらいたる

方代のえにしを持ちてこの村にいくたびか来つ来るたび親し

父も、ご主人の長倉智恵雄さんと親しくしていたこともありましたので、方代さんと会っているかもしれないのです。父はことに山崎方代の、「死に放題・生き放題」のことばを心の底においていたと思います。そして自分の人生観から、死を意識していつ死んでも良いという思いで、何事にも懸命に尽力し後悔をせぬ道を歩むことで、従軍当時の「死に方用意」以前から、理解し努力したことだと思います。「生き方用意」と「死に方用意」は、自助努力の同意語なのでしょう。父の散文詩「思う」[8]には「死に方用意」が使われています。

「思う」

とにかく私と歩いた数万の人達はかえらない
彼等は　祖国の栄光を信じて戦った
彼等は　生き残る人々の為に死んだ
その人たちの悲しみを背負って
生きたいと　思う
彼等の血の流れの上に　またがって
橋ができた　平和のかけはしだ

血と涙と　骨粉を敷きつめて道路ができた
平和のいとなみの　細い道路だ
しみじみと思う　平和は尊い
しみじみと思う　平和はありがたい
生きていることは　ありがたいと思う
せい一杯　動けることはありがたいと思う
日々　死に方用意で一生懸命　生きたいと思う

私の天命なる重責

父は、昭和58年に、腹部大動脈瘤破裂で静岡病院に入院しましたが命を救われました。父は、9階の病窓から、想い出の駿府公園の濠や営庭をいつも感慨深そうに眺めておりました。また、営庭のはるか遠くに月明かりに浮かぶ日本平を眺めながら、日本平の灯は消えたと涙を流していました。この頃、政財界の皆様方と父とが慕っていた、増井慶太郎様のお力をいただき、日本平の山頂に緑地化計画の下、静岡高野山と静岡歩兵第34連隊の記念会館建設の構想を構築しておりり、認可もおりていたのです。しかし、高野山の加賀尾大僧正様、増井慶太郎様が相次いで他界され、父の深い願いは終えたのです。お世話になった皆様のご恩にお返しも叶わず、戦友たちからも〝柳田はまだ生きろ〟と突き放され生還させていただいた父です。ですが、病んでから術後はことに、父は自らの身の捨て所に混迷し、中国の万里の長城に放置してほしいと号泣して訴え続けました。

桜一輪。父の心には（散る桜残る桜も散る桜）。左から父、息子、母、夕映37歳。昭和61年4月9日。

なぜ、万里の長城かといいますと、中国で大勢の戦友たちが亡くなっているのです。いつ死んでもおかしくないという戦況を何度もなんども潜り抜けてきた父ですから、自分ばかりが生還したことに絶えず苦しんでいたのです。そこに自分の亡骸を放置し、鳥葬にしてほしいと願い、「生き方用意」の終焉とすることを決意していたのです。私は「その時が来たら、私が一緒に行動をするから……」と語り続けながら、長い月日を父の看病に捧げ盡しました。姉は勘違いしていましたが、明治42年生まれの父は、昭和61年８月に77歳で他界いたしました。私は、父と長い間共にいましたので、父の苦しみが解ります。争いや戦いによる哀しさを広げてはならないと願い、静岡歩兵第34連隊の父の写真の保存に、尽力することを天命なる重責と信じているのです。

駿府城半世紀前連隊の堪えぬ軍歌の響きしところ
数年の苦難の日々は胸残り父の背中は痩せても大きし
亡き父の駿府の濠の病院に終えし命はるか万里へ
風巻きて臥龍目覚めし背に乗りて平和祈願の散骨
白霧
（夕映）

老朽化の写真室（旧将校集会所）

――２０１８年８月８日の「静岡新聞朝刊」に〈柳田芙美緒「写真室」老朽化で取り壊し危機　静岡県護国神社内〉という見出しで記事が掲載されている。内容は、次のようである。〈……県護国神社内の「柳田写真室」が、建物の老朽化に伴い取り壊しの危機に直面している。写真室が入るかつての「将校集会所」で、現在は護国記念館と呼ばれる建物の保存にめどがつかないためだ。夕映さんは、「貴重な建物と写真の展示場所を守らなければ」と危機感を募らせる〉とある。夕映さんに、この件について具体的な答えを求めてお聞きすると、抽象的な言葉が帰ってきた――

将校集会所の歴史ある建物で、柳田芙美緒写真室として対価を望まずの精神で今まで来ました。英霊に感謝し、遺族の方々のご苦難を思い、求道の父の人生の歩みと共にしてきた私の生涯も、時代の変遷に翻弄され続けております。今後の課題としてバックアップの御伝声が必須条件になります。けれども、目的を達成する為に、私の最大の努力や責任尽力が生き方用意だと思います。私の時代に解決を致し、若人の未来に正しい歴史認識を新たにして、平和を守るために存続させることが重要です。時代の風の梵《そよぎ》を感じ、共に行動し、感銘を受ける心こそ、最も人として忘れてはならない道と存じます。

——夕映さんの個展への想いは？……——

現在は、慰霊の個展を常設展示中です。スタジオの写真などを伝えたいという声なき声は、年々風化していきます。このスタジオにあります写真も多くの人に見ていただきたいので、1日でも、1回でも多く個展をやっていきたいのです。この柳田芙美緒写真室のこの場所に展示され、残されている写真の中の人たちは、この集会所の中で思い出話をしながら、ささやきながら眠っているのですよ。ですから、父の写真展を続けるということは、写真の中の方々に、今のこの時代の光と風を伝えてあげて、深呼吸させてあげたいのです。

おわりに

私の叔父は20歳で敗戦後の8月23日に戦死している。信州の戸倉駅に勤めていて満鉄に配属され満州で歩兵として5月に現地召集され、牡丹江の西勝鬨陣地の前線に立たされ、8月の戦死までたった3ヵ月で、まるで虫けらのように殺されてしまった。この怒りと悔しさはどこに向けていいのか解らない。しかも写真などは一枚もない。もし柳田氏のいた静岡34連隊であったなら、叔父の写真は最低でも一枚は残っていたのかもしれないと思ってしまう。

老朽化した護国記念館（旧将校集会所）が、取り壊しの危機に晒されていると聞いた時、一連の話を伺った者としてどうすることがいちばんよいのかと考えた。7月に伺った時には、数台の扇風機に助けられたが、展示室の将校集会所は蒸し暑かった。そして10月末に伺った時には、冷えるから暖かくして来てくださいと言われ、少し早いがダウンのコートを着て行ったのだが、それでも足元はしんしんと冷えた。外は小春日和で、少し動くと汗ばむほどなのに……。この場所で、夕映さんたちは柳田芙美緒氏の写真やパネルを大切に保存し、長い間守ってこられたのだ。本当に大変なことであったろう。

柳田芙美緒氏の貴重な作品や資料は、空調設備が整い、しっかり管理された建物で保存展示されたら良いのにと強く思う。今あるこの場所を整備し、建物ごと保存することがいちばん良いのではと、修復予算などを考慮せずに単純に考えた。

地域史研究家の村瀬隆彦氏は、『静岡県の戦争遺跡を歩く』の中や、平成18年8月28日の「静岡新聞」で、柳田芙美緒氏の2万点を超す作品と関連資料の保存などについて〈個人の努力だけに頼らないかたちで後世に伝えられるべきであろう〉と述べていた。本当に村瀬氏の述べているとおりだと思った。

今回、柳田芙美緒氏の写真集を参考にさせていただき助かった。この写真集について、村瀬隆彦氏の（「静岡連隊を映し続けた写真家」『近代静岡の先駆者』）のなかに次の記述がある。

〈柳田の写真集は、読者を当時の社会や戦争の、構造的な理解を進めていく要素は薄い。それは、柳田の作品を活用するわれわれの課題となって残るといえる。〉

今この原稿を書き終え、村瀬氏のこの重い言葉をじっくり咀嚼し、いろいろ思いを巡らしている。

【注】

（1）柳田芙美緒『戦友』講談社

（2）出張して撮ること

（3）奥野健男『太宰治論』角川文庫　1960年

（4）太宰治の短編小説「律子と貞子」には、大学卒業後の徴兵検査で、極度の近視眼のために丙種となった主人公三浦が描かれている。また、〈昭和16年11月、文士徴用を受け、本郷区役所で身体検査の結果、胸部疾患を理由に免れた〉とある。（出典（3）と同じ奥野健男）

（5）日本の家父長制度の家では、跡取りの長男だけが重んじられ、6男の太宰治などは居てもいなくてもよいオズカス（叔父の糟）としてまともに扱われなかった。広い生家に太宰の部屋もなく父母の愛も知らない生き方をしている。
太宰治が、文学者として創作活動を行ったのは昭和8年から昭和23年まで、わずか15年間である。しかもこの15年間は、太平洋戦争を中心とする激動の時期で最も困難な悪しき時代であった。太宰は、悪しき秩序や権力とたたかうためには、まず、自分の中にあるそれらとたたかわねばならぬ。徹底した自己否定、自己破壊によってのみ、初めて根源から秩序や権力を批判、否定することが可能になる。太宰治はそう信じ、それを生涯かけて実行した。青年期の傷つきやすい裸の心の肌を、衣服で覆うことなく、ごまかすことなく生涯痛みに耐え露出し続けた。（『人間失格』新潮文庫　1952年解説　奥野健男）

（6）『斜陽』を書いて一躍流行作家になったが、戦後の人間や社会に対する太宰の絶望はいよいよ深くなり、死を賭して自己の内部をえぐり、現代人の精神の苦悩を、真実を探究、告白する『人間失格』を書く。ここでは、真に人間的に生きようとすれば、その人間は人間の資格を剥脱され、破壊せざるを得ないという恐ろしい真実を描いている。（出典（5）と同じ）

（7）山崎方代とは山梨県出身の歌人。大正3年に甲府の右左口《うばぐち》村に8人姉妹の末っ子に生れる。「方代」という名前は長女と5女以外の子どもをすべて亡くした両親が「生き放題　死に放題」にちなんで「放題」と名づけけられた後に「方代」となったという。15歳ころから作歌を始め、雑誌や新聞に投稿していた。その後太平洋戦争で右目を失明し、左目の視力もわずかに。街頭で靴の修理などをしながら各地を旅したことから、「漂泊の歌人」と言われるようになる。方代の歌は、口語体であることが特徴で、ありのままの素直な表現でいくつもの歌を生み出した。亡くなってから、高校の教科書や映画で取りあげられるなど注目を集め、現在も多くの人を魅了している。（甲府市ホームページ https://www.city.kofu.yamanashi.jp/welcome/gejutsu/houdai.html より）

（8）『戦友の歩み』歩兵二三〇聯隊第三機関銃中隊編戦友会・遺族会発行。

《参考図書》

・奥野健男『太宰治論』角川文庫初版　１９６０年
・柳田芙美緒『静岡連隊写真集』
　静岡連隊写真集刊行会　１９６２年
・『武器なき戦い９』昭和戦争文学全集　集英社
　１９６５年
・柳田芙美緒　『戦友』講談社　１９８０年
・『近代日本綜合年表』第２版　岩波書店　１９８４年
・長倉智恵雄『山葡萄』六法出版社　１９９２年11月
・太宰治『人間失格』１９５２年
・金一勉編著『軍隊慰安婦』徳間書店　新装初刷
　１９９２年
・『近代静岡の先駆者』静岡新聞社　１９９９年
・「静岡の文化」62号　静岡県文化財団　２０００年
・『静岡県の戦争遺跡を歩く』
　静岡県戦争遺跡研究会　２００９年
・『静岡連隊物語』静新新書　２００９年

《協力者》
柳田夕映さん　ご遺族の皆さん
地域史研究家 村瀬隆彦氏
《写真・資料提供》柳田夕映さん
＊柳田芙美緒写真室所有の写真より許可を得て掲載。
＊写真のキャプションは写真集からと柳田夕映さん。
＊本稿をまとめるに当たって写真や資料は柳田夕映さんからのご提供をいただきました。感謝申しあげます。

漫画家としての半生を振り返って

ごとう　和（かず）１９５２（昭和27）年生まれ　静岡市駿河区在住

聞き書き　**鈴木　栄津**

ごとう和さん

はじめに

ごとうさんにお話しを伺うきっかけになったのは、私が夫の転勤で広島に住んでいた頃、環境ＮＧＯで一緒に活動していた友人からの電話でした。「意識的にいろんな問題に取り組んでいる漫画家さんが静岡に住んでいて、最近パーキンソン病になったことを知った。話を聞いてほしい」「少女コミックの頃からのファンで一度、静岡でお会いしたことがある」とのことでした。

初めてごとうさんにお会いしたのはプラムフィールド代表で静岡放射能測定室・憲法カフェをされている

馬場利子さんを囲んでの食事会でした。そこには原発について多数の著書がある元京都大学原子炉実験所助教、小出裕章さんも参加されていて、社会派活動家の一面を垣間見ると同時に、楚々としたたたずまいに、力を抜いた生き方を感じさせる方でした。

後日、２０１７（平成29）年８月23日、女性会館アイセルにてお話を伺いました。

生い立ち

１９５２（昭和27）年１月13日、後藤家の長女・和子として生まれ、山形県西村山郡谷地町（現・河北町谷地）という最上川の中程にある自然いっぱいのお米と果物の町で育った。昭和２年生まれで役場に勤務の父、昭和６年生まれで専業主婦の母、２歳違いの弟、10歳違いの妹との５人家族。子どもの頃は、両親の仲があまりいいようにみえないのは、母のせいだと思っていた。かまってほしい母と自分の趣味が優先の父。役場に行く前と帰ってからも「釣り」に行く父。当然、休日も時間があれば家族と出掛けるなんてことはなく、ひたすら釣り。

両親と。大好きな写真

今にして思えば母の気持ちがわかるが、新学期になり転任してきた先生の誰もがバンカラで頭の良かったらしい父を知っていて、私は内心鼻高々。父の愚痴ばかり言っている母を子どもたちが疎ましく思い、母に対し思いやりがあまりない家庭の中で母が孤立し、母のうつ病で、家族みんなが苦しむことになっていったのだと思う。そんな中、父は母の具合の悪い時には食事の支度をしてくれていたし、妹はいつも父の膝の上だったことを思い出す。

夢にむかって

漫画家になりたいと思ったのは小学校5年生くらい。水野英子先生の『にれ屋敷』とシャーロット・ブロンテの『ジェーンエア』を読み、漫画と物語の世界に夢中になり、どっぷりと引きずり込まれてしまった。中学ではそんな女子が3人集まり漫研の真似事、高校では県内の漫画好きが集まった漫研に参加（その時のメンバーとは40年後東日本大震災のボランティア活動で再会、新しいおつきあいが始まる）。

高校の夏休みに父母の戦争体験を聞くという宿題が出た。普段は無口な父が、私の質問に夜中まで付き合って答えてくれた。父は第2次世界大戦末期、旧日本海軍が用いた一人乗り特攻潜水艇[1]「回天」の乗員として山口県光基地で厳しい訓練を受けていたという。もう少し戦争が長引いていたら、人間魚雷として敵艦に体当たりして戦死していたかもしれない。終戦は18～19歳の頃、いじわるな上官の中にはみんなに胴上げされ、わざと落とされた人もいたなんてことも言っていたが、すごい体験だと思った。

母は「オラだ6年生まれは、なんにも勉強できなかった年代、字も下手なのは国のせい、高校なんて行ってねえよ」と。機銃掃射をしかけてくる敵機を「突き落せ」といって竹やりを持って突き進む竹やり訓練をさせられたり、近くに神町《じんまち》練習飛行場（現・山形空港）があって、飛行機の燃料に使うという松根油（松根テレピン油）の原料になる松の根っこを山に採りに行かされたりで、勉強なんて全然出来なかったと。このレポートは出来が良かったのか先生が皆の前で読み上げてくれた。漫画家になってから色んな取材をさせてもらったが、この時の宿題レポートが原点になっている気がする。

父は役場を早期退職して町会議員になり、3、4期務めた。そんな父を母は「病気を一緒に治そうと、口ではうまいこと言って仕事を辞めた」と愚痴るが、一匹狼で町に百条委員会を作ったりして、私なんかより勉強家でずっと進歩的な人だった。最近になって父が役場を辞めたのは、仕事上の責任を被ってのことだったと人づてに聞かされて驚いてしまった。

高校の同じ学年に、Tという独りで反戦運動をしていた女子がいた。その子が「おい後藤、オラの父ちゃんとお前の父ちゃんは同じだ。オラの父ちゃんは共産党で一人で頑張ってる。お前の父ちゃんも党には入らずに頑張ってんだってなあ」と言ってきた。その後もよく「おい後藤」と話しかけてきては、激しさを増すベトナム戦争の話をしてくれた。それまでは知識がなく、「ケネディ？　いいんじゃない」って感じだったが、ケネディ[2]とベトナムの関わりなど私にはない情報を教えてもらった。今は沖縄に住んでいるらしいがどんな母親になっているのか、会ってみたいと思っている。

父の姉が茨城県水戸市内原にある日本高等国民学校（現・日本農業実践学園）の隣で雑貨屋を営んでいた。この学校は加藤寛治[3]が初代校長で昭和13年から政府が農地を借り受け満蒙開拓青少年義勇軍の訓練所を開設し、満州に渡る前の2〜3カ月基礎訓練が行われた所で、その時の宿舎・日輪兵舎が復元されている。

ここには日本人に交じって世界中から農業を学ぶ若者が来ていた。私が叔母の所に遊びに行っていた当時買い物に来ていたイランからの留学生シャウジアン・ホロディさんと知り合いになり、彼が国に帰って農業を広めて立派な人になるという夢と、自分は漫画家になるという夢をドッキングさせて、高校の弁論大会で発表したことがあった。2、3年生を差し置いて1年生で1位！　いまごろは偉い人になっているかもしれない。いつか、どこかで彼の名前を耳にする事があったら嬉しい。顔はもうわからないけれどシャウジアン・ホロディって名前は覚えている。

　ことあるごとに「漫画家になりたい」というのはあちこちでアピールしていた。絵はちょっと上手というくらいだが、ただただ漫画が好き、面白くて好き。他にやりたいものがない、やりたくないものはやりたくない、進学して何を学びたいかも分からないし、父の給料だけで家族を養っていてそれほど裕福でもないし、大学には弟が行って好きなだけ勉強すればいいと、私は就職することにした。それなら、なるべく漫画に関するところをと考えていたら、丁度、大日本印刷からの求人が学校に来ていた。漫画本を見るとほとんどが大日本印刷で印刷されているし、ここに就職したら好きな漫画の連載を発売前に読めるかもしれない、好きな漫画家さんともご縁があるかもしれないと思って試験を受けた。

　あの頃、好きだったのは『マーガレット』（集英社）と『りぼん』（集英社）で、連載をしていた水野英子《ひでこ》先生[4]や西谷祥子《よしこ》先生[5]は夢に見るくらい大好き。でも、いざ、就職が決まって配属先が分かった私はがっかりしてしまった。漫画の印刷ではなく、その頃から始まったICチップの新工場だったのだ。私は本気で、「行きたくない。行きたくないならどうすればいいか？」「漫画家としてデビューすれば断る言い訳が立つのではないか」と思い、高3の3学期、漫画を描いて編集部に原稿を送ることにした。しかし難しくて最後まで描けない。漫画家になるっていう人は図々しくて思い上がりが激しい人が多いように思う。私もまちがいなくその類の人間で、途中までの作品でも「なんてすばらしい才能だ、すぐデビューさせよう」と編集部は思うだろうなんて考えて送ってしまった。でもそんなことはある訳なく何の返事もなかった。しょうがない、東京に行くしかないと腹をくくった。

チャンスをつかむ

１９７０（昭和45）年３月末、就職のため上京、代々木オリンピックセンターでの研修が３日間あった。その時、毎月購入していた漫画の専門誌の中に、配属先近くの漫画家がアシスタントを募集している求人記事をみつけた。「チャンス!!」と、絵を描いて応募したところ、電話があり「よかったら、面接に来ませんか」「はい、行きます」と話は進み、配属先の上福岡で寮の部屋も決まり先輩たちにいろんな仕事を教えてもらっていた時だったが、「まだまだ絵は下手だけど頑張ります」「じゃあ、きますか」ということでアシスタントに決まってしまった。一応、親御さんの許可も得ないと、とのことで連絡したら、母には、「そんなの絶対だめだ」と叱られたが、父には「あんたがそんなことをして後輩に迷惑はかからないのか」とだけ言われた。それが気になってすぐに会社に事情を話し、「私がこんなことをして来年から学校への求人がなくなりますか」と聞くと「そんなことはないから、大丈夫ですよ」との返事だったので、「じゃあ、辞めさせて下さい」と退職し、上福岡の寮には10日ほど居ただけで引っ越した。

アシスタントに雇ってくれたのは旭丘光志《あさおかこうじ》（６）という劇画の先生だった。それまで先生の作品を読んだことがなかったのでどんな仕事をしているのか分からなかったが、その頃はなんと色っぽい劇画だった。奥様と生まれたばかりの一人目のお子さんがいらしたが、それからお子さんが５人になるまでの５年間、お世話になった。先生は『ある惑星の悲劇』という広島のことを描いて話題になった方で、その後も『Let's Go ケネディ』を『少年マガジン』で連載、俳人の『山頭火』（７）も描いていて、やっぱり先生と巡り合えたのもご縁なのかなと思う。久しぶりに先生の作品を読んでいたら私の下手な画があって「うわあ、先生よくこんな下手な私を使ってくれたなあ」って思ったが、そこで３年くらいは自分の作品は描かないでひたすらお手伝いと勉強をさせてもらった。

アシスタントになった頃は劇画が一気に出始めた頃でものすごくハードだった。まず1日目、朝8時半から仕事が始まり、夜の7時になっても、9時になっても終わらない。12時になって2階から奥様が下りてきて、「あっ、これで終わるのかな?」と思うと、「後藤さん、あなたは女の子だからもう帰っていいと先生が言ってますよ」と。でも自分だけそんなこと出来ないし、「みんなと一緒の時間までやります」って、結局3時くらいまで仕事をしていた。先生は超売れっ子で、『漫画アクション』『漫画サンデー』『少年マガジン』の連載をしていたが、まあ、忙しいのなんの、あっという間に体重7kg位減ってしまった。先生が一軒家を借りて男性スタッフの寮にしていたが、「ちょっと遅れる」といった人がいくら待っても来ない。「もしかしたら、逃げた?」と見に行くともぬけの空で、1カ月で3、4人は入れ替わった。でも私は他を知らないし、大日本印刷にいたとしても自分には合わなかっただろうし、ここで良かった。どんなに忙しくてもやっぱり漫画に少しでも繋がっている仕事はどんなに大変でも楽しくやれていた。当時（昭和45年頃）の給料は確か月に2万円弱。アパートの家賃は先生が払ってくれていたので、食べて、映画観て、本は買える程。洋服などは買えず母が「会社員ならきれいな服、着られるのに」と帰省のたびに言った。

21歳の頃から『りぼん』に投稿し始めたが、劇画の画ということもあってなかなか相手にしてもらえなかった。もっ

編集さんと

と少女まんがらしくしないと、使えないからということで2、3年少女漫画の練習をして持ち込みしていた。それでも漫画スクール（募集に対し応募すること）もとってくれないし、『りぼん』から返却された作品を隣の小学館に持ち込んでみても「うーん、もうちょっとだな」と、評を下されるのが『りぼん』の言葉と同じ。だから、漫画っていうのはある程度のラインを超えない限り何処へ持って行っても一緒だと判断した。それなら、好きな『りぼん』で頑張ろうと、心を入れ替えて描いた作品が「ごとうさん、これいいよ」っていってもらえて、漫画スクールに出そうってことに。そうしたら、『砂の城』で有名な一条ゆかり先生[8]が腱鞘炎になって16頁原稿を落として（描けなくなる）しまい、そこに私の原稿が使われることになった。『一平の贈り物』という、好きな人と結婚するのがいいか、向うから求められて結婚するのがいいかっていうのを高校生の可愛らしい初恋みたいな感じで描いたものが23歳の時にやっと『りぼん』に載り、デビュー作となった。この作品は私の初めての単行本『物語ならハッピーエンド』（集英社）に収録されている。

それまでに、6、7作くらい描いていたが1作目は思い上がりがいっぱいあって、30ページほどの作品に「近いうちにそちらに伺いたいと思いますが、その時に評を頂けたら幸いです」なんて書いた手紙を付けて送った。でも編集部に行ってみると「ああ、あの原稿、覚えてるよ」と。だけど原稿はシュレッダーにかけられてもうなかった。ギャアーって感じだけど仕方ない。返してほしい作品には〈返却希望・住所・氏名〉を裏にしっかり書かなくちゃいけないというルールを無視していたからで、そういう人は結構多い。

そこから持ち込みし始めたが、才能があるなって子には待遇が良くて、私も最初は編集者に気に入られ、食事に連れていってもらったりお酒を飲ませてもらったりした。しかしなかなか良い作品を描いていかない、上手くもならないと、今度は喫茶店でお茶だけに、それでもなかなか伸びないと編集部の机の隅っこでお茶も出ない。そういうのが続いたので小学館に行ったりしたが、一条先生の代わりに原稿を使ってもらったら、女の子たちから１００通ぐらいファンレターが届いた。1作目で１００通ぐらいファンレターをもらえるのは、たぶん長く漫画家としてやっていける証しだろうと言われたのを今でも覚えている。

あこがれの漫画家さんと

私はいじめっ子といじめられっ子がいるとしたらいじめっ子の方、でもそのしっぺ返しもしっかりもらっていたから、そんな話も描いたりして女の子たちの共感を得られたのかもしれない。『りぼん』では5年間少女漫画を描いた。

チェルノブイリ事故が意識を変えた

23歳でデビューした時は先生の所から独立して川越のアパートに住んでいた。その時に付き合い始めた彼と、北鎌倉・静岡と移り住み、気付くと長男が生まれ長女がお腹にいて、なかなか少女漫画を描くのが難しくなってきていた。そんなとき漫画家友人のSさんが、「女性の抱えている悩みや恋愛、身近な社会問題に取り組んでいくという大人の女性向け漫画雑誌（エレガンス・イブ）ができるから、ごとうさん描かない？」って秋田書店を紹介してくれた。

北鎌倉で2年過ごし、１９８２（昭和57）年、30歳の時、夫の両親が住む静岡の丸子に引っ越した。夫は電気工事関係の仕事をしている兄の会社に勤めはじめ、12月には長女を静岡駅近くの産婦人科医院で出産した。

女性に人気のあった『緋　あかね』（秋田書店）を描いている時、講談社からも声がかかって、『はいチーズ!!』（講談社・BE-LOVE）を描き始めた。これは私と夫との話みたいなもので、今、読み直すとちょっと恥ずかしい。

１９８６（昭和61）年４月26日、チェルノブイリ事故[9]が発生。その時、次女がお腹にいたが、12月に出産するまで何も気にせず普通に食べたり牛乳を飲んだりしていた。でも翌年、広瀬隆さんの本を読み原発の危険性を知りショックで眠れなくなった。すぐに静岡で原発反対運動をしているグループを探し、そこから市民活動をするようになった。それまでは「自分と自分の家族だけが幸せだったらそれでいい」という人間だったが、「原発になにかあったら、この幸せだと思ってる暮らしなんて、あっという間に壊れてしまうんだ」って、それで子どもたちが大きくなった時に「お母さんどうしてあの時原発の恐ろしさを知ったのに、何もしなかったの？」っていう問いに答えられないのが嫌で、反原発運動にのめりこんでいった。その頃に丸子周辺の野菜は大丈夫だろうかと放射能を測定してもらったのが馬場さんとのお付き合いの始まり。

しかし原発反対のチラシを配ってもなかなか受け取ってくれる人がいないし、こんなに危険なものが浜岡にもあるのにどうしてみんな無関心なのかとやるせない気持ちになった。無限の星々の中を漂っていた魂の一つがこの世に産み落とされ、何時かは宇宙に帰って行くと想って『私の宇宙』（物語ならハッピーエンドに収録）を描いていた私は、「みんなは魂とか死後の世界とかはどう考えているのかなあ、死後も意識があったらどう思うのかなあ」「世の中のおかしいことは、おかしいと言わないで、この世から意識と魂の世界に戻ったら、しまった!!　と後悔しないのかな」などと考え、頼まれた講演には「原発と宇宙と魂と」のタイトルで臨み、市民運動の諸先輩方からは冷たい？目線を向けられてしまった。

ちょうどその頃、アメリカの女優、シャリーマクレーンが自分の神秘体験を書いた『アウト・オン・ア・リム』って本が世界的なベストセラーになって、輪廻転生・仏教思想・チャネリングなどで構成された自分を知るための思想、ニューエイジのセミナーがあちこちで開催されていた。それにはまっていろんなところにでかけたが、でも、分からない。何のために生れて来るのか、死んだらどうなるのか。そして、夫との仲もあやしくなり、「悟りたい、悟れば夫のことも自分のことも許せて楽になるはず」、そう思ってあちこちのニューエイジ系のセミナーに出かけた。涙がボロボロのセミナーから帰った私は夫に言った。「もう大丈夫。もうお父さんのことではびくともしないからね」。夫は「それは良かった。でも俺の予測では1週

間ともたないよ」と言った。その通りだった。悟りにはたどり着けそうもない。それなら、その時にこころに引っかかったこと、思いをドラマにして描いてみようと考えた。そんな時、閃いたのが『銀色のオルゴール』(秋田書店)、山形の大地主の跡継ぎ娘で拝金主義の銀子が「原発産業」に手を出してしまい被曝してしまうストーリー。長男を夫に預け青森の六ヶ所村の草原の小さな家で天然酵母パンを焼いている人に会いに行った。村長選挙の手伝いにも行った。それは『天の麦　地のパン』という作品になった。

電力会社で働いている夫をもつ妻が原発の危険性を知って浜岡原発が爆発したらどうやって避難したらいいのかってことも入れて描いた作品『6番目の虹』(講談社)はグラフ誌や週刊誌等で私の写真付きで記事になり世の中を少しはざわつかせたが、主婦層を巻き込み動かすほどの力にはならなかった。福島原発の事故後、ある出版社から再出版の話しもあったが、「原発を止める力になれなかったものをいまさら出して、ど

うすんの!?」という気持ちが強く、その話はそれでお終いとなった。その後に、原発の周りで増えていると いう子どもたちの白血病の事も描いた。でも、問題は原発だけではなく農業・シャンプー・洗剤 etc。私たちはとんでもない暮らしをしていることにきづかされたのだった。

そのうち電力関係の仕事をしている夫とその会社にも、会社を通じて私にも圧力が来るようになり、夫婦の間にも周りの人たちとの間にも亀裂が出来てしまった。そして主義主張が強くなった私の作品から読者は離れていき、ある日担当さんから、「ごとうさん、今の連載はあと1回で終わらせて下さい。私の力不足で申し訳ありませんでした」と、とろろ汁の丁字屋さんで引導を渡されてしまった。なんどもチャンスを与えてくれたのにそれを生かし切れなかった私の力量。それでもオンデマンド出版のリストには今でも『6番目の虹』とほか何作品か載っていて、1冊から印刷製本してくれる講談社に感謝です。

夫との別れ

次の連載はどんな問題をテーマにしようかと考えている時に担当さんから「看護婦さんはどうですか？」と提案された。ちょうど看護婦さんの仕事が３Ｋ（汚い、きつい、厳しい）だといわれていた頃。S病院の看護婦さん数人に仕事場に来て頂いて、取材を兼ねた座談会でお話を伺うとほんとにすばらしい方たちばかり。看護婦さんの仕事は総合職だとよくわかった。聞かせて頂いた話を元にして描いた作品は読者からの反応がとても良くて、5回ではもったいないからと続けることになった。看護婦さんには守秘義務があってこれ以上の取材はもう無理なので、読者に体験談の募集をかけてほしいと編集部にお願いしたところ、あっという間にたくさんの話が集まった。病院が舞台で出産が主になるってことは結局なんでも描けてしまう。体験談に私なりの考え、思いを入れて、誕生前の世界・死後の世界・人情・恋愛・家族のドラマも描けるということで10年、39巻の『エンジェル日誌』(講談社)を描いた。

この『エンジェル日誌』は私の力というよりプレゼントされたようなもの。その間に夫とは離婚になってしまうが、この連載で3人の子どもを育てることができた。反原発の作品を描いている時のわだかまりや心のすれちがいもあったが、二人で協力して作った物語もあって、一緒に仕事ができたら良かったのだが、そこまではいかなかった。どちらが悪いというのではなくお互い。両親が揃っているお子さんは何となくおおらかに見えて、子どもたちのためにも絶対、離婚はしたくないと思っていたが、7年間、悩んだ末に長男が中学生の時に別れた。

広島と向き合う

2005(平成17)年は戦後60年。日本に原爆が落とされ、チェルノブイリ事故が起きたのになぜ原発はなくならないのか、そして戦争と広島のことが以前から気になっていた。「今、描かないでいつ描くんだ」という思いに駆られ、「被曝していても元気で結婚していて、家族がいる」、そんな方を通しての広島のお話なら描けるかもしれないと編集部に人探しを依頼し、平和資料館から8歳で被曝した現在80才の岡田恵美子さんを紹介して頂いた。それが『生きるんだ』(秋田書店)の1作目。2作目は岡田さんの紹介で、原爆孤児でずっと一人で生きてこられた川本さんのお話。今、一人で苦しんでいる人にエールとして届けばとの思いで描かせて頂いた。岡田さんがそれまで、対外的には話せていたことを家族にはなかなか話せなかったけれどようやく話せるようになって、それを聞いたお孫さんの話『水・WATER』も描いた。

岡田さんと川本さんに静岡に来て頂いて女性会館アイセルでお話し会を開いた時に、川本さんが給食を食べたことがないというので井宮小学校で体験させてもらったことがある。なんとその時の校長先生が、息子の担任（長田西中学校）の先生だったというのも不思議な巡り合わせ。

川本さんと井宮小学校で

パーキンソン病になって

3、4年前から「ちょっと違う、でも気のせい？まさか」と思って日々を過ごしていたが、なんか体の調子がおかしいというか、自分の中で何を描きたいのか分からないということがあってハッと気づいた時にはすでに病気だった。はっきり分かったのは2005年の12月。仕事をしていると、どうしたのか頭がなにか小刻みに動いてる。やっぱりこれはおかしいと思ってすぐ日赤に行った。それまでは自己判断でいろんな病院に通ったりしていたが、さすがにこの時は案内で症状を話し、何科に行けばいいのか教えてもらった。『ぴんくのハート』（秋田書店）に詳しく描いたが、教えられた神経内科ではじめて診察してもらった時に「パーキンソン病[10]のようなんですけど」と話した直後、「そのようですね」と、すぐ答えが返ってきてしまった。神経内科の医師というのは患者が診察室に入って来る時の様子をじっと見ていて、動きでだいたいのことがわかるのかもしれない。

漫画は右手で描いていたが電話を取ろうとすると震える。今は薬を飲んでいるからそんなに震えないけれど薬を飲むのが嫌で、薬を飲むまでにいろんな人との出会いがあった。体操をやったり、しずおか祭りで踊ったり、それでなるべく薬が増えないような自分なりの対策をとって12年目。

12年目でこれぐらいだからいいかという思いと、もうちょっと抑えられるかなという思いもある。今、いちばんの対策は卓球。2年前にリハビリのつもりでやり始めたのがのめりこんで競技卓球になってしまった。週に5日、火曜日から土曜日まで練習している。運動しなかったらどんどん動かなくなり固まっちゃう。おかげで足の動きも良くなって、絶対、無理だろうと思っていたダブルスも前よりはやれるようになってきた。少しずつ進歩しているし、面白いし卓球はお勧め。でもいくら私がそう思っても、やりたくない、やる気のない人に勧めるのは苦痛を与えるだけであって、病気の人にとっては、自分で自主的にやろうと思える何かを見つければ良いのではと思う。

母と暮らして

弟は50歳くらいの時に山形に戻り両親と同居していたが、父が2年前に亡くなってから母と折り合いが悪くなって、とうとう母は静岡に来てしまった。愚痴の多い母のそばが嫌で18歳で家を出たのに捕まってしまったか、家族の「ツケ」はどこかで回って来て清算することになっているのかもしれない。母は、ずっと自分の病気と弟と戦ってグレードアップしていた。自分が戦わなくて誰が戦うって思うのか、抗うつ剤の副作用もあるのだろうが、何でも言ってしまうってことがある。ショートステイに行ったり、ヘルパーさんを頼んだりしているが、嫌な所にはすぐに行かないとか言い出して慌ててしまう。でもやっと此処ならいいかっていう所が見つかって、私が忙しい時にはそこに行ってくれるようになって楽になった。久しぶりに一人になる時間をもって、「私はこうやって暮らしていたんだなあ」としみじみ思う。

これから、やりたいこと

東日本大震災の後、『3・11　あの日を忘れない』（秋田書店）を描いて支援活動をしている時に、千葉の印西でファミリーホームを経営しているYさんと知り合った。そこでは0才から小学3年生まで預かっている。乳児院から2歳未満で受け入れられた子が、最初に会った時と半年過ぎてからの表情が全然違っていて考えさせられた。この縁で里親、里子の話を描いたが、今は、次のプロット（物語）を作っている。「そだちとすだち」というホームページでインタビューに答えている子どもたちの物語。親と一緒に暮らせない子ども達が施設に入っても18歳になると出なくてはいけない。「その子たちがどうやって独立していったか、どんなことで困ったかという事実と、一人で生きて行くって本当に大変だけど頑張っている、でも頑張りきれない時にはこんなホームページがあるよ」って紹介出来るようなものを描きたいと思って。どんな形になるか分からないけれど、今週中に編集部にプロットとして出す作業をしている。

次に描きたいのは教会で暮らしている牧師さん夫婦とその息子さん夫婦の物語。ご縁があった教会の取材に通っている間に聖書の面白さに気付かされたのが2年前、卓球を始めたのと同じ頃。私の人生の中で、信じられないってことが2つあって、母親と暮らすってことと、教会で勉強させて頂くってこと。ピアノとバンドを伴奏に讃美歌、ゴスペルと2時間のうち半分は歌っているかもしれない、とても気持ち良い時間。でも教会の話を描くときに宗教っぽくなったら失敗。編集ストップがかかってしまう。

娘夫婦が宮古島にいて二人目の孫が最近生まれた。沖縄のことも海に潜るとすごくきれいでいいところ。描いているが単行本にはなっていない。単行本は、連載が終わってある程度評判のいいもので、すでに原稿としては仕上がっているのを編集部の方でまとめて出してくれる。

恋愛・官能、社会派と40年描いてきたがこの頃は手が遅くなっているし、よっぽど面白いものを描かないと仕事がとれない。だから集大成じゃないけど教会の話を描いてどれだけ反響があるか、読者がどんなふうに受け止めてくれるかというのは楽しみ。電子コミック+出版が可能なら世界中で読んでもらえるかもしれないと夢は広がり、わくわくしている。

メッセージ

これから漫画家になりたいという若者に伝えたいのは、「簡単に今の仕事を辞めて漫画家を目指すなんて絶対にしない方が良い」「仕事を通して人と人との付き合いの中から、自分や相手の気持ちを思いやることや、いろんな人を見て観察することも勉強になる」ということ。私が「私たち離婚になりそうです」と言うと、編集さんから「大変だとは思うけれど編集部としてはうれしい」「漫画家がいろんな環境でいろんな体験をして経験値を蓄えるというのは財産だから」というふうに言われた。だから人生、何があっても損はないから。

そして2018年の大河ドラマ「西郷《せご》どん」で知った、西郷隆盛の座右の銘「敬天（天を敬い）愛人（人を愛する）」、自分を愛するように人を大事にしなさいということと、自分が描こうとしているものは「本当に自分が描きたい物語か?」「これでいいのか?」そんなことを自分に問いかけながらこれからも漫画を描き続けようと思います。

終わりに

ごとうさんと原稿の打ち合わせでお会いしたのはお話を伺ってから1年以上も過ぎた２０１８（平成30）年の10月。すでに『そだちとすだち』が、フォアミセス３月号から３カ月毎の連載で始まり、12月号の原稿締め切りを終えたばかりの時でした。ごとうさんの画

と一緒にコラムを担当している川瀬信一さんは当事者の一人。連載が単行本になったら施設や里親家庭などに届けたいと募金を呼びかけています。この連載が多様な家族の在り方を指し示し、生きにくい若者の一助となることを願います。

「そだちとすだち」(http://sodatitosudati.com)

「徹夜が続いて転んじゃった、これで徹夜は免疫力を無くすってことが良く分かった」と笑いながら腰をかばうごとうさん。その後、最終打ち合わせに伺った時、新たな思いを聞かせて頂きました。

「『うれしいニュースが入ったの!!　市のリーグ戦に出るようになって2年目、1年目は一度も試合に勝てたことがなかったのに、今年の前期リーグで2勝できて「敢闘賞」もらったよ!!　パーキンソン病ってわかった時は、いつ動けなくなるんだろうと心配したけど……13年たっても卓球ができて試合にまで出られてるなんて……!　これを励みにこれからも卓球を楽し

みながら（怪我をしないようにして）、仕事にチャレンジするぞー」と、話すごとうさんの目は前を向いて輝いていました。

【注】

（1）1944年7月呉工廠にて九三式酸素魚雷に操縦席と潜望鏡をとりつけ潜って体当たりする一人乗り「回天」兵器が完成、同時に隊員の募集を行った。ほとんどは潜水艦の上部に括り付けて運び、敵艦発見ののち発信した。隊員には操縦に加え速度の計算と高度な能力が求められた。

（2）ケネディは1961年、ジュネーブ協定を無視し「軍事顧問団名目で特殊部隊を派遣。1963年に仏教徒の焼身自殺がアメリカ大使館前で起きる。同年11月にケネディは暗殺されるがこの頃には16263人の事実上正規軍の派兵となっている。

（3）農家のあとを継げない次男、三男独立の道は移民をおいてないとして移民政策を推進した農本学者。

（4）1939年山口県生まれ。石ノ森章太郎・赤塚不二夫と合作も。55年デビュー、トキワ荘に住む。「ファイヤー！」はミュージカル化された。

（5）1943年高知県生まれ。「双子の天使」でデビュー。学園ラブコメディや青春物の先駆けとなる作品を立て続けに発表する。

（6）1938年、樺太（現サハリン）・豊原市生まれ。貸本漫画家として『渡り鳥』シリーズで人気を博す。その後、少年誌・青年誌で活躍。代表作『逃亡海峡』。代替医療に精通した作家・ジャーナリストとしても活躍中。

（7）種田正一、1882年山口県生まれ。早大中退。出家し托鉢生活をしながら自由律による句作をした。

（8）1949年岡山県生まれ。自著の中に、うっかり油断して80ページの原稿をひきうけてしまい「りぼん」で「5愛のルール」を連載中なのにダブルヘッダーをやる羽目になり腱鞘炎になってしまいましたとの記述あり。

（9）ウクライナの首都キエフの北100キロにある原発で保守点検のため停止前の実験中におきた。建屋が破壊され原子炉でメルトダウンが進み大量の放射性物質が屋外に放出された。ヨーロッパ全土を汚染し一部はジェット気流に乗って日本やアメリカにまで到達。日本では5月3日に雨水から観測され、翌年出版された広瀬隆著『危険な話』から広く知れわたることになった。

(10)脳の代謝異常により脳低の錐体外路系の神経核に障害が起こり、手足が絶えずふるえ、筋の緊張が高まり運動障害を伴う疾患。中年以上に多い。

《参考文献・資料》

『現代漫画博物館1945―2005』小学館　2006
『同期生』集英社　2012
『特攻』太平洋戦争研究会編　2003
『ケネディと冷戦』彩流社　2012
『満州開拓団の真実』七つ森書館　2017
『月刊フォアミセス』秋田書店　2018・3月
慶応義塾大学メディアコミュニケーション研究所紀要・チェルノブイリ原発事故に対するメディア言説の分析

編集後記

★静岡女性史研究会に参加して、初めて聞き書き集の作成に携わりました。聞き取りに行く時間がなかなか取れず、聞き書きの書き起こしを原稿にまとめるのも随分と遅くなりました。けれども、聞き書きを通じて、皆さんの生きざまに、勇気づけられましたので、生きた軌跡を残したいと思い、何とか仕上げることができました。山田久美子さん、川村美智さんに心より感謝申し上げます。私の受け持つ講義と、聞き書きの取組を連関させ、10代20代の学生と、静岡で生きてきた皆様の生きざまから多くの学びを得ることができたのも、私の財産です。第10集に掲載できなかった聞き書きもあるので、これからも、聞き書きを続けていきたいです。

（跡部千慧）

★私は非正規で30社で働きながら、労働環境の悪化に危機感が募り、小さな社会活動と研究を自分なりにやってきました。先進国に住む私たちが労働所得だけの向上を図れば日本を含めて世界中の格差、搾取を温存し拡大再生産させてしまいます。どんな社会なら全ての人が幸せになれるのか解明を急ぎたい。静岡市に女性史研究会があることを数年前に知り、気になっていました。地元静岡の女性史をいろんな人と一緒に研究すれば手がかりは大きいです。偶然会の方が声をかけてくれて今年会員になりました。数日後例会と思いうかがうと、何とお話を聞かせていただく日で、思いがけず藤井さんに国際協力活動についてお聞きする事が出来ました。スリランカの美しい人や自然に大感動でした。藤井さんに改めてお礼申し上げます。

（稲垣吉乃）

★今回も敗戦後、満州からの引き揚げられた方の体験をお聞きすることが出来ました。

望月郁江さんは、10歳の時、6歳の弟と過酷な道のりを歩き、生き通し帰国しました。戦後も暮らしや精神的に苦しい日々を送りましたが、その根っこは戦争がもたらしたもの、戦争が様々な形で生活に暮らしに忍び込んでいることを知りました。だからこそ平和がどんなに尊く大切なものか、心底から思っています。

　寺平充子さんは、満洲で生まれ育ち、日本人にとって良き時代を、20歳まで過ごしました。戦前、侵略とは知らず満州で過ごした日本人が、どんな暮らしをしていたのか、知りたいと思いました。幸い偏見や差別観のない両親に育てられ、満州に溶け込んで幸せな日々を送りました。戦後も満蒙開拓の人たちのような困難は少なかったが、戦争による民族同士の不幸を、身に染みて体験しました。相手の国を尊敬し、理解すること、仲良しになる事を、心から願っている。いい方に巡り合い、心を開いて語り合うことができたことを本当に有難く感謝しています。

（勝又 千代子）

★2回目の聞き書きに挑戦しました。今回もなかなか難しいと実感しました。何度もお話してくれた高島和子さんに感謝です。また、他、何人かにも、ご協力をいただきました。和子さんは、１９５５年から働き、結婚しても、子どもが生まれても辞めずに働き続けました。先駆的に働き続けた女性たちの職場、地域での地道な取り組みが女性の社会的地位向上に向け大きな力になっているのではと強く感じました。まだまだ、女性が思うように働き続けることは、簡単ではありません。また、働く条件が少しは良くなってきたとは言え、男女共、非正規や派遣が増え、新たな問題に直面しています。今回の素敵な出会いを生かし、今後もコツコツと先輩たちの歩みをお聞きできたらと思いました。

（大石潤子）

★「父のことならいくらでも話せるけれど、さて、自分のこととなると話をしたことがないので…」と、夕映さんは、最初のうちはお父様のお話が多かったのですが……。結局こんなにも語っていただきました。写真にも門外漢の私は、解らないことが多くて、いろいろ教えて頂きました。カメラの三位一体とは、等々質問すると、私が納得するまでお話してくださり、それで3、4行が書けたということもありました。柳田夕映さん、お忙しい中、たくさんのお時間を…本当にありがとうございました。＊従軍慰安婦の写真にも食指が動き、言及したかったのですがいろんな意味で諦めました。＊アイセル21での編集委員会の時、窓には真っ青な空に雪を纏った富士山が聳えていました。これからの世の中、戦争だけは起こしてほしくないと思いました。

（尾崎朝子）

★驚いたことに、ごとうさんに見せて頂いた写真の中には、若き日のごとうさん・川村美智さん・ご友人、そして子どもさんたちの姿がありました。川村さんは新聞社に勤務、ごとうさんは漫画家としてある意味事業主、という違いはありますが、仕事をしながら子育てに切磋琢磨していた時期を共有していたお二人が、偶然にも10集でご一緒！の巡りあわせに、ふしぎな思いがします。多忙な中、協働作業をして下さったごとうさんに感謝いたします。

（鈴木栄津）

★今回も積極的な参加はできませんでしたが、表紙画に寺平誠介先生の作品を使い、プロフィールを紹介することができてよかったです。誠介先生に日本画を習っていた時は、充子さんとは余りお話する機会がなく、誠介先生が亡くなられてから初めて親しくお話するようになった経緯もあり、ご夫妻との不思議なご縁を感じます。大正生まれの世代の時代性と、充子さんの戦前の中国での生活体験、戦後の画家の夫・義母との関係など、ご苦労もありましたが、彼女の逞しい生き方が浮かび上がったことが大変印象に残りました。

（鍋倉伸子）

★私はこれまでリブもジェンダーも全く問題意識を持たずに生きていました。女性史研究会に出会い、初めて様々なことを意識するようになりました。今回、個人的な家族史を書きましたが、私にとっては、これが時代や社会、そして女性を考える窓口になりました。文章を書くにあたり、多くの方々から助言、ご指導、励まし等をいただき、ようやくまとめることができました。本当にありがとうございました。感謝。

（安本久美子）

★私は静岡女性史の会の一員として第10集発刊にあたって参加させて頂く機会に恵まれました。我が家に鷲巣丑蔵氏の作になるシスター・ウィニフレッドを描いた油絵があり、シスター・ウィニフレッドの葬儀の折、弔辞を奉読された成島康子様のお取り計らいにより平成27年度わいわい祭りに声をかけていただき、その折静岡女性史の会発刊の第7集、第8集、第9集を手にする機会に恵まれました。実に感動的な出会いでした。私はとびついて皆様の仲間に入れて頂くことにしました。一人一人が生きてきた時代は異にするわけですが、何かと醸し出す雰囲気はなごやかで、お一人お一人の魅力にふれながら楽しみに参加させて頂いております。

平成30年6月8日しずおか女性の会初代会長北条愛子様天寿を全うされて永遠の国に旅立たれました。今を生きている方々によって歴史はつくられていくという永遠不滅の現実の中で子どもに伝えたいこと、孫に残したいものは故郷静岡であろうという私のテーマの中で会に参加させて頂く体験を通して、十代の女学生達にも是非読んでいただけることと祈りながら……

（水井恵子）

★第6集で「私たちの現在を問う―混沌からの出発」と題して加納実紀代さんに占領期からのお話を伺ったのは20年前のことです。今回は過去150年を遡っていただきました。開国して欧米列強に追いつき追い越すために進められた富国強兵政策は男女間格差を推し進めることにもなりました。良妻賢母教育は「女が勉強すると嫁の貰い手が無くなる」といった考えが祖母から母へ、母からから娘へと無意識のうちに受け継がれます。このことも女性の活躍が滞っている原因のひとつのように思います。

世界経済フォーラムは12月18日今年のジェンダーギャップ国別ランキングを公表しました。日本の男女格差の大きさは149ヵ国中110位です。格差の大きいのは経済分野が117位。特に問題なのは女性管理職の少ないことで、居城氏が静岡県の特徴として指摘した女性管理職比率が全国最下位であるということと思い合わせて、実にショッキングな事実です。

「個人的なことは政治的なこと」というウーマンリブの運動が静岡においても存在しました。リブをきっかけとして起こった主体者でありたいという運動の後、さまざまな施策が進められてきています。何が実現され、何が課題であるかは、歴史を知ることや世界の状況を知ることにより明らかになります。そんな思いから前回に続いて国境を越えた女性たちからの聞き書きを行いました。戦前にも多くの人々が世界へ羽ばたいていきましたし、使命を帯びて日本にやってきた人もいました。そして、今回、思いかけずオランダに住むマーク・三浦尚子さんの貴重な体験をお聞きすることができました。子どもたちにとって、読書活動により本好きな子を育てることは社会を知ることへの第一歩でもあります。今は亡き片平千代子さんの生きざまには実に多くの教えがありました。文章にして書き残すことの意義を改めて実感いたしま

編集会議にて（平成30年12月19日）

した。一人ひとりの生き様はまさに庶民の紡ぐ歴史の一コマでもあります。

本書の執筆にあたっては大澤由紀子さん、片平真理子さん、清水喜久栄さん、成島康子さん、マーク・三浦尚子さん、鈴木美保子さんのご協力なくしては出来上がりませんでした。感謝申し上げます。ありがとうございました。

『私たちの現在を問う』の3回の講座は平成29年度あざれあ地域協働事業として行ったものです。講師としてお話いただいた加納実紀代さん、田中美津さん、居城舜子さんには原稿をいただきました。ありがとうございました。

そして本書を今は亡き片平千代子さん、佐々倉裕子さんに捧げたいと思います。

今回もまた編集出版に際して羽衣出版の松原正明氏にお世話になりました。ありがとうございました。

（大塚佐枝美）

『しずおかの女たち』バックナンバー

＊第1集＊　1979（昭和54）年1月発行

＊第2集＊　1983（昭和58）年2月発行

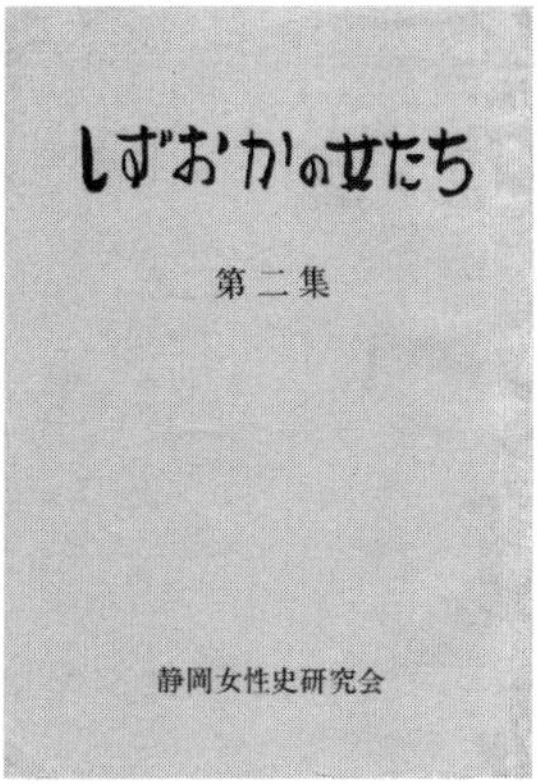

はじめに
1. 中国残留孤児だったケイコさん
集団自決の中で一人生きのびて　勝又千代子
2. 満州農業開拓団員の妻として　小泉きくさん　西沢功子
3. 従軍看護婦　大槻美穂
4. お茶農家の女性　連野あやさん　小和田美智子
5. 「今川仮名目録」に女性史を読む　小和田哲男
6. 政子像の再評価　大橋聖子
7. 昭和の青春　野村千代子
寄稿　第二号おめでとう　大村好美
市川淳美
静岡女性史研究会のあゆみ
編集後記

＊第3集＊　1985（昭和60）年6月発行

はじめに
1. 被爆そして失明という苦難を乗り越えて　斗ヶ沢志津子
2. 中国残留日本人孤児の母として　西沢功子

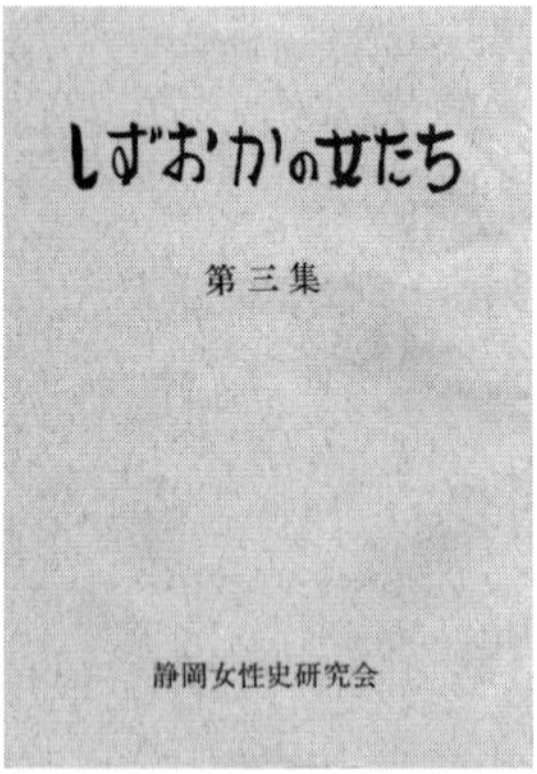

3. 牧師の夫によりそって　勝又千代子
4. 鉱山で働く女たち　平井和子
5. 婚姻史からみた静岡県のひよんどり　小和田哲男
6. 政子像の再評価　大橋聖子
7. 静岡県明治女性史序説　小和田美智子
8. わが戦後史Ⅱ　野村千代子
9. 女性誌の方法によせて ―アメリカの場合―
上杉佐代子
静岡女性史研究会のあゆみ
編集後記

＊第4集＊　1992（平成4）年8月発行

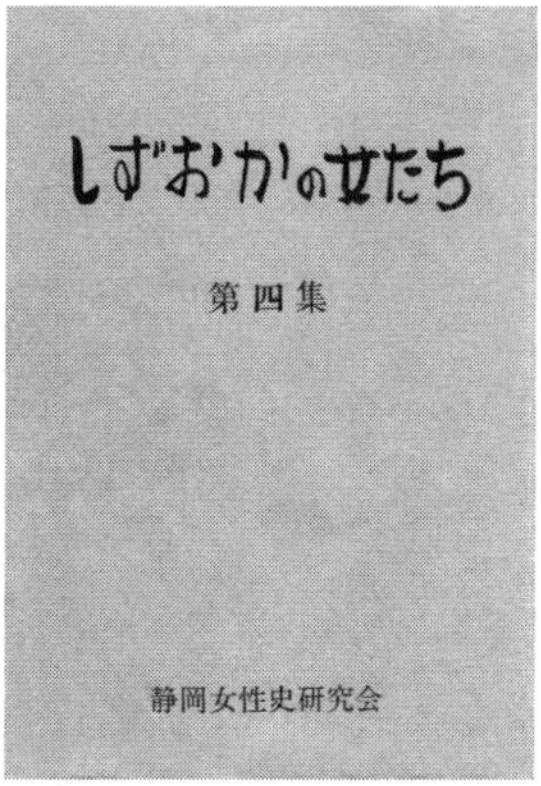

はじめに

○《特別寄稿》戦国時代の従軍慰安婦　小和田哲男

○海士さんは花形 ―稲取の海女たち―　平井和子

○政子像の再評価　大橋聖子

○戦前の解放運動を静岡の片隅でささえた
―金刺登喜さん―　勝又千代子

○母の国日本に ―安達桂子さん―　勝又千代子

○パラオから戦火をのがれて
―元県議会議員　水野シズさん―　西澤功子

○図説　・結婚の簡素化略史　小和田美智子

○開拓農家の母―溝口タミのこと―　縄　唯美

○「新世界」の母親たち
―二〇世紀初頭アメリカの移民女性―　上杉佐代子

○静岡女性史研究会のあゆみ

名簿

あとがき

＊第5集＊　1996（平成8）年3月発行

一、公開講座「男はいつから主になったか」

第一部　講演　服藤早苗

第二部　パネルディスカッション

二、近代国家と「性」―十五年戦争下の静岡―

三、政子像の再評価Ⅳ　平井和子

四、重度重複障害児（者）のための

「幸の家」との関わりのなかで　大橋聖子　近藤悦子

五、「静岡女性史研究会」のあゆみ

―その足跡をたどって―　西澤功子

六、岳南労農運動史の中にいまも生きる

―福島義一・福島鈴子―　勝又千代子

七、戦後の新しいリーダー

―「静岡市白いばらの会」設立・石上きみ―　河村恵子

八、秋野不矩の人と芸術Ⅰ　鍋倉伸子

九、雲井龍子と静岡―戦前の民間女性飛行士―　奥田利子

十、根上津奈子―九〇歳　情熱的に福祉に取り組む―　中島明美

十一、大陸に生をうけ―渡部春子の半生―　大塚佐枝美

十二、アメリカ合州国

ノースカロライナ便り　上杉佐代子

十三、編集後記

＊第6集＊　1998（平成10）年4月発行

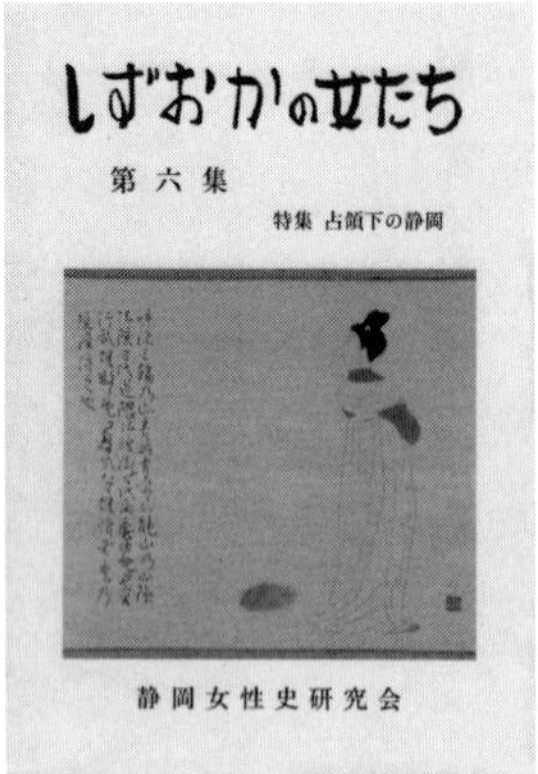

《特集　占領下の静岡》

一、講演「私たちの今を問う

―混沌からの出発―」　加納実紀代

二、占領と静岡県の女性たち

（一）占領行政と女性参政権　平井和子

（二）復興へのスタート―くらしと社会―　勝又千代子

（三）教育改革　大塚佐枝美

三、アンケート調査　大橋聖子・近藤悦子・西澤功子・勝又千代子・平井和子・河村恵子・大塚佐枝美・奥田利子・尾崎朝子・鍋倉伸子

四、私の戦後史　勝又千代子
五、秋野不矩の人と芸術II　鍋倉伸子
六、大陸に生をうけ—渡部春子の戦後　大塚佐枝美
七、静岡県占領期女性史略年表
八、編集後記

＊第7集＊　2005（平成17）年3月発行

◎戦後の静岡の女性団体
《戦後、静岡の女性団体の主体形成は
どのようになされたか》
1　農村の生活を改善するということ
—初期の生活改良普及員の活動を中心に—
2　官製婦人団体の組織化と地域婦人会の戦後　大塚佐枝美
奥田利子
3　大学婦人協会の創設期　その一　鍋倉伸子
4　女性教育施策とグループ学習
—稲取実験社会（婦人）学級を基軸として—　大橋聖子
5　静岡県の初期母親運動の記録　勝又千代子
6　婦人参政権獲得運動と
日本婦人有権者同盟静岡支部　河村恵子
7　戦後の母子保健と家族計画　西澤功子
8　戦後の障害者福祉について
—知的障害児（者）の親の活動
（静岡市手をつなぐ親の会）—　近藤悦子
9　「婦人文化新聞」について　尾崎朝子
《現代にみるメディアと女性》
10　まちの中の彫刻
—静岡市における公共彫刻にみるジェンダー表現—
尾崎朝子
編集後記

＊第8集＊　2014（平成26）年2月発行

はじめに
第一章　講演録
平塚らいてう　孫が語る素顔　奥村直史
第二章　ライフヒストリー
戦前・戦後・八九年を生きて／小長谷澄子
市川房枝氏に学んで五〇年　勝又千代子
今九四歳　余生を楽しむ／金原愛子　勝又千代子
女性教師として四〇年を生きて／栗田富貴代　佐野明子
思い出—俵萠子さんのこと—　西澤功子
新たな地平を目指して
—女性の拠点づくりとネットワーク／近藤美津江　川井陽子・大塚佐枝美
《寄稿》近藤美津江さんと「婦人係」のこと　高野康代
人権弁護士・海野晋吉の母—海野はる小伝—　尾崎朝子
海野厚とその母遊佐—「背くらべ」の歌に寄せて　大塚佐枝美
中国・内モンゴルに暮らして　川井陽子
第三章　研究ノート
記録　谷津カトリック教会　尾崎朝子
戦後の女教師たちの思いを綴った
『婦人教師』を今読みなおす　勝又千代子
『源平盛衰記』を読む—武将の妻の役割と自覚—　大橋聖子
アメリカ女性史研究の歴史に思う
—ジェンダー、人権、階級と権力関係—　上杉佐代子

＊第9集＊　2016（平成28）年2月発行

特集　国境を越えた女性たち

【講演録】国境を越えて繋がるために―取材の現場から　大久保真紀

中国人少女宋淑琴として生きた日々〈佐野陽子さん〉　川井陽子

大連からの引揚

【手記】5歳、引揚の記憶　ストラウド啓子

【レポート】大連の引揚が遅れたのは　大塚佐枝美

日中の架け橋になりたい

―中国語にかける想い―〈襲雨華さん〉　青木史枝

民族をこえて、ありがとう　岩崎ラファエリーナ

第1章　聞いて残そう――戦争体験等

【講演録】多様で、貴重なライフ・ヒストリーを

聞き取る――地域とジェンダーの視点で――　平井和子

固い絆でビキニを乗り越えて

〈見崎進さん・てる子さん〉　勝又千代子

戦争を知らない世代に非戦の思いを託して

〈鈴木孝子さん〉　鈴木栄津

戦争体験を語り継ぐ〈久保みつさん〉　大塚佐枝美

未来につなぐ平和のバトン〈見機久礼さん〉　大石潤子

富士と牛と朝霧と〈岡田体子さん・植竹眞佐子さん〉　大塚佐枝美

第2章　女性史と出会う

『浜岡町史』にみる近現代の女性

――参政権・女子の不就学・農業女性など――　小和田美智子

女性史と出会う　鍋倉伸子

女性史と出会ったわたしの人生　奥田利子

アメリカ女性史との出会い　上杉佐代子

【女性史研究会　座談会】「聞き書きの醍醐味」　静岡女性史研究会

編集後記

『しずおかの女たち』バックナンバー

※1～5号　在庫僅少
6～9号　在庫あり

しずおかの女たち　第10集

2019年2月27日　第1刷発行
定　価　本体1,600円＋税
編　者　静岡女性史研究会
　　　　TEL・FAX　054-270-8062
発行人　松原正明
発　行　羽衣出版
　　　　〒422-8034　静岡市駿河区高松3233
　　　　TEL・FAX　054-238-2061
印　刷　矢沢印刷（株）
製　本　（株）渋谷文泉閣

ISBN978-4-907118-42-6　C0036 ¥1600E